金 賛汀
Kim Chanjung

筑摩選書

北朝鮮建国神話の崩壊

金日成と「特別狙撃旅団」

北朝鮮建国神話の崩壊　目次

第三部　幻の狙撃旅団

地図作成：丸山図芸社

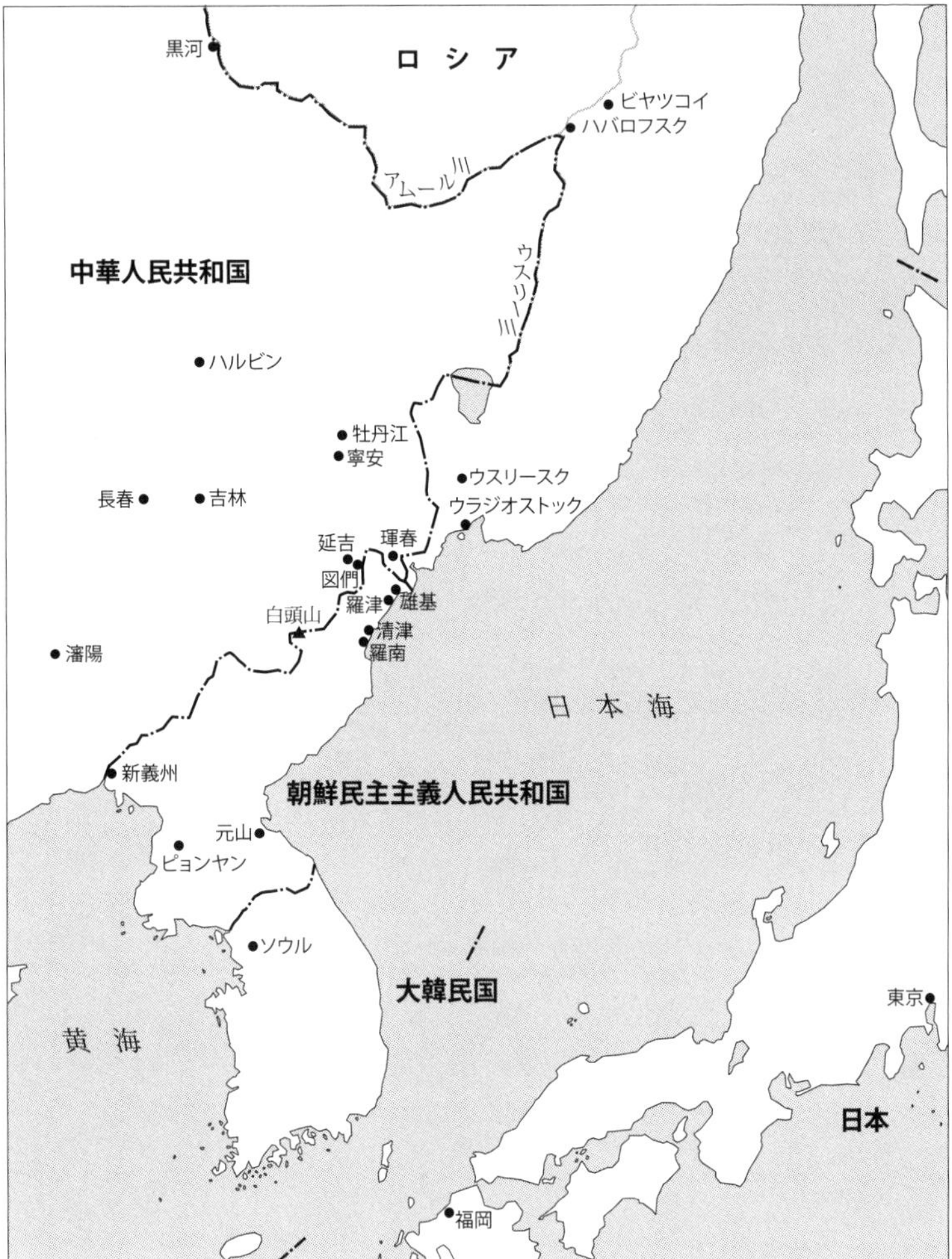

黒河
ロシア
ビヤツコイ
ハバロフスク
アムール川
ウスリー川
中華人民共和国
ハルビン
牡丹江
寧安
ウスリースク
長春
吉林
ウラジオストック
延吉
琿春
図們
羅津
雄基
白頭山
清津
羅南
瀋陽
日本海
新義州
朝鮮民主主義人民共和国
元山
ピョンヤン
ソウル
大韓民国
東京
黄海
日本
福岡

本書関係地図：極東

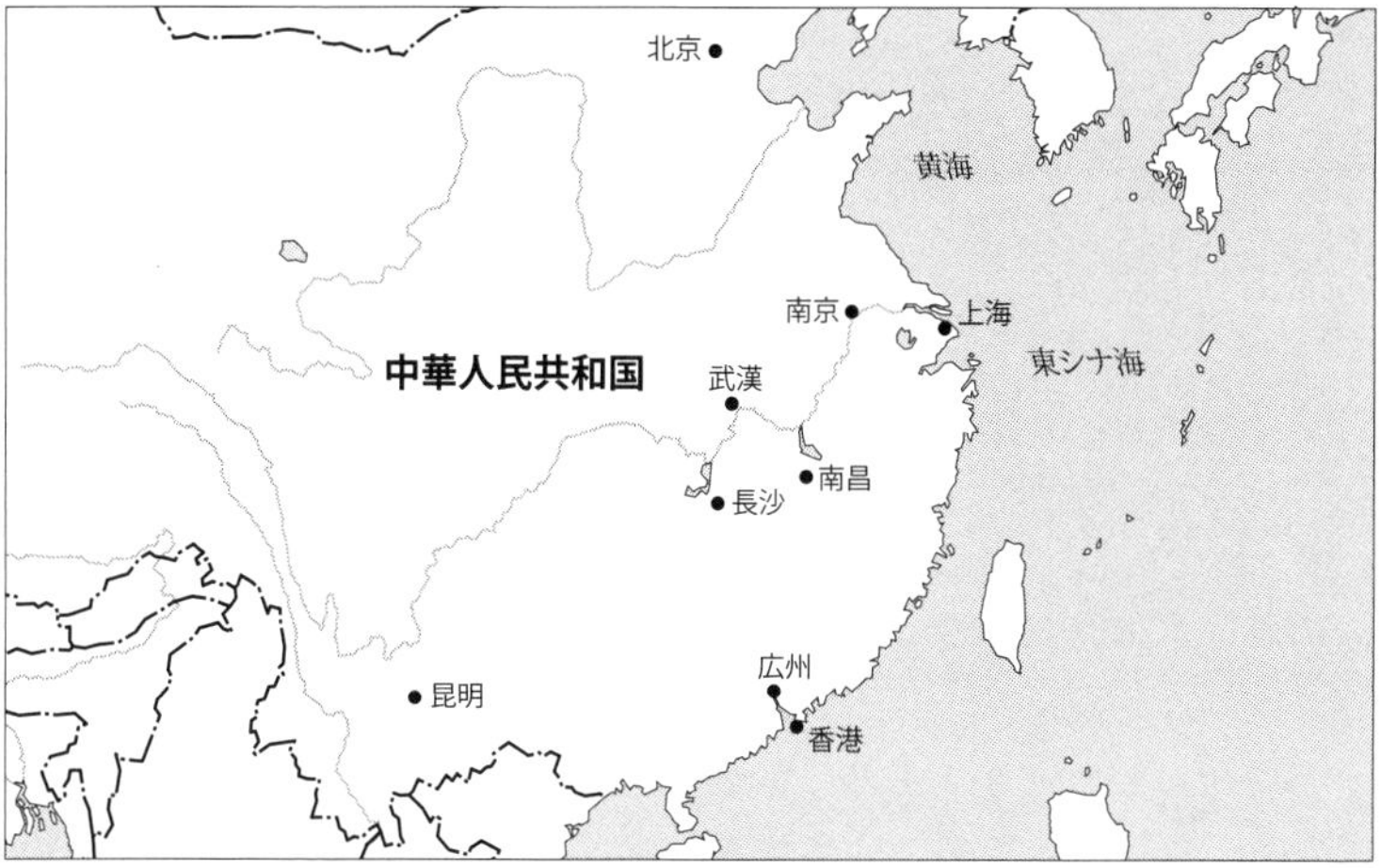
北京
黄海
南京
上海
中華人民共和国
武漢
東シナ海
南昌
長沙
広州
昆明
香港

中国大陸

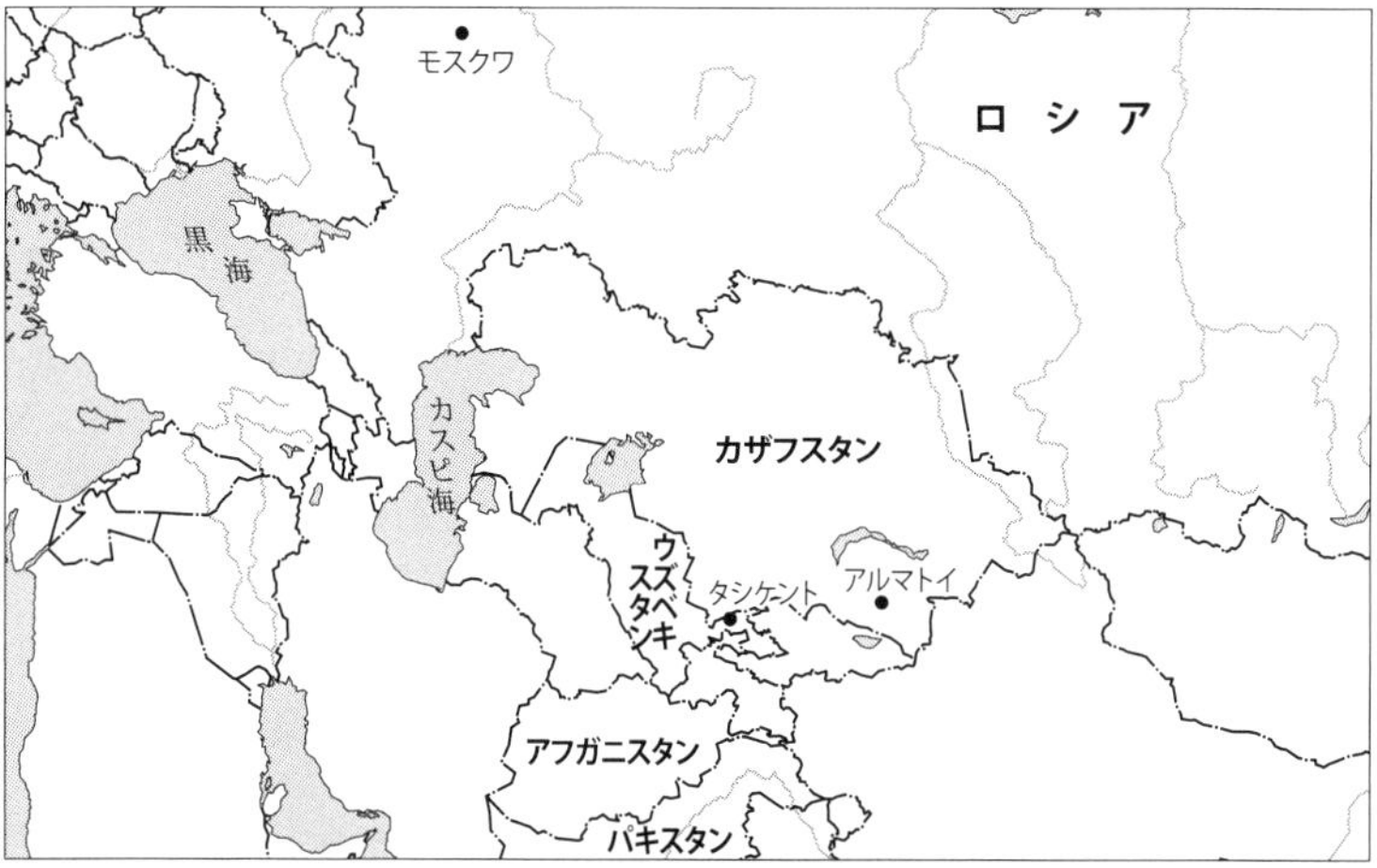
モスクワ
ロ シ ア
黒海
カスピ海
カザフスタン
ウズベキスタン
タシケント
アルマトイ
アフガニスタン
パキスタン

中央アジア

北朝鮮建国神話の崩壊

金日成と「特別狙撃旅団」

はじめに──ハバロフスク再訪

二〇一一年春。もう四月だというのに、頬にあたる風は刺すように冷たい。ハバロフスク北方約六〇キロに位置する小さな村、ビヤツコイの山野は白い雪に覆われ、村の小高い丘から見渡すアムール川は白く凍結したままである。

かつて、ここを訪れたのは一九九一年の八月。まさにソ連邦が崩壊する直前の時期だった。その時、取材で訪れていたウズベキスタンの首都タシケントから予定にはなかった、ハバロフスクに旅をしたのは思いがけない話を聞いたからである。取材先であるタシケント在住の兪成哲《ユソンチヨル》氏から、彼が一九八九年、昔の思い出の地を訪ねる旅にでかけ、ビヤツコイを訪れた時、極東ソ連軍第88特別狙撃旅団（以下、第88旅団）の旅団本部の建物が廃屋のまま、その地に残っていた、と知ったからである。

兪氏は一九四三年、満州で抗日闘争を展開していた中国・朝鮮人が主体の第88旅団に入隊した数少ない在ソ朝鮮人で、この部隊で金日成《キムイルソン》たちと一緒に部隊活動に従事、一九四五年九月、金日成たちと共にウラジオストックからソ連軍輸送船で元山港に上陸。その後、ソ連の支援で組織された朝鮮人民軍に入隊、朝鮮戦争時は朝鮮人民軍中将、副参謀総長として活躍されたが、一九五六年の金日成政権による「ソ連派」粛清の政治騒動でソ連に亡命。私が訪ソした当時はタシケントで余生を送られていた。

タシケントを訪れ、兪氏を訪ねたのは第88旅団時代の金日成の活動の聞き書きを取るためであった。金日成がその部隊の大隊を指揮する大尉として勤務していたことは第88旅団生き残りの隊員たちの証言で承知していたが、まさか第88旅団解散から五〇年近く経った一九九一年、その旅団本部の建物がまだ現存しているとは考えてもおらず、話を聞き「え！　まだ本部の建物が残っていたのですか？」と驚きの声を上げたものだった。そしてその場で、その「歴史的建造物」の確認のため、ハバロフスクに飛ぶ決心をした。

金日成が第88旅団にいたことを証明する物的「証拠」は第88旅団時代、周保中旅団長やソ連軍人の参謀長など、旅団の幹部と一緒に記念撮影した、集合写真が残されているだけで、その写真も私が中国で入手し、一九九一年、日本で初めて発表したいきさつもあり、旅団本部の建物が残っているなら、その建物の写真を撮り、発表したいと思った。

中央アジア訪問の通訳兼案内人の梁元植氏に無理なご足労をお願いして、タシケントの東方約七〇〇〇キロの彼方にあるハバロフスクに飛び、ビヤツコイ村を訪れた。当時はソ連邦時代でビヤツコイは外国人立ち入り禁止地域になっていたが、国が崩壊するかどうかの大混乱期にあたり、そんなことを詮索する人もいなかった。ビヤツコイ村に車を飛ばし、村人に旅団本部の丸太小屋の場所を聞くと簡単に判明した。

ビヤツコイの村人たちはかつて第88旅団に所属していた金日成が朝鮮に帰還した後、朝鮮民主主義人民共和国（以下、北朝鮮）の首相、国家主席として君臨していたため、その消息や昔話は村人の間で話題になっていた。

旅団本部を見学し、写真撮影後、村人から意外な話を聞いた。一九九〇年に北朝鮮政府の役人とソ連の役人たちがやってきて、「記念碑」と数基の石造りの墓を建造していったというのである。案内してくれた村人に「第88旅団関係の記念碑ですか」と聞くと村人が「それが奇妙な記念碑でよくわからない」という。その意味を理解しかねたが、そこに案内してもらって村人の言う意味を納得した。記念碑にも墓石にも一切文字が刻まれていないという、奇妙な建造物だった。これはなんだという疑問とともに、一瞬北朝鮮が第88旅団の存在を明らかにするため、準備を始めたのかとも考えたが、この時期、北朝鮮がそのようなことをするとはとうてい思えなかった。

一九九一年当時、北朝鮮現代革命史では金日成が一九四〇年から四五年にソ連に滞在、ソ連軍に勤務していた事実は一切記載されておらず、この時代、金日成は朝鮮の白頭山山麓の秘密基地で「朝鮮人民革命軍」を指揮し、ゲリラ戦を展開していたと記述されている。そして、後継者の金正日《キムジョンイル》はそのような秘密の基地で誕生したとされていた。このような「歴史的事実」は朝鮮総連系の朝鮮学校で使われる歴史教科書にも書かれ、生徒たちにとりいかなる教科にもまして、特別に習得しなければならない教科だった。朝鮮学校の優等生で北朝鮮に招待された生徒たちの中には金正日が生まれたという、白頭山山麓に建てられている丸太小屋の「密営」などの「聖地巡礼」に連れて行かれる生徒たちもいた。そんな事情から当時は北朝鮮が金日成のソ連軍勤務の事実を公表するとは思えなかった。

一九九一年のビヤツコイ訪問では思いがけない収穫があった。第88旅団時代、金日成の宿舎と一軒隣の将校宿所で生活していた、ソ連軍通訳（注：第88旅団は中国人主体の部隊であるため、ソ連軍上部の司令部の命令や、部隊のロシア人指揮官の指示・命令を隊員に伝える必要から、ロシア人中国語通訳八人が駐在していた）の夫人が、まだビヤツコイで生活していると村人から聞き、彼女の家を訪れ、話を聞くことができた。彼女から部隊内で日常的な付き合いがあった金日成夫人金《キム》正淑《ジョンスク》（仲間内でガーリャと呼ばれていた）や、通訳夫人の子供と一緒に旅団の託児所に預けられていた金正日の幼い時のエピソードなどを話してもらった。

日本に帰った後、新聞、雑誌などに、ビヤツコイの取材結果を発表した。その直後から朝鮮総連系の人たちから、脅迫まがいの嫌がらせを受け、朝鮮総連機関紙「朝鮮新報」は私を「偉大な首領金日成元帥様の革命事績を誹謗中傷し、卑しめようとする売国奴」だとする糾弾記事を掲載した。隠蔽されていた歴史的事実を公表した私は北朝鮮と朝鮮総連から「売国奴」にされてしまった。ばかげた話である。

時は流れ、あれから約二〇年、ハバロフスクを再訪し、二〇年前に宿泊したインツーリストホテルに宿をとった。ハバロフスクはロシア極東最大の都市で、人口は約六〇万人。第二次大戦の日本の敗戦後、満州や朝鮮北部の日本軍捕虜の多くはシベリアに送られ、過酷な強制労務を課せられ亡くなった人も多く、ハバロフスクでも多くの日本人捕虜が強制労働によって死亡した。市郊外に日本軍捕虜の墓地もある。

ホテルのフロントに無料の「ハバロフスクのご案内」というホテル発行の日本語の小冊子が置いてあった。一部を貰い受け、パラパラと頁をめくっていて驚いた。その頁に「ハバロフスクに縁のある著名人」という掲載欄があり、そこに金日成が紹介されていたのだが、その内容に仰天したからである。そこには「……（金日成は）一九四一年、日本の討伐隊に追われ、満州からソ連領に逃げ込み、ハバロフスクでソ連軍の将校となって、朝鮮人の民族運動を指導した。一九四二年ハバロフスク近郊の村ビヤツコイで、息子の金正日が生まれている。……」と書かれていた。

この「案内書」は編集も執筆もロシア人スタッフの手でなされており、初版は二〇〇一年に発行されていた。ソ連ではすでにその時代から、金日成がソ連軍の将校として勤務し、息子はビヤツコイで生まれたとする見解が一般化していたことになる。一九九〇年代初頭から中国、ソ連などから、この部隊について多くの証言や資料が出されたため、北朝鮮もさすがにこの部隊について隠し切れなくなったのであろう、金日成死後の一九九八年に刊行された『金日成回顧録　第8巻』の中で部隊の存在が記述されている。金日成死亡後であるため、金日成本人が執筆したのではないが、第88旅団についての「回顧」ではこの部隊は世界革命のため、朝・中・ソの軍人による国際連合軍だと「回顧」され、金日成のソ連軍人説を否定している。第88旅団の記念集合写真では金日成がソ連軍の軍服姿でソ連軍の大尉の肩章を付けているが、「国際連合軍」の軍人が、なぜソ連軍服姿でソ連軍の階級章を付けているのか説明してほしいものである。

今回のハバロフスク再訪は韓国放送公社（KBS）による「金正日」というドキュメンタリー番組の取材班に同行しての再訪である。この番組は三部で構成されており、その第一部は一九九二年に私が刊行した『パルチザン挽歌――金日成神話の崩壊』を素材にして、金正日誕生の真実、第88旅団での彼らの生活、朝鮮解放と金日成などについて、当時の「証人」たちを番組に登場させ、インタビューを通じ、北朝鮮の虚構の歴史に光を当てようとする番組である。

私は二〇一〇年一〇月、KBSの取材班に東京で長時間のインタビューを受け、一九九一、九二年当時、私がインタビューした朝鮮人、中国人、ソ連人たち十数人の録音テープや写真をすべて提供した。その時、彼らから来春ハバロフスクなどを現地取材するという話を聞き、ビヤツコイの旅団本部の丸太小屋などは現在も残っているのだろうかと「古戦場」を駆け回った日々に思いを馳せた。そんなことから、KBSの取材班に同行し、旅団本部の廃屋などが、現在どのようになっているのか「歴史的建築物」を初めて世間に公開した者として、改めて訪ねてみたいと思い同行した。

二〇一一年春。KBS取材班と一緒にハバロフスク市内からビヤツコイに向かった。案内兼通訳は在ロ朝鮮人でハバロフスク在住のハン・ボクスンさん。当年七一歳。戦前、父親がサハリンに戦時動員され、戦後も現地に取り残されたサハリン残留朝鮮人の一人である。十数年前サハリンからハバロフスクに移住してきた。ハバロフスクには一万二〇〇〇人ほどの朝鮮人が在住しているが、その三分の一はサハリンからの移住者だという。理由はサハリンよりもハバロフスクのほうが職を探すにも、商売をするにしてもチャンスが多く、生活がしやすいからだという。

ハバロフスクからビヤツコイに向かう道は二〇年前と同様、アスファルト舗装の二車線道路である。道の沿線には広大な軍事基地が点在しており、軍用車が行きかう。自動車で一時半ほど走ったところに「ビヤツコイ」という標識が建てられている。昔、建てられていた標識よりも立派で新しい。幹線道路からビヤツコイ村に入る細い道があり、二〇年前は砂利道であったが、そこも舗装されていた。

一時間半の自動車での移動中、ハンさんから興味深い話をいくつか聞いた。その一つはハバロフスクを訪れる韓国人観光客の話である。最近、夏にハバロフスクを訪れる韓国人観光客が増えており、その人たちの観光ガイドもハンさんはしている。そんな観光客から、時々ビヤツコイの第88旅団跡地の案内を頼まれるという。ビヤツコイには観光資源と呼べるものは何もない。そこは雑木の森の中の寒村である。その寒村に往復三時間をかけ、旅団本部の廃屋とわけのわからない「記念石碑」を見たいと希望する韓国人観光客がいるという事実に驚いた。彼らはビヤツコイのソ連軍部隊に金日成がいて、金正日もそこで生まれたという話を聞き知り、強い興味をひかれ、自分の目でその場所を見てみたかったのであろう。それは韓国の人々が、北朝鮮、特に金日成親子の捏造《ねつぞう》と虚構の「朝鮮解放神話」に強い関心を持っている証でもある。ハンさんは笑いながら、「ビヤツコイは韓国人観光客のちょっとした観光地になりつつあります」という。

ハンさんの話にもう一つ驚いたことがあった。

何も刻まれていなかった記念石碑のことである。それが、なんと二〇〇九年の夏、ロシア政府の軍関係の役所（ハンさんの説明によればソ連軍、ロシア軍の退役軍人の恩給や退職後の生活保護、叙勲などを行っている役所とのこと）の役人数人と北朝鮮の政府関係者数人がやってきて、記念石碑に花輪をささげ、ロシア語による金属製のプレートを埋め込んでいったという。建設した時から約二〇年もたった現在、なぜ、そうして、どのような文句の「碑文」を刻んでいったというのだ。

（上）北朝鮮政府関係者が1991年頃に造った「記念石碑」（1991年夏）
（下）プレートの埋め込まれた「記念石碑」（2011年春）

強い疑問と興味がむくむくと頭をもたげてきた。

残雪が残り、足跡もない小道の雪をかき分けるようにして、旅団本部の建物にたどり着いた。二〇年ぶりに見た旅団本部の建物は雪にうずもれ、今にも崩れ落ちるのではないかと思わせる、廃残の姿をさらしていた。二〇年前はまだ屋根も残っており、丸太の骨組みもしっかりしていたが、今は屋根がはがれ、丸太の組み合わせも崩れている。壁を構成していた丸太が、かろうじて立っているだけである。長い時の流れを感じた。

旅団本部の建物から大分離れた記念石碑の場所に移動した。記念石碑も残雪の中に建っていた。確かに石碑には以前なかった、金属製のロシア語で刻まれたプレートが埋め込まれていた。ハンさんにその碑文を読んでもらうと「この地で亡くなった極東ソ連軍第88旅団の戦友たちの鎮魂を祈って」と書かれているという。「それだけですか？」と聞く私にハンさんは「それだけですよ」と答える。なんだこれはと思った。これではここに弔われている「戦友」が朝鮮人か中国人かロシア人かの判明もできず、誰を弔ったのか、誰の「鎮魂」を祈ったのかを知るのに、何の役にも立たないではないか。その記念石碑のわきに建てられた墓石は雪に覆われて見えないが、そこに何かが刻まれたのかとハンさんに尋ねると、昨年の夏と一〇月に来たときは何も刻まれておらず、以前同様名無しの権兵衛のままだという。

ただはっきりしたことはある。この墓に眠る朝鮮人が、まだあいまいなままであるが、極東ソ連軍第88狙撃旅団の朝鮮兵士であるとロシア政府も北朝鮮政府も認めたという事実である。この

廃残の姿をさらす旅団本部の建物（2011年春）

ような事実を北朝鮮当局が認めるまで実に六〇年以上の歳月を必要とした。

第一部

遠い彼方からの歴史の証言者

第一章

北朝鮮現代史の虚構を暴く生き証人たち

アルマトイの暑い夏

一九八九年夏、私はソ連作家同盟の招待で、当時外国人がほとんど旅行ができなかったソ連邦カザフ共和国の首都アルマトイに滞在していた。

カザフ共和国訪問の目的は、李氏朝鮮政府末期から日本の植民地時代にかけて、ロシア沿海州の地に移住していた朝鮮民族約二〇万人をスターリンがソ連侵攻を企てる日本帝国に協力する敵性民族だと断定し、一九三七年、沿海州のすべての朝鮮人を捕え、シベリア鉄道の貨物列車に閉じ込めて中央アジアの砂漠地帯に強制移住させた歴史と実情を知るためであった。この地に朝鮮民族が集団でコルホーズ（集団農場）を営み、生活していることは朝鮮史・朝鮮関係史などを専攻する知識人たちには伝わっていたが、当時その実態はほとんど世間に知られていなかった。ソ連政府が彼らを砂漠地帯に封じ込め、外部との接触を厳しく制限して、情報を遮断していたからである。その制限がゴルバチョフの推進したペレストロイカで緩み始め、中央アジアの朝鮮民族も外部との接触が少しずつできるようになった。

当時私は在日作家李恢成《イフエソン》たちと一緒に、在日朝鮮人の季刊総合雑誌『民濤《みんとう》』の発行・編集に携わっていたが、その雑誌を中央アジアの朝鮮人作家宛に送り、彼らと細々とした交流を続けていた。そんな作家の一人に、ソ連作家同盟の会員だった韓真《ハンジン》（以下、全登場人物の敬称略）がいた。彼がソ連作家同盟に働きかけて、作家同盟の招待者として、李恢成と私の二人が中央アジアを訪ねる旅に招かれ、モスクワ経由でアルマトイに到着した。

アルマトイでは多くの在ソ朝鮮人に出会い、遠い日本からの珍客だということで厚いもてなしを受けた。私は中央アジア訪問の目的である一九三七年当時の強制移住の過酷な実情と、その後の砂漠地帯での彼らの苦闘についての聞き書きを取る作業に熱中していた。そんな聞き書きを取った人々の一人に、当地の朝鮮人社会の有力者鄭律《チヨンリユル》がいた。鄭律はソ連邦沿海州の生まれで在ソ二世。ウラジオストックにあった朝鮮師範学校在学中に、カザフ共和国に強制移住させられ、そこの朝鮮人コルホーズで飢えと重労働に耐える生活を送っていたが、第二次世界大戦の末期、ソ連軍に志願・入隊、激しい訓練を受けた後、ソ連太平洋艦隊陸戦隊に配属された。ソ連軍の対日開戦後、朝鮮に上陸したソ連軍陸戦隊の兵士として、朝鮮半島で最初に日本軍と戦った戦歴を持つ退役軍人である。また北朝鮮建国後は北朝鮮政府文化部次官として活躍した経歴がある。

沿海州からの強制移住の過酷な体験を聞いて一休みしていた時、鄭律が、何の話がきっかけだったかは忘れたが、ソ連太平洋艦隊陸戦隊在籍当時の体験を語った。

「日本軍が降伏した後、自分は元山の占領軍司令部に勤務することになった。一九四五年九月の中旬、金日成がソ連のウラジオストックから、ソ連軍の輸送船で帰って来たので、埠頭に出迎えたことがあった。金日成はソ連軍の軍服に大尉の肩章を付けて、ソ連軍軍服姿の五〇人ほどの部下と一緒に、輸送船から降りて来た。我々ソ連軍関係者の小さな集団が、彼らを出迎えた」

鄭律（元ソ連太平洋艦隊陸戦隊隊員・元北朝鮮政府文化部次官）

と何気ない歴史の一コマを語るかのように、ゆっくりした口調で話した。

私はその時、また変な話を聞かされたなという思いで困惑した。それまで私が学んできた朝鮮現代史とはあまりにも違う話であったからである。北朝鮮で刊行されている、おびただしい現代革命史の書籍や北朝鮮当局お墨付きの『朝鮮全史』全三四巻では、一九四五年八月、金日成率いる「朝鮮人民革命軍」はソ連軍と共同作戦で、日本軍を掃討し、朝鮮の広い地域を日本植民地支配から解放した、とある。だからこそ北朝鮮当局は金日成を「朝鮮解放の英雄」として大々的に宣伝してきており、多くの朝鮮人がその宣伝を信じていた。

私たち在日朝鮮人は植民地時代、自らの民族の歴史を学ぶことを禁じられ、戦後も歴史研究の基礎がないため、朝鮮の現代史に疎く、北朝鮮当局が刊行した歴史書や学校教科書をほとんど疑問もなく受け入れていた。そのため、金日成がソ連軍と共に対日戦を戦い、朝鮮の広い地域を植民地支配から解放した「朝鮮解放の英雄」という「歴史」を信じていた。それなのに金日成は日本の降伏時、ソ連領にいて日本軍と一発の銃弾も交わすことなく、日本が降伏した一カ月後、ソ連の軍艦でウラジオストックから、こっそりと元山の港に上陸したとするなら、朝鮮の植民地からの解放の英雄という「歴史」の記述は作り話ということになる。そんな馬鹿な話はないと思ったが、鄭律が体験もしていない、過去の出来事をでたらめに述べているとも思えない。いったいどうなっているのだ、という思いを抱きながら、その日、宿舎に帰って彼の話を反復していた。

私は長じて朝鮮大学校に入学するまで、日本の学校教育を受け、朝鮮語は話せず、朝鮮史に関する知識は皆無であった。大学で母国語と朝鮮現代史を学び、それが北朝鮮現代史の真実だと思ってきた。

一九六〇年代、七〇年代、北朝鮮の公表した朝鮮現代史、特に金日成関連「史実」については韓国や日本で様々な反論的「歴史的事実」が発表されていたが、それらのほとんどは学問的、資料的裏付けもない、噂話に毛が生えた程度の幼稚な歴史書だった。一九三〇年から一九四五年まで、金日成が中国とソ連で共産主義者として活動していたが、それらの地域での活動についての資料は一九八〇年後半まで日本の治安当局関連の資料しか発掘されておらず、中国もソ連も金日成についての資料をほとんど発表していなかった。そんなこともあって、信頼に値する重要な資料がなかった。したがって韓国や日本で書かれる金日成関連の著作はどこかインチキ臭かった。

ただ一九八五年七月、和田春樹東大教授が雑誌「思想」に「金日成と満州の抗日武装闘争」という長い論文を発表したとき、私はそこに書かれた記述に衝撃を受けた。そこでは金日成が中国共産党指導下の抗日連軍の一部隊の指揮官として活動していた事実が、中国から発表された資料を駆使して記述されていた。

ただその論文でも、日本が降伏した一カ月後、金日成がウラジオストックから、ソ連軍の輸送艦でソ連軍の軍服姿で五〇名ほどの部下とともに、元山港に到着したことやソ連軍関係者以外の出迎え者もおらず、密やかに上陸したという「事実」の記述はなかった。

同行していた作家李恢成が鄭律の話に興奮し、「すごい話ではないか。もっと詳しく話を聞こうよ」と言っていたが、日程の関係上、再度鄭律から話を聞く機会はなかった。その時以来、心の奥底で何かがはじけていた。それまでも金日成部隊の抗日武装闘争の体験記などを朝鮮総連の会合で学習しながら、どこかおかしいと考えていたが、具体的な反証に接する機会がなかっただけに、自分が直接、その反証になる体験談を聞いたことによる、静かな興奮が体をおし包んでいた。ただ、鄭律の金日成元山上陸の見聞談は強烈であるが、断片的で全体像が見えず、不明なことが多すぎた。

北京の柳絮《りゅうじょ》

一九九一年六月初旬。久しぶりに訪れた北京は柳絮（柳の木の花の胞子）が風に舞って流れていた。ふわふわと風に乗って町の空間を流れていく柳絮を眺めていると、いつしか遠い昔の童心に帰るようであった。

当時の北京は現代のように高層建築が街を覆い尽くすような近代化の波は押し寄せておらず、

古い煉瓦づくりの街並みがいたる所に見られた。一九八五年以降、そんな古い中国の風景に接して七年目のことである。

私の中国に対する関心は中国朝鮮族の生活と歴史に集中しており、特に学生時代に何かの書籍で知った、中国延辺朝鮮族自治州について強い関心を抱いていた。ただ一九八五年四月まで、朝鮮族自治州は外国人の立ち入り禁止地帯で、その地域の歴史、実情などの資料は日本にはほとんどなかった。一九八五年四月に中国政府が「改革開放政策」の一環として、朝鮮族自治州の一部地域の――首都の延吉市など――外国人立ち入り禁止を解禁したとの情報に接し、その年の六月、延吉市を訪問したのが、中国への初めての旅であった。それ以降一九九一年まで、毎年中国を訪れ、朝鮮族の知識人たちと交流を続けた。そんな中国朝鮮族知識人の一人に、朝鮮族歴史研究者の李《イ》英皓《ヨンホ》がいた。中国朝鮮族社会に広い人脈があり、一九八八年一一月、私が属していた『民濤』編集部が企画した、ニム・ウェールズの著作『アリランの歌』の主人公キム・サンのご子息へのインタビューも、彼の尽力で実現し、よい記事を書くことができた。

ソ連邦中央アジアの旅から、日本に帰ってきた後、鄭律の話が気になり、改めて満州での抗日パルチザンの闘争についていろいろと資料を集めた。そうして中国には抗日パルチザンに参加された中国・朝鮮人の老志士たちがまだ多く生存中であることを知った。そこで李英皓に連絡を入れ、抗日武装闘争に参加された中国・朝鮮人の知人はいないかと尋ねてみた。彼も抗日闘争の歴史に興味があって、何人かの元パルチザンに話を聞いたという。李英皓がパルチザン経験者を知っているという連絡に私は興奮した。それでぜひ会って話を聞きたいと伝えると、いつでも都合の良い時に訪中してください、案内しますとのことである。

その連絡を受け一九九一年六月、北京を訪れた。私の滞在先のホテルを訪ねてきた李英皓と再会を喜び合っているとき、彼から「早速ですが、中国共産党の抗日連軍時代、金日成たちと一緒にパルチザン活動をされておられた、朝鮮族のおばあさん――李在徳《イジエトク》という女性がおられますが、話を聞いてみられますか」と尋ねられ、「ぜひお願いいたします」と紹介を頼んだ。その日のうちに先方の都合を聞いてみるという。

翌日、滞在先のホテルで李英皓と待ち合わせ、タクシーで訪問先を訪れた。レンガ塀に囲まれた住宅地の入り口でタクシーから降り、ニラと食用油のにおいが入り混じった住宅地を三分ぐらい歩いただろうか、目指す住宅に着いた。古い煉瓦づくりのアパートの一階で案内を乞うと、中年の男性がドアを開けて顔を出した。李英皓と何か話し合っていたが、すぐに屋内に招き入れてくれた。天安門事件からすでに二年が経過しており、事件直後にあった外国人に対する警戒心も、それほど強くないようであった。

「母は病院に定期検査に出かけていますが、すぐに戻りますのでしばらくお待ちください」と応接間に案内された。その部屋には中国の知識人や古参の党員を訪ねると応接間でよく見かける漢文の掛け軸が何幅か天井から吊り下がっていた。その中に陳雷の署名がある書があった。それを眺めていると李英皓が「黒竜江省長だった陳雷の書ですね。抗日連軍幹部では陳雷が最も書を能《よ》くするという評判です」と説明してくれた。元の戦友に揮毫《きごう》を頼んだのであろう。

一〇分ほど待ったであろうか、小柄で温和な顔つきの老女が部屋に入ってきて、「待たせたね。

病院での検診が遅れてね」といいながら握手を求めてくる。この家の主人、李在徳である。

ソファーに座って昔の抗日連軍時代の話を聞く前に雑談を交わしている時、李在徳が、

「あなたは年がいくつなの？　五四歳。そう、私の長女と同じ年頃かと思ったけど五歳も年上なのね」と私の顔を眺めながら「私の長女のニーナが生まれたのは一九四二年六月のことでね」と落ち着いた口調の中国語で語り始めた。長い中国での生活で、朝鮮語はほとんど忘れたという。

李英皓の通訳を介しながら話は続いた。

「そこはソ連領のハバロフスク近郊にあった教導旅団の兵営から近い病院でした。私の長女が生まれる四カ月前、ソ連で幼名をユーラと呼ばれていた金正日、現在朝鮮労働党の書記をしている、あの金正日が、ソ連の野営地で生まれていてね。母親の金正淑にお乳が出なくて、母親に代わって彼にも私のお乳を与えたもんだよ」

当時を回想しながら淡々と話される李在徳の話に「え？」という驚きと「そんなはずが……」という強い衝撃、まさかという疑問が一体になって押し寄せてきた。

李在徳（ソ連の野営地で金正日に乳を与えた元女性パルチザン）

金正日は言うまでもなく、当時北朝鮮のナンバー2であり、父親である金日成主席の後継者になっていた人物である。その金正日の生誕の地については、朝鮮民族の霊山・白頭山の朝鮮領側にある山麓の「朝鮮人民革命軍」の根拠地の密営で生まれたと、

北朝鮮の歴史書や金正日の伝記には書かれている。

　例えば『偉大な指導者　金正日』（卓珍ほか、未来社）の金正日誕生のくだりは「金正日は一九四二年二月一六日、抗日革命闘争を展開して救国の聖戦を指導していた青年金日成将軍と女性の身で銃を手に祖国解放の聖戦に参加した抗日の英雄戦士金正淑女史の長男として、白頭山の抗日パルチザンの密営地で生まれた」と記述されている。そしてその時の状況を、

「遊撃隊員たちは誰もがこの知らせを戦友同士でたしかめあった。彼らはいいあわせたかのように、朝日に映えて高く翩翻《へんぽん》とひるがえる赤旗のまわりに集まって、金正日の誕生を祝い、祖国解放のはやからんことを期したのであった」

と述べられており、それを示す「史蹟」として北朝鮮当局は白頭山の東南側、北朝鮮領内の小白山の西側の密林に丸太小屋を建造し、そこを革命の聖地として北朝鮮の人々に「参拝」させている。

　北朝鮮で発表されている金正日誕生の記述は多少のニュアンスの違いはあるが、白頭山山麓の密営地で生まれたと記述されており、どこにもソ連領とかソ連軍の兵営だとする記述はない。また李在徳が語った金日成も隊員だったという「教導旅団」という名称の部隊名も、北朝鮮のそれまでの歴史書で登場したことはなかった。

　李在徳の話を聞きながら、金正日はソ連領の兵営で生まれた？　まさかそんなことがあるはずがないという疑問や、聞きなれない教導旅団って、いったいなんなのだ？　金日成や金正淑が属していた部隊ということならば、北朝鮮現代史で大々的に記述されているはずだが、北朝鮮の歴

史書では一度としてお目にかかったことのない部隊名である。そんな疑問が後から後から押し寄せてくる。もしかしたら、李在徳が何か勘違いして話しているのではないか、という思いまでしたが、数年前まで中国政府国務院の副局長職にあり、中華人民共和国の「国章」の保管責任者をしていた李在徳が、勘違いや事実でない話をする必要もなかった。そこで疑問を解くため、まず「教導旅団というのはどのような部隊なのですか」と質問すると、

「教導旅団は東北抗日連軍がソ連領に退避した後、ソ連軍の支援で設立された部隊で、またの名を国際旅団とも極東ソ連軍第88特別旅団と呼ばれていた部隊ですよ。自分も夫も金日成も金正淑もその部隊にいました」と語った。そうして「教導旅団の成立のいきさつや構成、運営については旅団の下級兵士だった私にはよくわからないが、今は人民解放軍を退職され、北京にいる旅団の幹部だった彭施魯将軍に聞けば分かるだろう」という返事だった。

私が金正日のソ連領内兵営での誕生という、今まで聞いたこともない話に、困惑している様子を目にして、「ちょっと待ちなさい」と言って席を立ち、しばらくして戻ってきたとき、原稿用紙の束を持っていた。その原稿を私の目の前に置き、「これは人民解放軍関係の雑誌社に頼まれ書いた抗日連軍時代の回想記でね」という。それは「教導旅団時代の戦友金正淑同志の思い出」と題した原稿だった。その回想記には金正淑の乳の出が悪く、いつも腹を空かせて泣いていた金正日を見かねて、自分の乳を与えたという李在徳の思い出が綴られていた。

中国人民解放軍の退役将軍

李在徳から抗日時代と「教導旅団」の話を聞いた後、その旅団についてよく知っているという彭旋魯退役将軍から話が聞ければと、李英皓に彭施魯将軍にお会いすることできるかと尋ねると、気さくな人だから会えると思うという返事が返ってきた。早速紹介の労をお願いした。李英皓は老将軍とは何度も会っていて面識があり、連絡を取ってみますという。その日のうちに李英皓から老将軍の居住地が軍施設で、外国人の立ち入りは関係当局の許可を必要とするため、いろいろと面倒だから自宅では会えないという。それなら私が宿泊しているホテルでお話を伺いたい、ということで了解を得た。

タクシーで人民解放軍上級将校たちの退役後の居住地である場所に行くと、大きな鉄製の門の前に二人の兵士が立哨していた。李英皓が私をタクシーの中に残して、兵士のところに行き何か話していたが、身分証明書を提示してから門内に消えた。一〇分ほど車内で待機していると李英皓がいかにも元軍人という大柄な、いかつい感じの老人と一緒に門外に出てきた。立哨の兵士の敬礼に軽く手を挙げて、老将軍は車のほうに歩みよってこられ、李英皓と一緒に車に乗り込まれた。李英皓から改めて在日のジャーナリストという紹介を受け、私も「お目にかかれ光栄です」と名乗った。

老将軍は「またどうして教導旅団のことを知りたいのかね」と尋ねる。李在徳の「赤ん坊の金正日に乳を与えたことがあってね」という話にショックを受けて、とは言いかねて真面目に「日本と朝鮮と中国の現代史と抗日活動、特に満州での抗日闘争の歴史に強い興味を抱いていたものですから、教導旅団にも興味を持ち、お話を伺いたいと思いまして」と答えると「それは感心なことだ。最近は昔の闘争史などに関心を持つ人は少なく、調査をする人もいなくなっていてね」と言いながら、小さなカバンの中から十数枚の雑誌の記事のコピーを取り出し、「これは私が一〇年ほど前に、中国人民解放軍関係の雑誌に、昔のことを回想して書いた教導旅団の思い出と記録だが、君がこの旅団の記録を調べていると聞いたのでコピーを取ってきた。軍内部の雑誌だから、外国人の君が目にすることもなかったと思うが、参考になるなら使いたまえ」と言う。

記事のコピーを受け取りながら、その好意に感謝した。そこには自分たちの過去の抗日闘争の実情を世の人々にもっと知ってほしい、という老将軍の思いが、そこはかとなく伝わってくるようだった。回想録は「ソ連北野営での五年」という表題で、一九四〇年の一〇月にソ連領に入った時期から、一九四五年八月、ソ連領を出る時までが詳しく綴られていた。

彭旋魯（中国人民解放軍退役少将）

長富宮飯店の私の部屋で、かつての教導旅団時代の話を聞きながら、私は初めて聞く「事実」に驚き、興奮した。老将軍が東北抗日連軍第二路軍第7軍1師の政治委員であり、「教導旅団」では第二大隊の参謀長を務め、また、旅団内中国共産党の委員を務めた体験から語られる、様々な体験談は私を興奮させるのに十分な内容であり、その事実に私は圧倒された。「教導旅団」当時の朝鮮人同志を語るとき、多くの朝鮮人隊員の名を列挙されたが、その名を聞いて驚くばかりであった。

金日成（国家主席）、崔庸健《チエヨンゴン》（国家副主席）、姜健《カンゴン》（朝鮮人民軍総参謀長）、金策《キムチエク》（副首相）、金一《キムイル》（国家副主席）、崔賢《チエヒヨン》（朝鮮人民軍大将）、呉白竜《オペクリヨン》（朝鮮人民軍大将）、崔光《チエグアン》（朝鮮人民軍元帥）、呉振《オジ》宇《ヌ》（朝鮮人民軍元帥）、林春秋《リムチユンジユ》（中央人民委員会書記官長・朝鮮労働党書記）など北朝鮮政府、軍、朝鮮労働党の中枢をになった人々が綺羅星のごとく列挙されていった。

　それらの人々が「教導旅団」の隊員だったなどとは朝鮮の歴史書には一行も書かれていない。彼らのほとんどが抗日パルチザン時代の回想記を書き、北朝鮮でも朝鮮総連でも一時期――一九六〇年代から七〇年代にかけて――その革命精神を学べということで、回想記を必修の学習教科書として、強制的に集団学習をさせていた。その膨大な回想記の中で「教導旅団」に金日成たちがいたという回想は誰もしておらず、その部隊名は一度として登場することはなかった。「教導旅団」が設立された一九四二年八月から三年間に相当する期間、金日成の指揮する「朝鮮人民革命軍」は白頭山山麓の密林地帯で、小部隊によるゲリラ戦を戦い、朝鮮国内で地下政治工作を展開していたというあいまいな具体性のない話がつづられているだけである。

　これは個人の回想記だけでなく、北朝鮮が編纂したすべての朝鮮現代革命史に共通する記述である。例えば北朝鮮当局が総力を挙げて編纂し、一九八二年に完成した『朝鮮全史』は三四巻に及ぶ膨大な朝鮮通史である。その三四巻のうち、実に一六巻以降は金日成の革命業績の記述であるが、「教導旅団」時代に相当する二一巻、二二巻には「教導旅団」に関する記述が一切ない。

老将軍の話を聞きながら、それが私の習った北朝鮮現代史とはあまりにも違うため、いささか呆然としていると、将軍は、自分の話に私が強い興味を示したことを感じ取られたのであろう、「私の記録を読んでわからないことがあったら、いつでも聞きに来なさい。当時の同志はまだ数十人は生きており、今でも記憶が健全な同志は二〇人ぐらいいる。その人たちから話はいつでも聞けるから」ときわめて好意的な申し出をいただいた。老将軍からは再度詳しく話を聞かなければならないだろうと思いながら、その日は将軍の好意に感謝しつつ、お別れした。

ソ連軍野営地を最後に出た女性隊員たち

一九九一年当時、北京に「教導旅団」生き残りの朝鮮人女性隊員が李在徳以外に在住していると李英皓から聞き、その女性への紹介の労を取ってもらった。

その女性隊員、金貞順《キムジョンスン》は「教導旅団」のナンバー2にあたる副旅団長李兆麟将軍の夫人で、金日成夫人金正淑たちと一緒に一九四五年一一月、子供たちを連れ、最後に旅団兵営地を離れた女性隊員であるという。「外国人と会ったことがないので、会うのは嫌だというのを外国人じゃなくわが同胞だから、と説得するのに苦労しました」と李英皓は金貞順の自宅に向かって車を走らせる途次、彼女との会見の約束を取り付けるまで苦労を苦笑交じりに語っていた。

金貞順の伴侶、李兆麟将軍は一九四五年八月末、ソ連領から中国東北地方に赴き、人民解放軍を指揮し、蔣介石の国民党軍と国内戦を戦っていたが、一九四六年、長春で国民党の特務工作員によって暗殺された。金貞順は現在、その子供たちと一緒に暮らしているという。日本の降伏後、旧満州（中国東北部）では中国共産党と国民党での間で苛烈な国内戦が展開され、その渦中で双方の幹部が数多く暗殺されるテロ事件が頻発した。李兆麟暗殺事件はその代表的な事例であるという。

「もし李兆麟将軍が生存されておられれば、金貞順女史も政府要人の夫人だったのですが……」と李英皓がつぶやくように語ってから、金貞順の現在の境遇について簡単な説明をした。

夫の死後、金貞順は軍関係の仕事を続け、最終的には空軍の工場の責任者になった後、定年退職し、現在は年金暮らしだという。彼女の住宅は中国空軍関係者が入居している軍施設の中にあった。彭旋魯退役将軍に会いに行った時のような、兵士の立哨こそなかったが、住宅地は高いレンガ造りの塀に囲まれていた。門前で車を降り、敷地内の小道を歩きだしたとき、私は肩からカメラをぶら下げていたので、李英皓が小声で「軍の敷地内ですので、カメラは鞄にしまわれたほうがよいですよ」と注意してくれた。当時軍施設などでは外国人に対する警戒心が強く残っていて、つまらない誰何《すいか》を受けるのを避けようとの用心からであった。広い敷地には四階建ての煉瓦づくりの住宅群がいくつも並んでいたが、金貞順の住宅はそんな建物の一階にあった。

案内を乞うと部屋の中から、小太り気味の老女が顔をだし、すぐに部屋の中に案内してくれた。会うのを嫌がっていると李英皓から聞いていたので「ご迷惑を顧みずお訪ねいたしまして申し訳ございません」と丁重に挨拶したが、「よく訪ねてくださいました」と丁寧に挨拶が返ってきて、応接間に使っている部屋に通してくれた。別段、私に会うことを嫌がったり迷惑そうにする様子ではなかった。応接間のテーブルの上には私たちのためにわざわざ用意されたのであろう、かぼちゃの種、クルミ、乾燥ナツメなどが各々皿に盛られて並べられており、懐かしい朝鮮飴も置いてあった。古い中国のしきたりに倣い、遠来の客をもてなそうという気配りを感じて恐縮した。

金貞順は朝鮮飴を一つつまみ、「おいしいですよ。お食べなさい」と私に渡す。その好意に感謝し、飴を一つ口に放り込む。幼少期に食べた懐かしい味がした。

「この飴は延辺にいる、抗日時代の友人が送ってくれたものでね。『延辺日報』に掲載された私の記事を読んで、懐かしくなったという手紙と一緒に。……」

「教導旅団時代の戦友ですか」

「いいや、一九三八年ごろ、日本軍との戦闘が激しくなってきて、私たちの部隊が追い詰められていく中で、戦えなくなり、部隊を離脱して行く人が多くいた。彼女もそんなパルチザンの一人です」と淡々と語っていた。

抗日部隊からの離脱者を北朝鮮の文献では厳しく糾弾しているが、金貞順も離脱者たちに嫌悪感を示すのか、と一瞬思ったが、そんな様子はなかった。

金貞順（元抗日パルチザン女性隊員）

「私に北京に招待してくれと言ってきたのだが、私はいま体の調子が悪く、つい延び延びになっている……」というつぶやきに似た答えには、昔の同志を懐かしむ響きがあるのを感じた。
「抗日時代の戦友はともかく、教導旅団時代の女性隊員は現在中国に多くおられるのですか」
「いや多くはいない。旅団時代の女性隊員は中国、朝鮮人を合わせて約四〇人で、朝鮮人女性はそのうち二〇人ほどだった。朝鮮人女性隊員は日本が降伏した後、金正淑を含め、ほとんど朝鮮に帰ったが、中国人と結婚した何人かが中国に残った。

「現在中国に生存しているのは私と李在徳と李敏《イミン》の三人だけです」

李敏という氏名に記憶があった。

「李敏さんといいますと、前の黒竜江省長陳雷夫人の李敏さんのことですか」

「そう。現在は黒竜江省政治協商会議副議長をしている李敏です」

李敏も教導旅団の出身者だったのかと、数年前、ハルビンで出会った李敏の姿を思い出した。一九八七年、かつて、満州開拓団として黒竜江省のソ連国境地帯の僻地の開拓団に強制移住させられた朝鮮人開拓民の調査と取材のため、ハルビンを訪れたことがあった。その時アメリカから訪中していた、在米同胞音楽家たちの親善演奏会があり、私の開拓団への取材と調査に協力してくれていた団体から、招待状が届き会場に出かけた。その席に李敏も参席しており、挨拶をしたことがある。

現地の案内役をしてくれた知人が、彼女のことを「李敏女史は朝鮮族出身で、幼い時から東北の抗日闘争に参加していました。抗日部隊の中国人と結婚されたが、夫がやがて黒竜江省の省長になられ、彼女も女性団体などの幹部として活躍されています。朝鮮語はほとんど話されませんが、宴会などで歌を要請されると、はにかみながら抗日時代、少年少女先鋒隊（ピオネール）で歌っていたという、朝鮮語の革命歌をきれいな声で歌われます」と教えてくれた。ただその当時、私は教導旅団の存在も、抗日連軍のソ連領退避の状況についても知らず、それ以上のことを尋ねようともしなかった。

金貞順は「李敏は別名を李明順《イミョンスン》といってね。古くからの抗日戦士で、抗日連軍時代、教導旅団時代を通じて私の同志でした。私は抗日武装闘争時代、最初は第一路軍系の部隊の兵站《へいたん》部門で働き、次に第二路軍の部隊に移り、最後は第三路軍の部隊に移動し、そして教導旅団に残ることになった。抗日隊員でこんなに部隊を、それも指揮系統の違う部隊に移る隊員は珍しいんだよ。一九三五年には金日成が第一路軍系の部隊を引き連れ、黒竜江省に遠征してきたときには彼の部隊とも一緒だったことがある」

そのことは北朝鮮現代史の中で大きく扱われている「金日成率いる朝鮮人民革命軍の北満遠征」の時期と一致する。その年の七月、金日成の部隊は寧安で日本軍と戦闘を交えたと北朝鮮現代史には記述されている。金日成が寧安にいたとき、金貞順女史は金日成に会ったという。

「……そして一九四二年から一九四五年まで、また金日成と一緒になった」

「その寧安で会われた金日成と教導旅団で一緒だった金日成と現在北朝鮮の主席である金日成は同一の人物ですか？」

私のその質問に金貞順は怪訝な表情を浮かべ、

「ええ、同じ人物ですよ。どうして？」と聞き返す。

「いいえ、確認したまでのことです」

この確認は韓国や日本、特に当時の韓国では北朝鮮政府主席の金日成と満州の抗日戦争時代の金日成は別人だという「替え玉説」が強くはびこっており、その主張を念頭に置いた質問であった。抗日時代の様々な話を聞いた後、「教導旅団」の話に移った。

「教導旅団におられたとき、中国領内や朝鮮領内にも出撃されたのですか」

「いや、教導旅団が設立されてからは文字どおり、教育、訓練が中心で、実戦には一度も参加しておりません」

そして戦闘ということではなく偵察活動を帯びた小部隊が中国領へ出撃していったが、その偵察活動は「教導旅団」とは関係なく、ソ連軍が指揮し、抗日連軍の隊員を満州や朝鮮に派遣していたという。

「すると金日成もその小部隊活動とは何のかかわりもなかったのですか」

「ええ、ありません。私たちの旅団が、ソ連領を出たのは日本の降伏後で、それも九月に入ってからでした。主力の中国人部隊は東北に、朝鮮人隊員は朝鮮に帰っていきました」

「すると金日成夫妻も九月頃、朝鮮に帰って行ったのですね」

「いいえ、金正淑は金日成たちと一緒に朝鮮には帰らなかった」

「え？　一緒ではなかったのですか」

「ええ、別々に帰ったのです。教導旅団での五年間の生活で、結婚した女性隊員はそこで出産しました。私は二人。李在徳も二人。金正淑にも金正日と金平日《キムピョンイル》の二人の兄弟が生まれていました。……ああ、そうだ。この平日は金正淑が連れて朝鮮に帰国後、事故で死亡しました。金正淑死亡後、金日成が再婚した金聖愛《キムソンエ》の生んだ子供の平日とは別人です。どうして同じ名前を付けたのかね……。日本が降伏した時期、旅団には一八名の子供がいました。幼い子供を連れて行軍はできないので、私たち母性隊員のほとんどは男性隊員が中国や朝鮮に出発した後、しばらく旅団の兵営に残り、中国や朝鮮に出て行った夫からの連絡をその地で待ちました」

「いつごろまでそこに滞在しておられたのですか」

「一九四五年一一月までです」

こんな話はそれまでで聞いたことがなかった。私は混乱する頭を整理するため、しばらく沈黙した。前述した『朝鮮全史』二二巻には一九四五年八月一〇日から、金日成指揮下の「朝鮮人民革命軍」は朝鮮に進攻するソ連軍と共同で、朝鮮の各地で日本軍と戦い、朝鮮の広い地域を解放した、と記述している。日本が降伏し、朝鮮全土で日本兵の武装解除が終わった一九四五年九月、金日成がソ連領の兵営から、朝鮮に向かったとするなら、彼らはいったいどこで誰と戦ったというのだろう。また金正淑が幼い金正日たち兄弟を連れて白頭山の密営からでなく、ソ連軍の兵営から一九四五年一一月に朝鮮に向かったというなら、彼女たちはどのようなルートで朝鮮に帰っていったのだろう。北朝鮮の朝鮮現代史にはこれらの「事実」について何の説明もない。

金貞順の話を聞きながら、彭旋魯将軍の話、李在徳の供述、そして鄭律の話を重ね合わせ、朝鮮の植民地からの解放という朝鮮人民にとって、極めて重大な歴史的事実を解き明かすうえで、金日成、金正淑夫妻が滞在した五年間のソ連領での生活と在籍していたという「教導旅団」の成立、そしてその実態を解明することの重要性を痛感していた。

第二章

天山山脈の彼方から

再び中央アジアに

北京から日本に帰ってきた後、在日の親しい友人たちに、北京で聞いた話を打ち明けると皆一様に驚き、強い興味を示した。ただ私がその仕事を継続し、取材結果を公表したいと話すと友人たちは、「それは大変だ。ひどいプレッシャーがかかるぞ」と忠告するやら、私の身の安全を危惧するやらした。

「北朝鮮に忠誠を誓っている朝鮮総連のごますりたちが、金日成主席にまつわる神話で、北朝鮮が隠蔽したり、捏造している歴史的事実を公表すると、何をしでかすかわからないよ」と、危害が直接私に及ぶのではないかと憂慮したのだ。

「北朝鮮に帰還していった肉親たちが、反革命分子を身内に持っていると抑圧されかねない」と、北朝鮮で生活する私の身内を心配する友人たちもいた。

北朝鮮当局は金日成が朝鮮解放の英雄であり、その後継者は金日成夫妻が抗日戦での戦いのさなか、朝鮮の霊山・白頭山山麓の革命根拠地で生まれたという「神話」を広めることで、金日成、金正日政権の権威と「正統性」を強調してきた。それがすべて捏造されたものであるとするなら、彼らのよって立つ最大の根拠が失われることになる。当然激しいプレッシャーは予測できた。すでにその兆候はあった。

北京に出発する数カ月前、すでに私は「危険分子」とされていたのであろう、海外旅行のための旅券の交付を北朝鮮政府の窓口になっている朝鮮総連に申請したところ、何の理由も示さず、旅券の交付を拒否された。当然私は猛然と抗議した。かつて日本政府が在日朝鮮人の海外渡航を禁じていた時（一九七〇年代まで）、海外渡航の自由を人権問題として訴えて活動していた朝鮮総連が、いつ、そのスローガンを下ろしたのか、韓国の朴正熙《パクチョンヒ》政権の独裁反対、人権抑圧反対を叫んで闘争に立ち上がった、在日韓国人の旅券交付を韓国政府が停止し、彼らを抑圧したとき、その処置を人権抑圧と嘲笑した朝鮮総連が、いつからそれと同じ姿勢を取るようになったのか、と窓口の職員に強く抗議したが、彼は表情を硬くして、上部からの指示だと取り合わない。

プレッシャーがどのような形で加えられるようになるのか、予想もつかないが、それに反発する気持ちは強かった。それと共に、私が海外で現代朝鮮史に光を当てる事実を「生きた証人」として何人も探し当てた以上、ノンフィクションの物書きとして、その仕事を継続し、歴史の真実に迫る作業を続ける気持ちは強くなっていった。

北京から帰った一カ月後の一九九一年八月、モスクワ経由でカザフ共和国のアルマトイに飛んだ。この地を訪れるのは一九八九年のソ連作家同盟の招待で訪問した時から、二年目の再訪である。当時は作家同盟の案内人がモスクワの空港まで出迎えに来てくれたので何の不安もなかったが、今回は言葉も通じない一人旅である。幸い作家同盟の招待時に、モスクワで知り合った在ソ朝鮮人の作家が、飛行場まで出迎えてくれ、アルマトイまでの乗り継ぎの手配をしてくれた。

真夜中にモスクワの空港を飛び立ち、アルマトイ空港には夜明け前に到着した。飛行場の東北方面に夜明け前の薄明かりの空間をついて、天山山脈が壁のようにそびえ立ち、高々とした雄姿を見せて迫ってくる。天山山脈の雪を戴く山々を見ていると、ああアルマトイに着いたという感慨がわいてくる。

飛行機からソ連人たちの後ろについて降りた後、彼らと共にバスに乗り込み、空港ビルの入り口に着いた。そこで出迎えに来ている大勢の人々の中に知人がいるかと目で探したが、どこにも知人の姿はない。どうしようかとまた不安感が押し寄せてくる。

出迎えてくれることになっているのはアルマトイで発行されている、ソ連邦唯一の朝鮮語新聞「高麗日報」の編集主幹の韓真である。待合室にも韓真の姿が見当たらないので、一瞬どうしようかと思ったが、言葉もわからず、行くあてもないので、そこで待つことにした。誰もいなくなって、がらんとした待合室で、独りぽつんと不安に駆られながら待っていると、一〇分ほどして韓真があわただしく駆け込んできた。

韓真は一九五六年当時、北朝鮮からモスクワの映画芸術大学脚本学部に国費留学していた北朝鮮のエリートであったが、フルシチョフのスターリン批判に留学生仲間とともに賛同する言動を取ったため北朝鮮政府から、危険分子と見なされ、故国に帰れず、ソ連に亡命した人物である。

「どうしたのですか?」

「え?」

「どうしてここにおられるのですか」

その時になって私は自分の迂闊さに気付いた。ソ連では外国人はソ連人とは別にインツーリスト専用の入り口、待合室がある。韓真はずっとその専用待合室で私を待っていて、私が現れないので何か事故にでも巻き込まれたのではとずいぶん心配したという。私は自分の迂闊さを申しわけなく思ったが、言葉が通じないと、こんな失敗をやらかすと言い訳しつつ再会を喜び合った。

「金さん、あちらの待合室で梁元植《ヤンウオンシユク》が待っています」という。梁元植は「高麗日報」の文化部長で旧知の仲である。一九九〇年、大阪で海外朝鮮民族の学会があったとき、韓、梁両氏が来阪され、私と作家李恢成が、大阪や東京を案内して回った。

「私が『高麗日報』の編集主幹に就任したので時間の都合がつかず、今回は梁元植に案内役を頼みました」

「『高麗日報』の編集主幹になられたとモスクワで聞いて驚いていますが、またどのような風の吹き回しで、作家から新聞社の主幹になられたのですか」

「いやいや、友人にこの役を押しつけられましてね。……まだ就任して二カ月しか経っていないのに、もうくたびれ果てています」

新聞社の編集主幹というのはそんなに忙しいのかと疑問を口にすると、

「現在の在ソ朝鮮人で、きちんとした朝鮮語が書ける記者が少ないので、私がほとんどの記事に目を通さなければならないからです。私が編集主幹なのにロシア語交じりの変な朝鮮語の記事を紙面に載せるわけにはいきません。全部の記事に目を通すものですから疲れるのです。ソ連政府によって在ソ朝鮮人は五〇年間にわたり、朝鮮語の習得を厳しく制限されており、教わる場を奪われた若者が朝鮮語を知らないのは仕方のないことなのですが、その影響を私がもろにかぶり、疲れ果てているということです」

再会早々口から飛び出す愚痴とため息に、お互い思わず苦笑いをした。

アルマトイに着いた翌日、梁元植と共に、鄭律の自宅を訪問した。

「やあ、また来たのかね」

鄭律は笑いながら手を差し伸べてきた。二年前に会った時と少しも変わらない。

北京で李在徳などから「教導旅団」についての話や抗日武装闘争時代の話を聞いたが、日本に帰った後、「教導旅団」には少数であるが、在ソ朝鮮人も籍を置いていたこと、またソ連の対日戦に参加された在ソ朝鮮人の軍人が、中央アジア朝鮮人社会で何人か生存していることをソ連作家同盟の朝鮮人作家たちから教えてもらい、再度の中央アジア訪問となった。鄭律は前述したように、ソ連太平洋艦隊陸戦隊の兵士として、対日戦の最初の上陸作戦などに参加した元陸戦隊員である。

「最近は韓国政府や北朝鮮政府の招待攻勢が激しくて落ち着かなくてね」と鄭律は話す。

ソ連邦崩壊の寸前のソ連では韓国との国交樹立がなり、韓国当局がカザフ共和国の朝鮮人社会への政治工作を強め、それに対抗して北朝鮮政府も工作員を送り、カザフの朝鮮人社会はその激しい政治工作の潮流に巻き込まれていた。

鄭律も韓国からソウルに招待され、帰国後に取り組んだ仕事が「帰国同胞遺家族救援基金」という聞きなれない名称の組織づくりと事業だという。鄭律はその会の会長を務めていると私に説明したが、私にはその聞きなれない組織が何をする団体なのか、皆目見当がつかなかったので、何をしている組織なのか質問した。

「一九五六年、北朝鮮で政変が起き『ソ連派』といわれた人たちが粛清されたが、その遺族たちの救援団体なんだ」という説明である。そう説明されておぼろげに、何をする団体なのか理解できたが、その全貌は詳しい説明を受けるまで分からなかった。

鄭律の説明によれば日本の降伏後、ソ連が北朝鮮地域を占領したとき、最初に占領下の北朝鮮統治に関与した朝鮮人は朝鮮進攻に従軍していた在ソ朝鮮系ソ連軍軍人で、鄭律などごく少数の人たちである。そして次に導入されたのが、「教導旅団」に参加し、日本の降伏後、九月に朝鮮に帰ってきた抗日連軍の朝鮮人隊員（金日成指揮下の部隊に属していた）であった。そして一〇月ごろになると、ソ連政府が在ソ朝鮮人の中から、優秀な人員を選抜し、モスクワで簡単な教育を施した後、北朝鮮に送り込んできた。その要員総数は四〇〇名に達し、彼らは北朝鮮の党、行政、軍の要職を占めた。例えば許哥誼《ホガイ》副首相、朴昌玉《パクチャンオク》朝鮮労働党副委員長、朴義完《パクウイワン》副首相、金承化《キムスンファ》建設相、奇石福《キソクボク》陸軍大学副総長、南日《ナムイル》副首相、崔鐘学《チエジヨンハク》朝鮮人民軍総政治局長など枚挙にいとまがない。

北朝鮮の初期の国づくりの段階で、彼らが果たした役割は計り知れないほど大きい。しかし朝鮮戦争が終焉し、戦後建設の時期、朝鮮のナショナリズムが高揚していくなかで、彼らの存在は北朝鮮にとって必ずしも歓迎される存在でなくなっていった。

それは彼らの多くは、ソ連国籍を保持したまま、北朝鮮政府の要員として働いており、ソ連政府の意向を汲んで動くことが多く、それが北朝鮮側の要人たちの苛立ちを誘った。彼らの多くがソ連国籍を保持したまま北朝鮮政府の要職についていたのは、北朝鮮をソ連が事実上支配しているという力関係の現実の中でソ連国籍のままでいるほうが、彼らにとって有利だという打算が働いたのであろう。

それはまた彼らの意識がソ連占領者たちと同じ目線であることを意味していた。いつまでも北朝鮮国籍を取得せず「占領者」と同じ目線でふるまうソ連系朝鮮人に対する、北朝鮮の人々の反発には強いものがあった。その上、ソ連の権威を背景にした横暴な振る舞いも多く、朝鮮側のナショナリズムの高揚の中で、在ソ朝鮮人北朝鮮要員は次第に孤立し、追い込まれていった。ソ連政府の北朝鮮に対する影響力が弱まったとき、彼らが排除されるのは必然の結果だったのだろう。

その時期が訪れた。一九五六年、ソ連ではフルチョフによるスターリン批判が行われ、社会主義諸国間に軋みが生じてソ連の影響力が薄れたとき、金日成政権はソ連系朝鮮人の「追放」「粛清」を開始した。鄭律の述べるところでは、朝鮮労働党の幹部が「ソ連国籍か北朝鮮国籍か」の二者択一と「自己批判」を要求してきたという。その当時文化部次官であった鄭律は、国籍問題で「自己批判」を要求されたため、北朝鮮国籍を選択したとしても「粛清」は免れないと感じ、ソ連国籍であれば北朝鮮から追放されることはあっても殺害されることはないという判断から、ソ連国籍のまま追放される道を選んだという。

こうして金日成政権によって、北朝鮮からソ連の影響力を極力削減するという目的で、朝鮮系ソ連人の追放が行われた。この「粛清」は、まず少数のソ連系朝鮮人の有力者を見せしめに、反党反革命分子の罪名で、強制収容所などに送り込み、「自己批判」で自殺に追い込んで、ソ連系朝鮮人たちに恐怖心を植え付けることから始まった。最初にソ連系朝鮮人の頭目と言われていた許哥誼副首相が標的になった。彼は酒乱などの日常生活の乱れについて「自己批判」を強要され「自殺」（巷説には暗殺とも）に追い込まれた。また大勢のソ連系朝鮮人には国籍問題などで「自己批判」を迫り、職務を停止し、朝鮮での生活の継続に恐怖心を抱かせ、本人の希望によりソ連に帰国することを「許可する」という形式をとった。このような回りくどい方法を取ったのはソ連国籍を保持するソ連系朝鮮人の逮捕・投獄はソ連政府との関係を極端に悪化させ、強い軋轢《あつれき》を生み、朝・ソ間関係の悪化を招くばかりか、不必要な介入を招くという、金日成政権の判断があったからであろう。

このようにして北朝鮮政府の要員約四五〇名が、北朝鮮政府から「追放」され、ソ連に帰って行った。彼らは財産も没収されたため多くの「追放」家族の生活は困窮した。北朝鮮から追放された人々の家族などへの救援活動を「帰国同胞遺家族救援基金」という組織が行っているという。

なるほど国家と民族の受難の時代、歴史的な大激動を一度ならず数度にわたって体験した人々だけに、思いもよらない歴史の裏側の出来事による後遺症が長い年月にいたるまで及んでおり、この小さな組織が存在していることの因果を思うと何か慄然とした。

二〇一一年現在、鄭律は現在もモスクワを拠点に、この活動をしている。そして二〇一〇年一〇月、モスクワを訪れたKBSの取材班に金日成元山上陸時の体験談を語っている。

ソ連軍の対日参戦、北朝鮮上陸作戦に参加した朝鮮人

一九八九年の夏、私が中央アジアを初めて訪問したとき、鄭律から彼がソ連太平洋艦隊陸戦隊に属し、ソ連の北朝鮮進攻作戦に参加したことを語ってもらったが、一九四五年当時、ソ連では朝鮮人は「敵性国民―日本帝国の臣民」とみなされ、極端な抑圧を受けていた。

鄭律もウラジオストックの朝鮮師範学校三年の時、カザフ共和国の砂漠地帯に強制移住させられた一人である。そこでは流刑者とあまり変わらない生活を強いられた。「公民権」は停止され、当局指定地以外の地域への移動、旅行は禁止、軍隊への志願入隊すら拒否された。当時を回想しながら鄭律は、

「朝鮮人の若者たちは赤軍に入隊して、ドイツと戦うことで、ソ連―祖国への忠誠心を示し『敵性民族』の汚名を晴らそうとした。誰もが競うようにしてソ連軍への入隊を志願したが、それらはすべて拒否、却下された。そうして祖国への忠誠心を示したいなら、軍隊でなく炭鉱やシベリアの山林での木材伐採職場などで働けと徴用された。当時の炭鉱労働者の生活は過酷な労働と貧

しい生活が待つ地獄だった。私が軍隊への志願書を提出したのは一九四二年八月。しかし当局からは何の処置も取られないまま放置されていた。ところが一九四五年三月、突然当局から呼び出しがかかり、入隊する意思はいまも変わらないかと聞かれたので、変わりません、と答えると入隊手続きをしろと指示され、入ったのが思いもよらなかったソ連太平洋艦隊陸戦隊だった。当時はなぜ自分が太平洋艦隊陸戦隊に徴兵されたのか理由がわからなかった」と語った。

この突然の鄭律入隊許可の背景には国際政治上の大事件「ヤルタ密約」が深くかかわっていた。一九四五年二月、米、英・ソ連の首脳はクリミア半島のヤルタで会合し、戦争完全遂行並びに戦後処理について話し合った。その時、日ソ中立条約の締結でソ連は日本との戦いに参加していなかったが、米英首脳はソ連に対日宣戦布告を強く迫り、スターリンは南樺太、千島列島のソ連への譲渡を条件にそれを承諾し、二月一一日、数カ月後に対日参戦をするという「ヤルタ密約」に署名した。

この「ヤルタ密約」後、ソ連は対日戦の準備に入った。満州、朝鮮、樺太、千島での日本軍との戦闘を想定した作戦計画が立てられ、朝鮮進攻のため、ソ連軍内に朝鮮語が理解できる兵士が必要になり、朝鮮系ソ連人の徴兵処置が急遽とられたのである。対朝鮮作戦の先兵の役を果たす、ソ連太平洋艦隊陸戦隊に、鄭律たちが徴兵されたのはそのような背景があった。

鄭律は徴兵された後、四カ月の厳しい訓練を受け、陸戦隊に配属されたが、この陸戦隊はソ連軍が対日参戦宣言をした直後に、朝鮮半島上陸作戦を遂行した。鄭律はソ連軍が、朝鮮半島で日本軍と最初に陸上戦闘を交えた時の兵士だった。鄭律は一九四五年八月一一日に開始されたソ連軍の最初の戦闘、雄基（現在の先鋒）上陸作戦、その後に続いた羅津上陸作戦、清津上陸作戦、そしてその後の元山駐留らの経緯について詳しく、そして熱っぽく語った。

話が一段落したとき、彼に尋ねた。

「鄭先生が属しておられた部隊や、雄基上陸作戦には朝鮮人の戦友が多く参加していたのですか」

「いいや数人だった。ソ連政府はまだ朝鮮人を信用していなかったので、入隊を許可されたのは共産党員と共産主義青年同盟の同盟員だけだった。私は朝鮮師範学校生徒時代、同盟に加入していたので徴兵された」

「先生の部隊は陸戦隊でしたが、ソ連のどの基地から出撃されたのですか」

「ウラジオストックからだ。我々の基地はそこにあったから。ウラジオから高速艇で上陸作戦を敢行したが、ウラジオ—雄基は高速艇で二時間ほどだった」

「その上陸作戦に、金日成の部隊も参加していたのですか」

「どうして何の関係もない金日成の部隊が作戦に加わるんだ。金日成が属した部隊と陸戦隊とは指揮系統が違っており、何の連絡も連携関係もない」

「その上陸作戦で、他に朝鮮人が参加しているということはありませんでしたか」

「いや誰もいなかった。朝鮮人は陸戦隊の少数の兵士だけだった」と断固とした調子で断言した。

その強い否定の言葉を聞き、「やはりな……」という思いと共に北朝鮮が公表している朝鮮現代史の虚構に空しさを感じた。前述した『朝鮮全史』第二三巻では「偉大な軍事戦略家であらせられる敬愛する首領金日成同志は一九四五年八月九日、すでに立案されていた作戦計画に従い、朝鮮人民革命軍が祖国を解放するため、最終攻撃作戦を開始することを命令された」（一一八頁）。そして「海上上陸作戦は雄基上陸作戦から開始された。……海岸上陸部隊の先遣隊として行動した朝鮮人民革命軍隊員たちは八月一一日雄基に上陸し、ここを解放した」（一二二頁）。この歴史書では雄基上陸作戦と雄基の解放があたかも「朝鮮人民革命軍」とソ連軍の共同作戦によってなされたかのように記述されている。

何度も確認したが、鄭律は自分たち陸戦隊隊員以外の朝鮮人は雄基上陸作戦には参加していなかったと断言している。

日本軍降伏後、鄭律はソ連軍の北朝鮮占領政策にかかわり、一九四五年九月、元山駐留ソ連軍の司令部勤務を命じられた。そして一九四五年九月一九日、ソ連軍大尉の肩章を付けてソ連海軍輸送艦で人目を忍ぶように密やかに元山に上陸してきた金日成とその部隊を出迎えた日のことを詳しく語った。

日本軍が降伏し武装解除された一カ月後に、こそこそと朝鮮に上陸してきた「金日成将軍」というのは北朝鮮の現代朝鮮史で特筆大書している朝鮮解放の最大の功労者で英雄の姿とはあまりにもかけ離れている。実際にあったことと北朝鮮当局が全精力を費やして編纂した、歴史書の記述との落差、違いすぎる事実に、当時、私はただただ言葉もなかった。

タシケント名物の西瓜をぱくつきながら

アルマトイの次の訪問地はウズベク共和国の首都タシケントを予定していた。そして現代朝鮮史の歴史の謎に迫るため、中央アジアの各地を訪ね歩く摩訶不思議に何か釈然としないものがあった。韓真は私の中央アジア訪問の意図を正確に理解し、今回の旅の最大の目的である兪成哲との会見のための労を取ってくれた。韓真は兪成哲とは旧知の間柄であるという。タシケントに何度も電話をかけたが、なぜか電話はつながらない。

「兪さんは夏に地方に旅行に出ることが多いので、留守がちなのですが……」

とつぶやきながら、ダイヤルを回し続け、夜中にようやく連絡が取れた。

韓真の話を聞いた兪成哲は即座に、

「いつでも訪ねてきなさい。昔の話は詳しく話しますよ」と会見に応じてくれた。その連絡を受けたとき、正直ほっとした。

アルマトイからタシケント空港に、アエロフロート機が到着したのは深夜の一二時半。くたくたに疲れ、タラップを踏みしめ滑走路に降りて、出迎えに来るはずのバスを待った。ソ連人乗客を乗せた一般乗客用のバスは走り去ったが、外国人専用のバスはいつまで待ってもその姿を現さない。夜になっても昼間の酷暑で焼けたコンクリートの滑走路から立ち上る熱気は全身を覆い、体のあらゆる毛穴から汗が噴き出してくる。蒸し風呂のようなコンクリートの滑走路で私や何人かの外国人がイライラしながらバスを待ち続けるが、いつまで待ってもバスは来ない。空港ビルで私たちを待ち続けている出迎えの人も、気をもんでいることだろうと思うと、バスの延着が無性に腹立たしく、当時のソ連の非能率、無責任に国が崩壊する無残な状況を実感した。それはすでにアルマトイ出発時から始まっていた。

アルマトイ―タシケント間の三時間の飛行を経るまでの体験は先進国といわれる国では考えられない混乱と無責任、腐敗の中で進行した。まず航空機搭乗券購入から騒ぎは開始された。私の搭乗券は外国人専用のドル建て搭乗券なので、すぐに入手できたが、案内役の梁元植の搭乗券が手に入らない。八方手を尽くし何人かの人々にドルで手数料を払い、ようやく入手したという知らせを受けたが、調べてみると私が乗ることになっている後の便である。

困ったが韓真が、空港で交渉すれば何とかなるだろうと出発三時間前に空港に着き、係員に「外国人一人で出発させられないので、何とか同じ便に変更してほしい」と頼み込んだ。その時搭乗券と共に、見えるように五ドル紙幣を添え差し出した。係員がちらっとそのドル札を見て、搭乗チケットを受け取り、変更の手続きをした。韓真がポツンとつぶやいた。

「昔はお金を差し出すことも恥ずかしかったが、最近は日本や韓国からお客さんが来られ、仕方なくやるようになったから、お金の差し出し方がだんだん上手になってね……いまいましいかぎりだ」

そのように現在のソ連ではワイロを使わなければ、何も動かないシステムになってしまっている、それもドルが最も効果があり、ルーブルでは誰も見向きもしないと説明した。

航空機の出発時間を待ちながら雑談しているとアナウンスが流れた。それを聞き彼らが慌てて係員のいる窓口に飛んで行った。何事が起きたのか理解できず、しばらく待っていると彼らが肩を落とし戻ってきた。

「飛行機の出発時間が午前三時に変更になりました……」

「え？　またですか……」

この「またですか」というのは一九八九年に、この地を訪れたとき、やはりタシケントに向けて午後一〇時出発予定の飛行機が飛び立ったのは翌朝の午前五時で、空港で待っているのにも疲れ、宿舎に一度帰り仮眠をとった後、再び予定時間に空港に来て搭乗した体験があったからである。

余談であるが、ソ連崩壊後のロシアでも航空機の遅れは日常的なようである。二〇一一年三月末、私の搭乗した成田発のウラジオストック航空は三時間遅れで出発し、深夜にウラジオストックに着く始末である。そこでベトナムから飛来した航空機が数時間も遅れて着いたということで小さな入国手続き待合室は超満員。先に着いたベトナム人には不法入国者が多いとみなされていたので、一人の審査に四〇分もかかる始末である。午後の九時にはホテルに入れるはずの予定が、実に翌日午前二時になった。また数日後、ウラジオストックからハバロフスクに向けて航空機が出発したのも、約三時間遅れだった。私とウラジオで同行することになったKBS（韓国放送公社）のディレクターはモスクワからハバロフスクに出発する便が、丸一日遅れたとぼやいていて、そのため予定が大幅に狂い、二度とロシアの取材はやりたくないという。ソ連時代からの時間にルーズな体質は国の支配機構が変わっても変化がないようである。

午前三時の出発時間に合わせ、アルマトイ空港に着くと飛行機の出発はまた変更になっており、午前一〇時になったと告げられた。梁元植が係員に抗議すると無表情だった係員が大声でやり返している。梁元植に何を怒鳴り合っているのかと聞くと「遅れた理由は何なのかと聞いてもわからないとだけしか言わないので、そんなことで空港の職員が務まるのかというと、文句があるなら上の奴に言え。俺に何の責任があるのかというので言い争いになった」という説明である。

そのまま宿に引き返し仮眠をとることにした。そして空港に再再度出かけてみると午後の一〇時の予定も取り消され、結局アルマトイを飛び立ったのは二四時間後のことだった。そのたびに空港とホテルを往復し、疲れ果ててしまった。そうしてタシケント空港に着いても送迎バスの出迎えがない。留学生らしいアフリカの若者が荷物を持ち上げ、待合室に向かって歩き出した。慌てて私たちも広い滑走路を重い荷物を引きずりながら空港待合室まで歩く羽目になった。

空港待合室で怒りの虫が収まらない梁元植が係員に猛烈に抗議した。

「なぜバスが出ていないのか」

「アルマトイから外国人が乗っているとの連絡を受けていない。文句があるならアルマトイの係員に言え」というような怒鳴り合いが続いた。その時も共産党の独裁国家・ソ連邦という国が崩壊していくのを実感した。国としての絶対に必要な秩序・機構維持の組織が崩れようとしている。国家が崩壊していくというのはまさにこのような状況を指すのであろうと思った。ただこのような共産党独裁体制の崩壊で、人々は監視と統制の網から逃れ、自由に過去の出来事を語れるようになり、それが北朝鮮の虚構の現代史を突き崩している因果に可笑しさも感じていた。

後日談であるが、私たちを何度もタシケント空港まで出迎えに来た兪成哲はそのたびに空しく帰ったが、飛行機の延着の原因を、「乗務員たちがまた山猫ストを起こしたので、飛行機が飛べなかったのではないかと思っていた」と言うのには驚いた。航空機の乗務員による山猫ストは頻発しているという。それをそばで聞いていた兪夫人は「私はガソリン不足で飛行機が飛べなかったと思ったわ」とこれまた想像を絶する解釈をして私を驚かせた。私たちはこのような珍騒動の末、くたくたになってタシケントにたどり着いた。

金日成の朝鮮帰還と兪成哲

私たちがタシケント空港に着いたのが真夜中の〇時三〇分。空港で荷物の受け渡しを終えたのが午前二時過ぎ。そこで夜中に到着を知らせるのもはばかられたが、行くあてもないので兪成哲の自宅に電話を入れた。

「今日は三度も空港に出向いたが、飛行機が遅れるということで心配していた。よく来てくれた。待っているからすぐに自宅に来なさい」という返事である。三度も空港まで出迎えに来られたと知って心から恐縮した。当時七六歳の老人である。それもかつて朝鮮民主主義人民共和国の朝鮮人民軍中将・副参謀総長・作戦局長の要職にあった人に、三度も空港まで出迎えさせたのが、何か自分の落ち度のようで申し訳なく思った。外国人とみて、法外な高い料金を吹っかけてくる「雲助」のようなタクシーと梁元植は大声で掛け合い、兪成哲の自宅に着いたのが午前一時過ぎ。

兪成哲はソ連の一般市民用の五階建てのアパートの二階に住んでおり、夫妻で玄関前に立って出迎えてくれた。

「よく来てくれた。遠いところを大変だったな」と労をねぎらいながら、３ＤＫの自宅に案内。その一室をタシケント滞在中は使ってくれという。私は遠慮してホテルに宿泊するとかなり強く申し入れたが、「そんな無駄なことはするな。ホテルは強盗と同じだ。外国人から一泊一二〇ドルもふんだくっている。ここに泊まれば無料だ」と私の申し入れを頭から受け付けない。一二〇ドルは非公式ルートでルーブルと交換すると、タシケントの労働者の数カ月分の賃金に相当する。年金生活を送っている兪成哲にとって、それはとてつもない無駄な浪費になるということなのであろう。好意に甘えその日から四日間、兪成哲の自宅で世話になった。私にとって、そのほうが話を聞くうえで、極めて好都合であったからである。

　兪成哲についてはいくつかの韓国の新聞、雑誌などの記事で、北朝鮮現代史の中で活躍された業績について予備的な知識はあった。兪成哲の登場する朝鮮現代史のハイライトは一九五〇年九月、韓国に侵攻した朝鮮人民軍が米軍の仁川上陸作戦後、苦境に陥り、敗退を重ね、北に撤退している時期である。一九五〇年一〇月一八日、北朝鮮政府は中国に救援を求める特使団を派遣したが、その特使団の一員として兪成哲がいた。兪成哲は首席代表、朴憲永《パクホニヨン》外

兪成哲（元朝鮮人民軍中将、1991年タシケントにて）

相に随行して毛沢東を訪ねた。そして朝鮮半島の軍事情勢の情勢説明をし、中国の救援を要請した。その時のことを兪成哲は淡々とした口調で語ってくれた。

北京に到着後、深夜であったが、毛沢東からすぐに会いたいという書簡をもらい、特使団は人民大会堂内の会議室に出向いた。そこには毛沢東、周恩来、林彪、彭徳懐などの新中国の要人たちが待ちかまえていて、朴外相の救援要請の演説に続き、兪成哲の朝鮮半島の軍事情勢の説明などが行われた。兪成哲の説明後、毛沢東が「同志、君の説明した軍事情勢は昨日までの情勢で、今日はもっと悪化している」と中国側が独自に入手している軍事情勢の補充説明をしたという。

好々爺という感じの兪成哲に、かつてそのような歴史の大舞台で活躍したという面影はすでにない。そのような劇的な局面にいたことすら、幻のように感じられた。兪成哲の自宅に滞在中、その時の毛沢東の話しぶり、周恩来の様子を昨日の出来事のように語っていた。また、朝鮮に帰る途中、飛行機で瀋陽まで高崗（中国政府副主席・中国共産党政治局員、東北三省で絶大な政治的影響力を持っていた）と同行し、その夜、高崗の自宅に招かれ、彼から打ち明けられたという朝鮮支援をめぐる、一九五〇年一〇月四日の中国共産党政治局拡大会議での派兵賛成派の高崗たちと慎重派の周恩来たちの激論の様子なども詳しく語ってくれた。

一〇月一日、スターリンからの中国人民解放軍の朝鮮派兵要請を受け、毛沢東は四日に政治局拡大会議を開き討議したが、派兵賛成の積極論者は高崗だった。そのような朝鮮現代史の隠された重大な裏面をシルクロードの古都タシケントの古いアパートの一室で、中央アジア名物の西瓜をぱくつきながら聞く不思議を考え続けていた。

なおこの時、聞き知ったのであるが、兪成哲の実兄も、ソ連から派遣された北朝鮮政府要員として、教育畑で活躍され、教育部次官、金日成総合大学総長代理などを歴任されたものの、一九五六年のソ連派粛清の時、ソ連に追放された一人だという。

三日間、兪成哲から話を聞いたが、兪成哲はかなり聴力が落ちており、大声で話さなければ通じない。その上、沿海州に移住したソ連系朝鮮人が、ほとんど咸鏡道の出身であるように、兪成哲も咸鏡道出身で、その地方の強いなまりと方言がまじりあった朝鮮語を話す。私は時々理解できず、梁元植に助けを求める羽目になる。ただ、兪成哲の記憶力は非常に鮮明で、こちらの質問に対し、ほとんど淀みなくこたえる。同じ部隊にいたという北京で話を聞いた金貞順について質問すると、

「金貞順？　さあ……、金伯文《キムベクムン》という名を使っていたかもしれないって？……誰だったかな。李兆麟副旅団長の夫人？　ああ、あの女性か。顔のいかつい目の小さな、あまり美人でない……」

と言う。

美人か美人でないかは極めて主観的な判断が入り込むので、あいまいにうなずくと、

「思い出した。他の朝鮮人女性隊員より中国語がよくできた女性だった。確か階級は中士（軍曹）だったと記憶しているが……」

というような調子でかつての部隊生活を語っていった。その回顧は一九四三年夏から金日成と同じ部隊に兪成哲が配属され、一九四五年九月、朝鮮に帰還するまでの二年間の回想が中心であった。

兪成哲は金日成と一緒だったソ連軍部隊の正式名は「極東ソ連軍第88特別狙撃旅団」といい、ハバロフスク東北約六〇キロ付近に位置するビヤツコイという小さな村に、その旅団本部と兵営があった。兵営の前にはアムール河が悠々と流れていたと説明した。私が「兪先生の言われている第88旅団というのは中国で言っている教導旅団と同じ旅団のことですか」と尋ねると、

「ああ。そうだよ。中国側ではそう呼んでいるようだ。それは自分たちの部隊がソ連軍の部隊でなく、中国共産党の指導する抗日部隊であることを主張するための方便のようなものだ。考えてもみたまえ。ソ連軍司令部からの命令で動き、ソ連軍から野営地を与えられ、武器弾薬はおろか食糧、それに給与までソ連軍から支給され、ソ連の軍服に身を包み、ソ連軍の階級章を付けた部隊が、ソ連軍でないと、どうして主張できるのかね。あの部隊は中国共産党の抗日部隊を主体にして成立したという、歴史的な過去があったとしても、第88旅団成立以降は紛れもなく、ソ連軍の部隊であった」という。

この第88旅団は中国人、朝鮮人、ソ連の東洋系少数民族のナナイ族、そしてソ連軍から派遣されてきたソ連人将校たちにより構成されていて、その隊員数は約八〇〇人。ソ連が日本との戦争に備え、満州での戦線後方攪乱作戦を想定して設立した部隊である。旅団長は抗日連軍第2路軍軍長だった周保中が中佐の階級で就任。副旅団長はソ連軍のシリンスキー少佐。その指揮下に四大隊が編成され、金日成はその第一大隊長で階級は大尉。金日成大隊の隊員は約一五〇名。その大半が朝鮮人で占められていた。一九四二年夏、旅団成立後一度も戦場に出ることはなく、日本降伏後の一九四五年九月初めに、旅団は解散した。ここまでの回想は旅団が、中国共産党の指揮

する教導旅団かソ連軍指揮下の部隊かの主張以外は、すべて北京で聞いた彭旋魯将軍の話と一致する。

兪成哲は九月に旅団が解散した後、金日成の部隊と行動を共にした。そして一九四五年九月一八日、金日成引率下の朝鮮人隊員と共に、ウラジオストックからソ連の輸送艦に乗り、翌日、元山港に到着した。金日成と共に上陸した兪成哲たちはそこで少数のソ連軍関係者の歓迎を受け、その後ピョンヤンに向け出発した。

タシケントの夏、そのうだるような暑さの中で、私の体内に衝撃の熱風が吹きぬけていくような四日間であった。兪成哲が淡々と語る第88旅団の金日成に引率された朝鮮人隊員の元山上陸の回想は、金日成が朝鮮解放には何の役割もはたしておらず、戦争が終焉してから一カ月も経って、ソ連領からソ連の軍艦で朝鮮に上陸したというもので非常にショックだった。朝鮮の解放のため金日成が「朝鮮革命人民軍」を率いて、北朝鮮の各地で日本軍と戦闘を交え、日本軍を撃破した朝鮮解放の英雄という内容を完全に否定する回想であったからだ。

そのような回想の一つ一つが衝撃的であり、私が学んだ朝鮮現代史を根底から覆す内容だった。そんな回想談を聞き終えた日、取りとめもない雑談を交わしている時、兪成哲がふと、

「今年の六月、家内と一緒にハバロフスクを旅してね」と言った。

「え？　ハバロフスクに？　何か訪ねる用件でもあったのですか」

「いいや。別段これという用事もなかったが、昔の旅団跡がどうなっているのか気になって出かけて行ったのだが……」

「第88旅団跡地をですか？　まだ何か残っていましたか」

「ああ、まだ旅団本部の丸木建ての建物が廃屋として残っていたがね。そのほかの兵営や建造物は何もなかった」

旅団本部の建物がまだ残っているという兪成哲の話を聞き私は興奮した。そんなものが残っているなどとは想像もしていなかったからだ。咄嗟にその場から、ハバロフスクに行き、旅団本部の廃屋を探そうと決断した。現代朝鮮史の隠された歴史の証拠物件がまだ残されているとするなら、それを自分の目で確かめ、世間に公開するのは私の義務だと思った。

ハバロフスクに第88旅団本部の廃屋を探して

兪成哲の話を聞き、ハバロフスクに行く決心をしたが、ロシア語を話せない私が一人で取材の旅はできない。この旅に付き添ってくれた、梁元植に同行を懇願したところ、彼も兪成哲の話に強い興味を持ったようで、二つ返事で私の要請を受け入れてくれた。そしてあわただしくその日のうちに、ハバロフスク行の航空券の手配をタシケントの朝鮮人社会有力者を通じてしてもらった。もちろんドルのワイロ付である。

タシケントから、ハバロフスクまで約七〇〇〇キロ。飛行機でひと飛びというわけにはいかず、夜半にタシケント空港を飛び立ったアエロフロート機は途中給油のため、早朝にハカス自治州の首都アバカンに着陸した。給油の間、二時間は機外に出て待機である。古ぼけた空港ビルでの待機であるが、そこはがらんとした古びた倉庫のような待合室で、コーヒーを飲ませるような小さな店すらない。タシケントから機内では一切の飲食のサービスもなく、空腹だった。

飲食店で軽食でもと考え、空港ビルの外に出てみると、そこは何もないシベリアの荒野が広がっているだけである。その光景に寒々とした思いを抱き、日本を出発するとき、予想もしていなかった場所への旅を改めて不思議に思った。梁元植がアバカンなんて聞いたこともないと、朝食も摂れないお粗末な空港のサービスに盛んに悪態をついていたが、それで空腹が満たされるわけでもなく、二人ともすきっ腹を抱え再び機上の人となった。

酷暑のタシケントから極東のハバロフスクに降りたつと、さすがにそこは真夏だというのに肌寒かった。

ハバロフスク市内のインツーリストホテルに宿を取り、旅団本部跡があるというビヤツコイ村について聞いてみると、そこはハバロフスクから約六〇キロ、自動車で一時間ほどかかるという。そのビヤツコイ村のどこに旅団本部跡があるのか？　行けばすぐにそこは判明するのか？　私は少し不安であったが、梁元植は平然たるものである。私の心配を見てとったのか「なあに、行けばわかりますよ」と気にもかけない。あまり心配しても意味がないので、全て梁元植に任せることにした。

翌日の朝、タクシーを一日借り切ることにして、ハバロフスクを出発した。ビヤツコイ村はまだ外国人の立ち入り禁止地区になっていたが、梁元植もタクシーの運転手も、そのことを心配する様子は全くない。連邦国家崩壊直前のソ連ではそのような法律自体、有名無実化しているのであろう。タシケントでの睡眠不足と長旅の疲れで睡魔と闘いながら、疾走する車窓から周囲を見渡した。二車線のアスファルト道路が緩やかな丘陵地帯を突っ切って一直線に延びている。三〇分も走るとすれ違う自動車もほとんどなくなり、時々軍用トラックが走り去っていく。

運転手の話によれば、その付近は軍の基地が多く、道路の両側の立木の両側は軍の基地だという。なるほど、ここは中・ソの国境地帯でほんの二、三年前までは外国人が立ち入ることもできないことが理解できた。交差点での交通整理も、民警ではなく軍人が行っているのも、軍の基地であることを裏付けていたが、軍人の交通整理が、何か奇妙な印象を与えた。

それにしてもビヤッコイは国境地帯からずいぶん離れている。抗日パルチザンが、ちょっと国境を越えて満州に出撃、という距離ではない。一九四〇年一〇月、ビヤッコイに抗日連軍の隊員たちを収容したのは、この場所が中ソ国境から、かなり離れており、抗日パルチザンが勝手に「出撃」したりできないように管理統制する目的があったのだろう。それは当時独ソ戦争で欧州方面に兵力を集中しなければならなかったソ連にとって、抗日パルチザンが勝手にソ連領から満州に出撃し、日本軍にソ連攻撃の口実を与えたくないというソ連側の思惑が強く反映していたためであるのかもしれない。

そんなことを考えていると一〇〇キロ近いスピードで走っていたタクシーが前方に「ビヤッコイ」という標識を見つけ、車を急停止させた。そこは幹線道路から雑木林の中に延びる砂利道がある交差点の入り口であった。

砂利道を走ってしばらくすると、二人の若い女性が歩いていた。自動車を停めて道を聞くと、彼女たちは私たちが訪れる予定の旅団跡地近くにあるハバロフスク師範大学のスポーツ研修所で、合宿練習をしている女子大生たちであった。案内のため同乗を頼むと、歩くのにくたびれたと喜んで車に乗り込んでくる。やがて車は彼女たちのスポーツ研修所の前で停まり、彼女たちは車から降り手を振りながら、研修所のほうに去って行った。それを見送り梁元植が「さーてと、研修所の管理人を探さなければ」とつぶやく。兪成哲から研修所の管理人が旅団本部跡地を知っていると聞いてきたようだ。

自動車を降りるとタクシーから降りてきた東洋人が珍しいのか、スラブ系労働者風の男たち三人が近寄ってきた。そのリーダーらしき男性が、梁元植と何か話し合っていたが、梁元植が「金先生、彼はスポーツ研修所の隣にある、ハバロフスク州第二自動車修理工保養所の所長で、旅団本部跡地を知っているから案内してくれるといっています」

「それはありがたいですね。そこはここから近いのですか」

「すぐ近くだそうです」

私は自動車から降り、記録のためにその付近の景色と所長にカメラを向け写真を撮った。突然彼は手を突出し、

「ニェット！　ニェット！　ニェット！」と怒鳴るように叫ぶ。そうして梁元植に抗議するように何か話している。彼の権幕から、ここは軍用地と同じく、写真を撮ってはいけない場所なのかと思い、ちょっと不安になり、梁元植に説明を求めると、

「金先生。彼は仕事着姿の自分の写真を撮るなと言っています。今すぐ仕事着から外出着に着替えてくるから、写真を撮るなら、その姿の写真を撮ってくれと言っていますが……」と説明を受

け、写真撮影禁止地区でないことを知って安心したが、仕事着の写真は何か差し障りがあるのだろうか。意味がよく理解できないまま、

「そうですか？　それは済まないことをしたと謝ってください。後で着替えた姿の写真を撮らせてくれるよう頼んでください」と謝り、旅団本部跡地への案内を頼んだ。

ワシム・アレクセーイヴィチ・ラプチーノと名乗った保養所所長は当年五〇歳。小太りで、おなかが突き出した精力的な感じのスラブ人である。話しぶりも雄弁で、ロシア語が理解できない私でもその雄弁さは理解できる。

彼はまず保養所の裏手にある雑木林の中に私たちを案内した。道もない雑草と灌木の生い茂る中を苦労して進むと、小さな水たまりになっている場所に行き着いた。保養所の所長は「ここは昔、兵士たちの兵営があった跡地だ」と説明する。所長の言葉を通訳しながら、梁元植がきょとんとしている。

「ここに兵営があったといっているのですが、なんで穴ぼこなんですかね？」と理解に苦しむという顔つきである。しかし私には直感的にそこに兵士たちの兵営があったと理解できる風景であった。金貞順も李在徳も旅団の一般兵士は地面に穴を掘り、その上に丸太で屋根を覆った半掘式の兵営で生活していたと語っていたからである。保養所の所長は十数年前まではまだ丸太も残っていたが、今は朽ち果て何もないと説明した。それにしても雑草と灌木が生い茂る場所の穴ぼこが、旅団の兵士たちが生活していた跡地だと思うと遠い時の流れを感ぜずにはいられなかった。シベリアの寒村で場所と時代を超えて「夏草や兵《つわもの》どもが夢の跡」の句を思い出す光景であった。

その穴ぼこの兵営跡地から、夏草の生い茂った荒地を五〇メートルほど歩いたところに、大きな丸太造りの建物が現れた。それは廃屋のようである。

「これが旅団本部の建物で、十年前まで村の倉庫として使われていたが、破損がひどくなったため、今は廃屋になっていると彼は言っています」

第88旅団本部の丸太造りの建造物（1991年当時）

丸太造りの旅団本部の建物はかなり大きく、太い丸太をがっちり組み合わせて建てられており、五〇年の歳月を経ても崩壊しなかったのが理解できた。

丸太造りのソ連軍部隊の建物について、一九九一年にビヤツコイを訪れたときは知らなかったが、二〇一一年春、ハバロフスクの軍事博物館を訪れたとき、それが、シベリアでのソ連軍小部隊の伝統的な兵営建造物であることを知った。博物館にはシベリアの各地の兵営の丸太造り兵舎の一部を復元した模型が展示してあったが、その建物と旅団本部の建物の建造方法はよく似ている。第88旅団本部の建造物も、そのようなソ連軍の建築手法を真似たのであろう。

建物の内部はかって倉庫として使われていた時の残骸や、崩れ落ちた屋根、天井板などが障害になり、内部に入り調べることができなかった。しばらく本部跡の建物の周辺を歩き回り調べていた時、梁元植と話し合っていたアレクセーイヴィチが、この近くに記念碑があるといっているという。記念碑？　何の記念碑があるというのか？　ソ連側で何かの記念碑を建てたのか？　いぶかしく思いながら疑問を口にすると、

「今年の五月、北朝鮮から人が来てその記念碑を建てていった」という説明である。この言葉を聞いた時、驚きのあまりすぐにはその説明が信じられず言葉が出なかった。気をとりなおし、再度梁元植に確認の質問をしてもらった。

「その記念碑を建てていったのは本当に北朝鮮の人たちなのか」

「ああ、間違いない。やってきた人は全員胸に金日成の肖像入りのバッジを付けていた」

私はこの彼の話を確認した後でも信じられず、しばらく呆然としていた。それまで、北朝鮮現代史の中で隠蔽されていた第88旅団の跡地に、なぜ北朝鮮が今頃になって「記念碑」を建てたのか理解に苦しみ、その意味を考えているとアレクセーイヴィチが、

「昨日、北朝鮮の社会主義労働青年同盟の若者四人が、ハバロフスク州共産主義青年同盟の人の案内でやってきて、お墓参りをしていきましたよ」とまた予想もしなかった事実を話したのには飛び上がるほど驚いた。

「北朝鮮の社会主義労働青年同盟の青年たちですって？　お墓参りって誰かのお墓があるのですか？」

「今年の五月、北朝鮮の連中が、記念碑を建てたとき、お墓も四基作っていったのです」

「え？　お墓も……。誰のお墓ですか？」

「誰の墓かと言われても……、まあ見てみればわかるが、記念碑も墓も奇妙なものだ」

と言いながら、案内するからと車のほうに歩きだした。その場所は旅団本部から大分離れたところにあるという。砂利道を一キロほど走った道の脇にその記念碑と墓はあった。その記念碑と墓を見て初めてアレキセイビッチの言う「奇妙な墓と記念碑」の意味を理解した。

雑木林の一角を整地し、周囲を太い鎖で囲み、その中にそれらのものは作られていたが、その記念碑にも墓にも何も書かれていないのである。何の文字も刻まれていないその奇妙な石碑と墓の前で、私はまたもや「これはなんだ」と考え込んでしまった。そして北朝鮮の意図を推測し、様々な事実関係を組み合わせて自分なりの結論を出した。

それは北朝鮮で、その時点まで隠蔽していた第88旅団とその第一大隊金日成大尉の事実を認めるわけにはいかないが、すでに中国ではその旅団の存在とかなり詳しい事実関係を公表しており、ソ連もペレストロイカの進展で、秘密資料の公開も近いとされていることから、動かぬ証拠が出てくる前に、その予防策として北朝鮮が旅団の存在を否定し、隠蔽しようとしているのではないという「証拠」を残すために、このようなものを作ったのではないかという推測である。

既に公表されている旅団とその存在の「事実関係」と、北朝鮮現代史で述べられている「事実」との整合性は後に考えるとし、とりあえず旅団跡地の近くに記念碑と旅団生活の時代、事故で亡くなった朝鮮人隊員四人の墓を建て、今後の展開に備えようとしたのではないかと推測した。当時、さまざまな状況証拠から、このように推測した私の考えが、見当はずれでないことが、その後の北朝鮮の動きから判明している。それについては後の章で明らかにするとして、いずれにしろ北朝鮮がこの時期、突然動いたのは中国での抗日連軍関係資料の相次ぐ発表、公表に危機感を持ったためであろうと考えているとアレクセーイヴィチが、「朝鮮の若者をここに案内したら、彼らはお墓の前で簡単なお辞儀などをした後、保養所のバーベキュー場で一緒にここまで案内して来たハバロフスク州の共産主義青年同盟の連中と肉を焼いて、宴会を開き歌ったり踊ったりして帰って行ってしまった。私が旅団本部の丸太造りの本部跡があるから、見学しないかと誘っても、それはいい、と見に行こうともしなかった」と不満そうに語っていた。

その時、私は、墓参りはしたが旅団本部を見学しようとしなかった若者たちの行動を何となくいぶかしく思ったが、その意図が理解できなかった。彼らが旅団本部を訪問しなかったのは上部の指示に従ったのだろう。上部から旅団本部の「見学」は禁止されていたのかもしれない。この時はその意味もその意図するところも謎のままであったが、一九九八年に刊行された『金日成回顧録　第8巻』と、二〇〇〇年ごろから朝鮮学校で使用されるようになった北朝鮮現代史の中の第88旅団関連の記述を読んでその意図を理解した。

『回顧録』では旅団と朝鮮人隊員の関係をソ連軍旅団指揮下の兵士ということではなく、旅団とは別個の「朝鮮人民革命軍」の隊員とすることで、それまでの北朝鮮現代史の記述との整合性を持たせていた。北朝鮮はこの時期からすでにそのような筋書きで再度の歴史の捏造を画策していたのだ。そのためソ連軍の旅団本部と金日成が指揮する「朝鮮人民革命軍」は別々の指揮系統で動いた、とする新たなる歴史の捏造を考え、旅団本部の史蹟の「参拝」は拒否したのであろう。

当時は北朝鮮の意図を知るすべもなかったが、『金日成回顧録　第8巻』が刊行され、ようやくその企みを知ることができたのである。

金日成大尉の宿舎の隣人

記念碑と墓の写真を撮影し、しばらくそこにとどまっていたが、何もない雑木林に中に留っている理由もないので、ハバロフスクに引き返そうかと思い、梁元植を探すと彼はアレクセーイヴィチと何か熱心に話し合っている。何を話しているのだろうと思い、梁元植のそばに行くと、

「金先生、彼が昔この旅団内で生活していた人が、現在ビヤツコイ村に一人生存しているといっています」

「え?」と答えたきり私は驚きのあまり次の言葉が出なかった。まさか当時の旅団内にいた人間が、この村に生活しているとは考えてもいなかった。兪成哲も村には関係者は一人もいないと話していたからである。

「本当ですか!? ぜひ会いたいと伝えてください」と勢い込んで頼み込んだ。

「私もその人に会いたいから紹介してほしいと言っておきました」

「何をしていた人ですか? 男性ですか、女性ですか?」

「彼の説明だとよく理解できないのですが、何か部隊の通訳の夫人だといっています。通訳って何のことでしょう?」

梁元植は意味が分からないようだが、私はすぐに、その意味するところを理解した。第88旅団にはソ連軍の命令指示を伝達するため、中国語のソ連人通訳八人がソ連軍から派遣されていたの

だ。その女性の住宅に案内してもらうため、自動車に乗り込みながら私は興奮していた。旅団本部の丸太造り建造物の廃屋は兪成哲が教えてくれたので、その話を今しがた確認した。それに満足していたら、まさかの北朝鮮当局が建造したという記念碑と墓を発見し、その上、旅団内で数年生活していたというソ連人に会えるという幸運にめぐり合い、私はただただ驚き、興奮していた。

取材でこのような幸運にめぐり合えることは珍しい。タシケントから七〇〇〇キロを旅してきた甲斐があったというものである。その幸運は多分に案内役の梁元植の努力によるところが大きい。第88旅団の本部跡に強い興味を持ち、わざわざハバロフスクまで飛んできた私の問題意識を彼も共有してくれ、私以上に新事実を探し出そうとする、新聞記者としての探究心が働いたのであろう。私は案内兼通訳をしてくれた人が梁元植であったことを、改めて感謝した。

案内役を買ってくれたアレクセーイヴィチを乗せ、自動車は雑木林を切り開いた砂利道を抜けると、やや広い道に出た。アムール河の沿岸に、小さな村落が見えた。アムール河河畔を自動車は小石をはね飛ばしながら走る。アムール河の流水は日本の河川のように、水色や緑色、薄褐色ではなく、薄黒く見える。中国人が「黒竜」と呼んだ意味が何となく理解できる。それにしてもその川幅が広いことに驚く。まるで湖のようである。自動車は小さな木造家屋の前で停まった。白いペンキを塗った木の柵に囲まれた、小さな庭付きの家屋である。アレクセーイヴィチが入り口で、ドアをたたき案内を乞う。

その声に応じて玄関に姿を現したのはズボン姿で野球帽のような帽子をかぶった老年の婦人で

ある。二人で何事か話し合っていた後、婦人が私たちのほうを向き、庭に招き入れてくれた。「彼女が昔、旅団で金日成たちと一緒に、兵営暮らしをしていたクラヴジャ・ワシリエヴナ・シロノワ夫人です」との紹介を受け、握手した後、私がカメラを構え、家の前に立つ夫人の写真をと、シャッターを切る。夫人が「ニェット！　ニェット！　ニェット！」と大声を出して抗議している。「あーしまった、またやっちゃったな」と梁元植に謝ってくれるように伝えた。言葉がわからないので、断りを入れることができず、つい行動が先になる。

それにしても自分の写真を撮られることに対するこだわりは現在の日本人とはまるで違う。撮影されるなら尊厳ある姿でということであろう。そう言えば戦前の日本人にしても、在日朝鮮人にしても、確かにそうであったようだ。人々は写真を撮るとき、威儀をただし正装して撮影したものだった。この当時のソ連ではまだそのような感覚だったのだろう。

私たちを残して家の中に入っていった夫人はしばらくした後、小ざっぱりしたワンピース姿で現れ、その姿で写真を撮るように言った後、私たちを家の中に招き入れた。夫人の居間で彼女の旅団での生活、体験を聞いた。

第88旅団の元中国語通訳官の妻シロノワ夫人（1991年）

夫人の連れ合いはスチェパン・ニコライヴィッチ・シロノワといい、一九四二年夏、夫人と共に旅団の兵営に赴任したという。このスチェパンの名は中国で発刊されている旅団関係の資料で、その名が記載されているのを日本に帰ってから確認した。

スチェパンは一九四二年、ハバロフスクの通訳員養成学校を卒業した後、極東ソ連軍から中国語通訳官として第88旅団に配属された。

「私たちは一九四二年に旅団に赴任し、一九四五年九月まで、この旅団の兵営で生活しました。一九四五年八月、ソ連軍が中国、朝鮮へ進攻した後、日本軍が降伏して、九月に中国人は中国へ、朝鮮人は朝鮮へ帰り、旅団は解散になりましたが、その時まで旅団にいました」

旅団成立時から旅団解散時まで約四年間旅団内で生活していたという。

「旅団内では金日成とその夫人金正淑とも親しくしていました。金正淑夫人はロシア名でガーリヤと呼ばれていました。その二人の子供たちも、私たちの子供と同じ年頃でしたから、兵営内の託児所で一緒に育ちました。彼らの二人の子供も、この兵営で生まれたと思います。もっとも長男は私がこの兵営に来る前に生まれていましたが……。託児所ではロシア人の保母が世話をしていたので、幼児たちはロシア語で会話をしていました。金正日もつたないロシア語でしゃべっていました。金日成夫妻とは将校宿舎が近所同士で、親しい付き合いでした。私の宿舎の隣は李東《イドン》華《ハ》少佐（旅団軍医。旅団内の朝鮮人将校としては最も階級が高い）、その隣が金日成の宿舎でしたので、彼らとは日常的に親しくしていました」という。金正日兄弟が幼い時、ロシア名で呼ばれていたのは李在徳や金貞順から聞いて承知していたが、金正淑もロシア名を使っていたとは驚きだった。

「あなた方は金日成を当時何と呼んでいたのですか」

「金日成を確かチン・リー・チョン大尉と呼んでいました」

「え？」と私は聞き返した。「チン・リー・チョン？　なんだそれは？」としばらく考えて思いあたった。それが金日成の中国語読みだということを。なるほど第88旅団は旅団設立以前は中国東北抗日連軍部隊であり、抗日連軍の会議は中国語でなされており、金日成はチン・リー・チョン同志と呼ばれていたのであろう。それに第88旅団成立後も、旅団内では中国語が公用語であるため、中国語読みがそのまま使われていたのだ。

「連れ合いは周保中の通訳官でした。周保中は副旅団長で、その配下に四人の大隊長がいましたが、金日成はその第一大隊長でした」と語ったので、私は驚き、

「え？　周保中は旅団長でしょう」

「ニェット！　周保中は副旅団長だった」

「そんなはずがないが……」

「いや間違いない。旅団長はシリンスキー中佐《ママ》で、副旅団長が周保中とセーロキン少佐だった」

「いや。シリンスキーは副旅団長ではなかったのですか」

「ニェット！　シリンスキー中佐《ママ》が、旅団長だった。間違いはない」

こんなやり取りが、梁元植の通訳で何度か行きかったが、夫人は断固たる調子で主張を変えない。

周保中の通訳官夫人である。自分の連れ合いの直属の上官の職階を間違えるとも思われないのだが、それでは中国側の資料、彭旋魯や金貞順らの話とも食い違う。それに兪成哲の話とも違っ

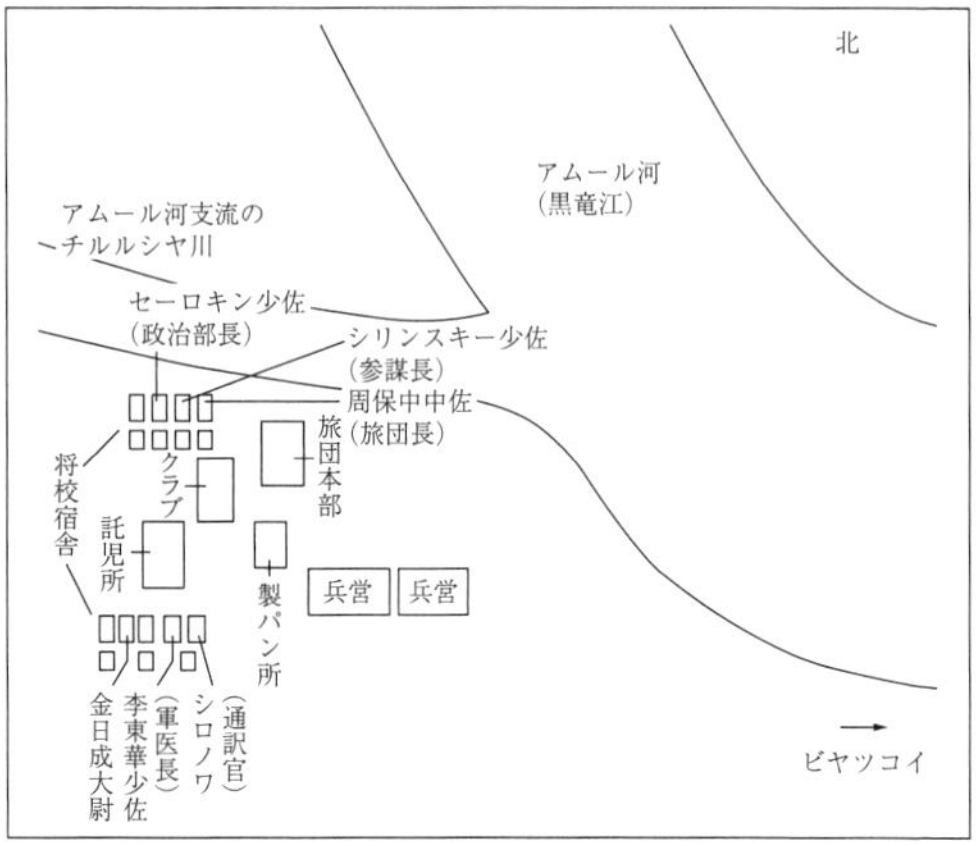

シロノワ夫人が描いた第88旅団兵営略図を再構成

ている。いささか困惑したが、あるいはソ連側ではそのように扱っていたのだろうか？　と思った。ソ連が保有している資料が公開されなければ、確かなことはわからないが、戦前戦後の複雑な中ソ関係を背景にし、両国の利害関係が複雑に絡み合った、小さな旅団の困難な立場に思いを巡らせていた。周保中が旅団長か副旅団長かの話を中断して、夫人に話を促した。

「日本が降伏した後、九月初旬、連れ合いは中国人たちを中国国境まで送っていきました。そこで彼の任務は終了しました」と彼女は話を結んだ。

その後しばらく雑談を続けている時、ふと思い出し彼女に、

「あなたは当時の旅団の兵営の見取り図は描けますか」と聞いてみた。「忘れたことも多いが、おおよそのものは描けると思う」という返事をもらい、私の取材ノートにその見取り図を描いてもらった。描かれた図を見ながら、なるほどこんな感じで兵営があったのかと、丸太造りの旅団本部跡地や、穴ぼこの兵営を思い出し、具体的なイメージが少しわいてきた。

見取り図を見つめながら、シロノフ夫人と金日成夫妻が近所の奇遇には改めて驚いた。

二〇一一年四月、二〇年ぶりにビヤツコイ村を訪れた際、村人にアレクセーイヴィチとシロノワ夫人の消息を聞いたが、二人ともすでに亡くなっておられるとのことで、再会はならず、改めて長い歳月の流れを感じた。

第三章

中国東北の地に元パルチザンたちを訪ねて

ソ連軍の偵察活動と「小部隊」活動

一九九一年、肌寒い晩夏、ビヤッコイでの取材を終え、ハバロフスク空港まで梁元植に見送ってもらい、当時は極東ソ連から日本への唯一の空路である、新潟空港に降りたち、ソ連邦への取材は一応終えた。日本に帰った後、それまでの取材内容を検討したが、再度の中国訪問が必要なことを痛感した。かつての抗日連軍の戦士たち、特に朝鮮人パルチザンたちに会って、抗日連軍の活動、第88旅団についての体験談をさらに聞き取り、その聞き取り資料を比較検討しなければ、詳しい部分が判明しないことが多くあった。それに五〇年も経った後の記憶には不正確なものや思い違いもあって、回想者の話に矛盾があり、それを補うためにも、さらに多くの体験者の回想で、事実関係を確定させる必要があった。

北京の李英皓に、何度も連絡を入れ、私の要望を伝えると彼はハルビン、延吉などの元抗日連軍戦士たちや、学者にコンタクトを取り、会見の約束を取り付けてくれた。

一九九一年秋、北京に飛び、そこから三度目となる中国延辺朝鮮族自治州への旅に出た。その時、首都延吉の変貌に驚いた。一九八七年に訪れた二度目の延吉訪問時に比べ、町の様子が大きく変わっていた。一九八七年当時はなかった高層ビルが幾棟も建ち並び、新しいホテルが何軒かオープンしていた。乗用車も多くなり、飲食店――そのほとんどは朝鮮料理屋かコーヒー店――もずいぶん目についた。ここ数年、韓国の中国ブームに乗って、韓国人観光客や一山稼ごうという商売人が入り込み、にわか景気が続いているという。夏場は朝鮮の霊山・白頭山を中国側から登山しようという観光客でにぎわい、ホテルの予約もままならないというが、私の訪れた一〇月下旬は、白頭山は雪に覆われ観光客は少なく、騒がしさからは逃れられた。

この時、延辺を訪れたのは呂英俊《ロヨンジュン》と会うためである。

呂英俊は抗日連軍で金日成の部隊とは違った部隊に属していたが、同じ第一路軍に属し、ソ連領に抗日部隊が退避した後、中国や北朝鮮の抗日関連資料に記載されている満州での「小部隊」活動の実施者として活躍していた人物である。私が呂英俊の存在を知ったのは中国で一九八七年に出版された『東北抗日連軍史料』に掲載されていた、同氏の「抗連小部隊の東北偵察活動」の手記によってであった。中国や北朝鮮から出されている書籍などでは抗日連軍の「小部隊」活動の実態が分かりにくい。それらの資料では「小部隊」の指揮系統やその活動の実像がよく理解できないところがあり、できればその活動体験者である呂英俊に会って話を聞きたいと思った。ただ、その当時、当人がまだ生存中なのか、どこで生活しているのか皆目見当がつかなかった。

呂英俊（金日成と同時期ソ連領に逃避し、「南野営」で１年数カ月を共に過ごす。1991年延吉市にて）

そこでソ連から帰った後、北京の李英皓と連絡を取り、その生存を確認してもらった。李英皓が知人の延辺の朝鮮語新聞社の記者に電話を入れ、消息を聞くと、その身元は簡単に知れた。かつての革命戦士として、呂英俊は延辺では有名人で、当時は「延辺老幹部会」の会長を務めておられた。私が宿泊している延吉のホテルの部屋で、呂英俊と会って話を聞いた。

当時、一九一六年生まれの中国朝鮮族一世で七五歳。髪の毛こそ白髪であったが、矍鑠《かくしゃく》たるもので、話にも淀みがない。呂英俊によれば彼は第一路軍第2軍4師に属し、6師の金日成とは指揮系統の同じ第一路軍で活動していた。第一路軍が日本軍の「討伐」作戦の展開で壊滅状態になっていった時、金日成とは同時期、ほぼ同じ場所からソ連領に逃避し、ソ連軍に収容され、第一路軍系の抗日連軍隊員が収容された南野営と呼ばれた兵営で、金日成夫妻たちと一緒に、一年数カ月、そこを拠点にして過ごしたという。

呂英俊の話によれば、彼らの属した第一路軍は一九四〇年一〇月から一一月にかけて壊滅状態になり、ソ連領に逃げ込んだ。ソ連軍に収容された後、その地に抗日連軍南野営を設立した。そこで訓練を受け、ソ連軍から武器弾薬を与えられ、翌年の四月、雪が解け始めた満州に出撃し、「小部隊」活動、つまりゲリラ戦を続け、冬になる前に再び南野営に帰ってきた。この抗日連軍の「小部隊」活動は一九四二年八月頃まで続き、その後は北野営に抗日部隊は統一され、第88旅団が設立された後は、抗日連軍部隊による「小部隊」活動はほぼ中止された。それに代わり、ソ連軍情報局の指揮のもと、ソ連軍の日本軍陣地や軍事情勢の偵察活動として、抗日連軍隊員たちによる「小部隊」活動が日本の降伏の時まで続いたという。中国の抗日連軍関係資料などでみられる一九四〇年以降の「小部隊」活動は一九四二年以前と、それ以降とでは同じように「小部隊」活動と呼ばれていても、その「任務」と「指揮系統」は別のものであり、全く違った任務の活動であった。

呂英俊や金日成たち、一路軍系の抗日連軍部隊が、ソ連領に逃避した後、部隊にはソ連軍の「助言」による禁止事項がいくつか課せられ、その禁止事項の一つに、抗日連軍女性隊員の満州領への「出撃」禁止条項があった。その「禁止条項」は守られ、南野営で東北に出撃した女性隊員はその全期間を通じて一人だけで、彼女は、どんなことがあっても夫に付いて行くといい、出撃していった。

「金日成夫人の金正淑は南野営から出撃したのですか」

「していないね。南野営には女性隊員は七、八名しかいなかった。そのうちの一人だけが、満州に出撃したが、それは金正淑ではない」

「すると金正淑夫人は金正日が生まれたとき、南野営にいたということになりますが、金正日は南野営で生まれたのですか?」

「さあ、私は生まれたところを見ていないから、そこまでは知らない。ただ金正日が生まれた一九四二年二月ごろ、金正淑が南野営にいたことは確かだ」

呂英俊の話で、金正日の誕生地にまた疑問が生じた。彼は北野営で生まれたのか、南野営で生まれたのか、それとも北朝鮮が主張するように白頭山山麓のパルチザン密営地で生まれたのか、とその時私は呂英俊の言葉を咀嚼《そしやく》しながら、金正日誕生地の謎を推測していた。

ただ呂英俊は「金正淑がその時期、白頭山の密営にいたということはない」とも断言した。そして彼は抗日連軍時代の体験、ソ連領へ退避した後の「小部隊」活動の実態、そして極東ソ連軍に属して満州での偵察活動や、日本降伏時の偵察活動などを故郷の方言、咸鏡北道弁でとつとつと語った。

私はかねてより北朝鮮現代史に記述されている一九四〇年から一九四五年までの金日成指揮下の「小部隊」活動という軍事行動には納得できない、いくつかの疑問があった。それはその部隊の目的、「小部隊」活動の成果、指揮系統などについて、北朝鮮の出版物の記述はきわめて曖昧で具体的事例が何も記されていなかったからである。それで私が抱く疑問を呂英俊にぶつけてみた。

「その小部隊活動という軍事行動は誰の命令により遂行されたのですか」

「一九四二年八月の第88旅団設立時まではソ連領内の抗日連軍の幹部から指示された。具体的には周保中を通じての指示だった。その指示もソ連軍の了解を受けてなされた。旅団成立以降は極東ソ連軍情報局の将校から直接指示を受けた。ソ連軍の偵察部隊という形態だった」

「第88旅団成立後、小部隊活動を展開していた隊員たちと南北野営にいた隊員たちの交流はあったのですか」

「それはなかった。我々はソ連軍情報局の直接の指示命令で動くようになってから、我々『小部隊活動』をする隊員たちは中・ソ国境地帯のソ連軍の何カ所かの秘密基地に軟禁状態で、少人数で収容されていた。そのためほかの偵察部隊や昔の仲間とも交流できない状態に置かれていた」

「すると周保中や抗日連軍幹部は、あなた方がどのような偵察活動をしているか、知らなかったのですか」

「ソ連軍から情報を与えられなければ知らなかっただろうね。我々はソ連軍情報局のソ連人将校に報告書を提出していたから」

「そうですか……その小部隊の活動は年に何回も出撃するのですか」

「そんなに何回も出撃するのではない。せいぜい年に一回か、多くても二回ぐらいだ。たいへん危険な任務だったから、そうたびたび出撃させない。多くの戦友が犠牲になった」

そこで、ポツンと言葉が途絶えたのが印象的だった。

北朝鮮現代史では一九四二年以降も金日成の命令を受けた「朝鮮人民革命軍」のパルチザンが、中国や朝鮮で苛烈な小部隊活動を展開した、と記述されている。例えば前述した『朝鮮全史』第二二巻には「偉大なる首領様の取られた処置により、長い期間にわたって敵との苛烈な武装闘争の過程で精錬された大衆政治工作手法と地下工作経験を持つ朝鮮人民革命軍の幹部と隊員たちによって編成された数多くの小部隊、小組などの政治工作員たちが、北部朝鮮地域をはじめとする我が国の全地域と、そればかりか、日本の朝鮮同胞たちの中に派遣された」（二九頁）と記述されている。

ソ連軍指揮下の小さな特別旅団の一五〇人ほどの部下しか引率していない一大隊長の金日成大尉が、どうして「数多くの小部隊」を勝手に動かしたり、政治工作員を派遣したりできるのであろうか。それとも、ソ連軍から特別の権限を与えられ、数多くの小部隊を派遣できる立場にあったのであろうか。抗日連軍生残りの隊員たちの誰もが、金日成にはそのような権限は与えられておらず、第88旅団の金日成指揮下の第一大隊は一九四五年の日本の降伏時まで、一度としてソ連領から出撃したことがないと、多くの元隊員たちが証言している。それに金日成の「小部隊活動、政治工作」が日本の在日朝鮮人にまで及んでいたと主張するに至っては「誇大妄想」「歴史の捏造」としか言いようがない。そのような事実はない。

そう言えば一九七〇年代初期、北朝鮮からの特別な指示で、朝鮮総連の中に秘密の調査研究組織が作られ、金日成の在日同胞工作の痕跡を探し出す作業を必死にしていたが、当然のことながらその痕跡すら探しだせず、この研究班は解散になったことがあった。その事実は私の友人がその研究会に配属になったのでこっそり教えてくれたことがある。金日成神話を捏造した者のでたらめを信奉した北朝鮮当局関係者が、真面目に日本での金日成秘密工作を信じ込み、朝鮮総連に調査を命じてきたのであろう。

『朝鮮全史』のいう一九四二年以降の「朝鮮人民革命軍」の「小部隊」活動とは、ソ連軍情報局の指示命令により展開された元抗日連軍隊員たちの偵察活動を、金日成指揮下の小部隊活動にすり替え、金日成の革命偉業に捏造した「パクリ」である。

呂英俊とのインタビューで強く印象付けられたことがある。それは彼がソ連軍情報局の要員として偵察任務に就いていたが、ソ連軍所属の隊員という意識は希薄で、抗日連軍の隊員だという主張である。確かに彼らの意識はそのようであったのであろうが、しかし本人たちの帰属意識と実態には大きな溝があり、実態として彼らはソ連軍に帰属していた。そのような意識の格差の実例の一つを呂英俊の「部隊表彰状」に見る思いがした。インタビューの途中で呂英俊は私に誇らしげに、「私は一九四四年、抗日連軍隊員として偵察活動の功績を認められ、抗日連軍から表彰されたことがある」とその表彰状の写真を見せてくれた。呂英俊にとって、それは抗日連軍時代の功績として、唯一残された物証であり、また誇りでもあったのだろう。その写真で見るとそれは「名誉奨状」と大書され、呂英俊の功績が中国語で綴られている。その「名誉奨状」の署名人の名を見て私は「あ!?」と驚いた。そこには「王新林」とあったからだ。

「ここには王新林と署名がありますが、この人物と会われたことがあるのですか」

「王新林？　王新林というのは周保中の変名なのだろう」

呂英俊は平然と答えた。それは王新林を周訪中と確信しているような口調であった。

「え？　ご存じなかったのですか」

「何をだ？」

「王新林の本名を」

「え？　周保中の変名ではないのか」

「違います。一九四四年当時の王新林は極東ソ連軍情報局長のツワイゲル少将のことです」

呂英俊は一瞬驚いたように私の顔を見つめた。まさかという表情であった。そうしてしばらく沈黙していた。少なからぬ衝撃を受けたようであった。それまで第88旅団長周保中の表彰状とばかり思っていたのが、そうでないと言われ混乱したのであろう。呂英俊にとって、この表彰状は抗日連軍隊員だったことの証明と功績に対して与えられた宝物のような存在であった。事実その「宝物」の実物は抗日連軍時代の歴史的物証として、延辺歴史博物館に展示してあるのを私は確認している。

呂英俊クラスの下級の抗日連軍隊員には抗日連軍部隊がソ連領に退避した後、ソ連軍部隊に抗日連軍が組織化されていく過程で、極めて重要な役目を果たした王新林が何者であるのか、上部から知らされることはなかったのであろう。当時は知らされなくとも、一九九一年当時は周知の事実だと考えていた私の認識が甘かったのだ。その当時でも延辺では第88旅団の実態はまだはっきりされておらず、その全貌は闇の彼方にあった。

呂英俊からはその後しばらく話を聞き、終了したときはすでに外は暗くなっていた。最近開店したばかりだという朝鮮料理屋で、「延辺日報」の記者や延辺歴史博物館の学者と一緒に食事をすることになっていたので、呂英俊を誘うと強く遠慮された。李英皓が「そうおっしゃらずに一緒に行きましょう。わざわざ日本から先生を訪ねてこられたのですから」と自動車に乗せ、その店まで同行した。

朝鮮料理屋の小部屋に皆で食卓を囲みながら、中国朝鮮族の宴会の恒例にしたがって、高粱から作ったというアルコール度数が六〇度にもなる強い酒、白酒で乾杯をした。白酒は少し口に含んでも強い刺激が鼻を衝く。その酒を小さなコップで一気に干しあげるのである。乾杯後、内陸部の延辺では魚の料理として最もおいしいというナマズのなべ料理を突っつきながら雑談を交わしている時、参席者から呂英俊にいくつかの質問があり、かつての偵察活動に話が及んだ時、白酒を大分干しあげていた呂英俊が、

「ちきしょう！　あんな表彰状一枚でごまかしたな。レーニン勲章を貰ってもおかしくなかったんだ」とやり切れないように心情を吐露した。座は一瞬静まり返った。

「偵察活動に出て行って何人の同志たちが帰ってこなかったことか。密林の中で日本軍に追われ、そこで殺されても、その遺体すら拾ってやるものもいなかった……偵察命令を受けた後、不安から精神に異常をきたした同志もいた。そんな人々にソ連軍情報局長の表彰状一枚はないだろう」

とつぶやくように語った。

　ソ連軍は満州や朝鮮での軍事情報収集活動で、最も危険な日本軍陣地の偵察や敵地での情報収集活動に抗日連軍隊員を使い、貴重な作戦情報資料を手に入れていたのである。それはソ連軍情報局のソ連人偵察員では言葉の問題などから、満州・朝鮮での秘密偵察活動がほとんど不可能だった背景が存在した。呂英俊の苦い心情の吐露はそんなソ連軍に対する怒りであった。しかし呂英俊は気付いていないようだが、彼らの「小部隊」活動とその犠牲との引き換えに、抗日連軍幹部は部隊の温存を模索し、その結果として第88旅団の設立と存続があったのである。そう思うと何とも気が重かった。そんな気持ちを振り払おうと白酒の入った小さなコップを手に取り、一気に飲み干した。

白酒がのど元を焼けつくすように流れ落ちていき、強い刺激が鼻を衝き、私は噎《む》せ返ってしまった。

金正日誕生と同時期、南野営で出産した女性隊員

一九九一年当時、街灯がほとんどない、暗闇の中に静まり返った延辺の町の郊外に車を走らせ、呂英俊を自宅まで送った。そこは老革命幹部たちの住宅が立ち並ぶ居住地である。レンガ造りの平屋が数十棟小さな庭付きで建てられている。普通の市民の家屋より少しは立派な家屋だが、特に豪華というほどではない。呂英俊の自宅前に車を停め、彼を玄関まで見送ると呂英俊が「隣の家はソ連領南野営で一緒だった、抗日連軍の女性隊員金善《キムソン》の家だ」という。「え!?」と驚いた。南野営の体験者、それも女性隊員がこの町にいることをこの時初めて知って驚き、そして喜んだ。案内役の李英皓も驚いて、呂英俊が自宅に入るのを見送り、早速お隣りを訪ねようという。

隣家を訪れ案内を乞うたところ、玄関に出てきた中年の女性が、李英皓の中国民族大学時代の同級生で、お互いに奇遇と再会を喜び合っていたが、彼女の母親の抗日連軍時代の話を聞きたいので訪れたというと、その申し出を快く承諾してくれた。ただその日はすでに夜も更けていたので、翌日再訪問して話を聞く約束をして宿に帰った。翌日約束した午前九時、金善の自宅を訪問した。朝鮮式家屋では普通に見られるオンドル式の部屋で、抗日連軍時代の話を聞いた。

金善の抗日連軍時代の所属部隊の話を聞いて驚いた。なんと彼女は第一路軍第2軍第6師第8団に所属していたという。まさに「金日成部隊」そのものに属して活動していたことになる。第

8団の団長は金一（北朝鮮国家副主席）で団の機関銃隊長が呉白竜（朝鮮人民軍大将）だったという。金善は彼女が一五歳の時（一九三五年）に「金日成部隊」に参加し抗日活動を続けた。

一九四〇年一〇月、日本軍の「討伐隊」に追われるようにして、東満州の琿春県からソ連国境を越えソ連領に入った。彼女らはソ連軍に収容されていたが、やがて少し遅れて、金日成夫妻の小部隊がやって来た。そこに第5軍の柴世栄指揮下の部隊も合流し、約二〇〇人が南野営といわれる兵営で訓練しながら、兵営生活を送り、一九四一年四月、南野営のパルチザンたちは小部隊に分散し満州に出撃していった。金日成が指揮した小部隊も満州における彼らの最後のゲリラ戦のため、南野営を出撃していった。その時南野営にいた女性隊員について金善は、

「女性隊員は全員で九名だったと思います。女性隊員の出撃はソ連側から禁じられていましたので、私たちは出撃しませんでした（注：ソ連側が女性隊員の出撃を禁じたのは体力的に劣る女性隊員が、日本軍の追跡をかわせず捕虜となった場合、拷問にかけられ、ソ連領の抗日連軍基地の実情を供述することで、日ソ関係が緊張することを恐れてのことである）。金正淑も野営地に残っていました」

という。金善、金正淑両氏はソ連領に退避する直前に結婚していた。女性隊員のほとんどはこの時期に結婚したと金善は言う。

「結婚した南野営在留の女性隊員のうち、四人が妊娠しました。お産は兵営内ではなく、市街地のソ連人の病院でしました。病院は南野営地から自動車で一時間ほど行ったところにありました。私が出産したのは一九四一年一二月ごろだったと思います。出産時に隊員は誰も付き添っておらず、ソ連人の医者と看護婦だけでした。野営地では四人が出産しましたが、そのうちの一人は金

正淑でした」

その子供たちはどうしたのかと聞くと、

「子供を産んだ後四〇日間は生まれた子供と一緒に過ごしましたが、その後は託児所で育てるとソ連人が託児所に連れ去りました。私は野営地から出ることができませんでしたので、子供に会いに行くことができませんでした。

そして一九四二年八月ごろ、南野営が解散されますが、私はハバロフスク郊外の国営農場に移動になり、この直前、抗日連軍幹部から四人の女性隊員が産んだ子供は全員死亡したと告げられました。それを自分で確認することもできないまま、その言葉を信ずるしかなかったのです」

子供たちが本当に死亡したのかどうかはわからない。足でまといになる幼児を死亡したとして、金善を国営農場に送ったのかもしれない。事実金正淑の子供は生きていて、金正淑と共に北野営に移った。その幼児が金正日ということである。

金正日の誕生地の特定が極めて困難なのは、母親がソ連軍の秘密の存在とされた抗日連軍の南野営で妊娠し、その母親の出産時もソ連の軍関係の病院で、ソ連人医療関係者以外の人はそこにはいないという極めて閉鎖的な秘密が保たれた場所で生まれたからである。

金正日誕生の記録は当然ソ連側に残っているだろう。病院では誰であれ、出生証明書を作成し、南野営のあった村役場に、その証明書を提出したからである。ただそれらの事実が明らかになることはついになかった。それらの関係書類は一九七〇年代初期、北朝鮮がソ連当局の協力のもとに、すべて持ち去っていたからである。

金善は、隊員たちが南野営から北野営に移動したとき、旅団には編入されず、ソ連が労働不足に悩んでいた国営農場に送られたと言った。旅団編成時に隊員の適性調査がなされた。その基準がどのようなものであったか判明していないが、金善の話によれば、旅団に編入されなかった南野営の隊員は約二〇人ほどいたという。金善は「戦力外」と判定されたことをどことなく恥じているようであった。旅団に編入できなかった時期の抗日活動についてはその体験をきわめて誇らしげに語っていたが、ハバロフスクの国営農場に送られた後から、日本の敗戦時までの生活についてはほとんど語りたがらなかった。そこには革命戦士として、不適格と判定された人の屈辱感のような思いが、そこはかとなく漂ってくるようであった。

女性隊員の出世頭は優等生

一九九一年一〇月中旬、ハルビンはすでに肌寒く、みぞれ混じりの雨が降っていた。

この町を訪れるのもすでに三回になる。最初に訪れたのは一九八七年の夏だった。当時は黒竜江省に住んでいる約五〇万人に達する朝鮮族の実態調査を目的とした旅だった。特に戦前、日本帝国によりこの地に満州移民として送られてきた人々についての調査が目的だった。黒竜江省に送られてきた朝鮮人満州移民は日本人の満州移民の下請け的存在として組織され、苦しい生活を送ることになる。彼らのほとんどは朝鮮半島南部の出身であった。日本の降伏後、彼らは日本人の手下と見なされ、現地民から抑圧を受けた。朝鮮半島にも帰れず、満州の地にとどまったが、冷戦の開始で朝鮮半島は分断され、新中国と韓国が政治的対立関係を続けたため、旧満州在住の朝鮮人は四〇年近くも、故郷の肉親たちと音信不通の状態に置かれていた。

三度目のハルビン訪問時、ハルビン市内や、その近郊の朝鮮人集落で、そんな朝鮮人満州移民の悲劇を取材して、飛び回っていたのを昨日のように思い出した。

ハルビンは以前訪問した時と比べ、非常に活況を呈していた。一九八七年当時、まだ改革開放の波が微弱で、人々の外国人に対する態度も警戒心が強く打ち解けた雰囲気も少なかったが、一九九一年にはずいぶん開放されたなという感じを抱いた。この時のハルビン訪問の目的は三つあった。一つはかつて抗日連軍の朝鮮人女性隊員であった李敏に会って話を聞くこと。二つ目は抗日連軍隊員で南野営の生活体験者である李東光《イトングアン》に会って、南野営の状況について話を聞くこと。三つ目は中国東北連軍闘争史研究の第一人者である、黒竜江省中国共産党歴史研究所の金宇鐘《オムウジョン》所長に、いまだ明らかにされていない抗日連軍関係の歴史的資料、事実関係について話を聞くことであった。

李敏には李英皓が黒竜江省の知人と連絡を取り、黒竜江省で唯一の朝鮮語日刊紙「黒竜江新聞」の編集局長室で話を聞くことになった。その日、「黒竜江新聞」の創立三〇周年記念式典が、新聞社の社屋で開催されており、朝鮮人社会の有力者が一堂に集まり、李敏もそこに参席するという。そこで式典後、新聞社の一室で会見できるよう旧知の新聞社幹部が斡旋してくれた。

式典終了後、編集局長室で李敏女史から話を聞いた。最初に会った印象はすでに六〇代後半の年齢にも関わらず、目のきれいな聡明そうな女性という印象だった。渡された名刺には黒竜江省人民政治協商会議副主席、黒竜江国際文化交流センター副会長などの肩書がいくつか並んでいた。

その肩書に目を落としながら、李敏が当時の中国朝鮮族社会の女性として、最も高い職位で仕事をしていることを改めて認識した。

小柄な体に瀟洒な感じのブレザー姿で、私の質問に答えられる話し方は少しの淀みもない。個人的体験以外の話の内容は中国共産党の公式見解とほとんど変わらないという優等生的な話しぶりで、一瞬のためらいもない。なるほど、政府の要職に就任されている人はこんな話し方をされるんだなと妙に感心したものである。

李敏は一九四〇年にソ連領に逃避したときは李明順と名乗っていたというが、その時、年齢は一六歳であった。インタビューの途中、李敏の夫である元黒竜江省長の陳雷が連れ合いを探して編集局長室にこられ、同席された。夫人の抗日連軍時代の回想に「うん、うん」とうなずきながら話を聞いておられるのが印象的だった。二人の結婚は第88旅団時代で、一九四五年夏、中国への帰還直前の時期であったという。

陳雷・李敏夫妻（1991年）

話を聞き終えて別れる直前、李敏は、

「朝鮮語で話せなくてごめんね」という。

その言葉に「はっ！」とした。

幼くして、ほとんど中国人の隊員で占められていた第二路軍第6軍に属して活動し、日常を中国語の生活で過ごした第88旅団時代も、その美しい中国語を買われ、部隊の放送要員としてアナウンサーを任されていたという李敏である。その彼女が朝鮮語を話せないということに、いまだこだわりを持っているのを感じ取り、ある種の感銘を受けた。李敏は文化大革命時代、朝鮮族出身という出自のゆえに「朝鮮特務」として、紅衛兵から厳しい糾弾を受けた体験があるが、黒竜江省五〇万人朝鮮族の社会文化、教育面で連れ合いの陳雷と共に果たした役割は非常に大きく、新聞社の幹部も彼女を徳としていた。

「もっと話したいのですが、明日から雲南省で会議があり、出発の準備をしなくてはなりませんので、これで失礼します」とインタビューが一時間ほどで終わったことを詫びながら、陳雷のおぼつかない足元を気遣う彼女が部屋から出ていくのを見送った。

李敏は私とのインタビューでは抗日時代の金日成、金正淑、金正日についての個人的エピソードはほとんど話さなかったが、二〇一一年一〇月、KBSのインタビューでは金正淑、金正日の日常での出来事を自分の感情を交えて語っていた。その時のインタビューの映像を見て驚いたことに、李敏は中国人民解放軍指揮官の制服姿で胸に数えきれないほどの勲章を付けて応対していた。外国テレビ局の取材を受けるに当たっては、引退したとはいえ李敏が政府の高官であった以上、中国当局の許可を得てのことと考えられるが、それにしても人民解放軍指揮官の制服姿でインタビューに応じたその意図に、『金日成回顧録』に見られる歴史捏造に対する中国政府の不快感を見る思いがした。

残されていた金日成自筆の「抗日連軍第一路軍略史」

南野営での生活を聞くことになっていた李東光は、私がハルビンを訪れたとき、高齢で体調を崩し入院中だとの連絡を受け、面会を断念したが、金宇鐘は午前九時に私の宿泊するホテルに訪ねてくれるという。私には黒竜江省中国共産党歴史研究所所長という職階と中国社会での格付けがどのようなものかについての知識は皆無であった。歴史研究家であるから、大学の教授職に該当するのかと考えていた。李英皓によれば、中国では省の共産党歴史研究所所長は相当高い地位で、中規模以上の都市、——例えば吉林市の市長クラスに相当するという返事であった。その説明を聞き、改めて中国が、共産党の支配する国であることを再認識した。

私のホテルの部屋を訪れた金宇鐘所長はきわめて気さくな人柄で、学者らしく、こちらの質問には率直に丁寧に答えてくれる。中国側の「公式見解」に配慮しつつも、それにこだわらず、自分の見解も述べられるので非常に多くのことを知ることができた。金宇鐘は朝鮮族の出身で、日本の降伏時には当時の満州国牡丹江市の中学生だったので、日本語も朝鮮語もきわめて達者に話されることが私にはありがたかった。

金宇鐘（黒竜江省中国共産党歴史研究所所長）

通訳を兼ねて今回の旅に同行してくれた李英皓はきわめて優秀な通訳であるが、やはり通訳付きの会話は細かいニュアンスなどが伝わりにくい。その上、時間がかかる。その点金宇鐘との会話は朝鮮語による会話で、そのような手間と違和感がほとんどなく、自由闊達に話し合え、討論できるのがありがたかった。

金宇鐘は私を訪ねて来られたとき、『東北抗日連軍史料』上・下巻の二冊を持参され、贈呈してくれた。氏が中心になって執筆、編集・出版された本である。その本は李英皓からも贈呈されていたが、それ以前に、すでに日本の中国語書籍専門店である神田の内山書店で入手し、目を通していた。そのことを金宇鐘に話すと大変喜ばれ、ちょっと悪戯っぽい表情をして、

「下巻に『抗連第一路軍略史』という部隊活動報告書があったでしょう」

「ありました。私はその記述を参考にして、金日成主席の抗日遊撃戦、抗日連軍時代の略歴を作りました」

その報告書は北朝鮮が主張している、金日成の活動経歴とはずいぶん違った報告書だった。

「あの部隊活動報告書――略史を誰が書いたのかご存知ですか」

「さあ……わかりません。部隊活動の略史には執筆者の氏名が記載されていませんでしたから」

「あの略史の執筆者は金日成です」

「え!?」

一瞬、金宇鐘が私をからかうために、冗談を言ったと思い、その顔を見返したが、その表情は真面目なものだった。真実を語っているのだと一瞬悟ると、あまりのことに言葉が出なかった。

金宇鐘の、事実だという確認の言葉を聞いても、私はまだ信じられなかった。私は言葉を詰まらせながら「まさか……」とつぶやいていた。それにしても中国語で書かれた「抗連第一路軍略史」をなぜ金日成が書いたのか、その理由がわからなかった。そして、そのようなものが現存していることが信じられなかった。その「略史」は第一路軍系の最初の武装組織の成立から、第一

路軍が崩壊する一九四一年までの活動とその評価、そして部隊の責任者について書かれており、第一路軍6師の師長は金日成なのに「XXX」となっている。この「略史」が金日成の手で書かれたとするなら、なぜ「XXX」なのかという疑問もあり、

「しかし本文では『金日成』と書かれなければならない箇所が『XXX』となっていますが……」

「ああ、そのことですか。あの箇所は我々の最初の原稿では本名で明記されていたのだが、党の中央から『XXX』に改めるよう指示があったのです」という説明であった。

なるほど中国政府としては真実を公表することによる北朝鮮側の狼狽と混乱を避け、時間をかけ解決したいという配慮であったのであろう。

「しかし、どうして一九四二年当時、そのような『略史』を金日成が書いたのですか?」

「いや、金日成が自発的に書いたのではない。一九四二年に教導旅団の設立の準備を進めていた周保中は自分の指揮下にあった第二路軍の状況や、その活動歴については把握していたが、他の部隊についてはよく知らなかったので、各部隊の責任者に報告書の提出を求めたのです。この『略史』は周保中に提出した金日成の報告書ですよ。『東北抗日連軍史料』には「抗連第三軍史略」や「抗連第七軍史略」が掲載されているが、その執筆者の名前も掲載されていません。しかし前者は金策（北朝鮮政府副首相）、後者は崔庸健（北朝鮮国家副主席）が執筆したものですよ」

またまたこの知られざる事実について聞かされ、私はあまりのことに言葉もなかった。それほどこの連打は強烈だった。しかし考えてみれば周保中が抗連部隊の全軍の指揮を執るにあたって、

これは当然必要な処置であったのであろう。

「残されている資料によれば、金日成がこの『略史』を書いたのは一九四一年から四二年にかけて、南野営で執筆したと記されています」

とすると、金正日誕生の時と同時期、この原稿は同じ場所で書かれたことになる。何度も言うが、この時期金日成は白頭山山麓の秘密の基地でゲリラ戦を戦っていたと、北朝鮮の現代史は記述しているが、中国側に残されている資料は金日成が、この時期、南野営にいたことを示している。

「しかし、そのような資料が、今までよく残っていたものですね」

「いや他にも教導旅団関係の書類は大量に残っている。ただ現在まで公開していなかっただけのことです」

「え？　ほかにも大量に資料が存在するのですか？　どこにあったのですか」

「周保中が日本の降伏後、中国に帰ってくる時、抗日連軍、教導旅団関連の書類はすべて持ち帰ってきたからね」

「そうでしたか……その中には金日成関連の書類もあるのですか」

「ええ、ありますよ。金日成が第88旅団在籍時、上部に提出した中国語で書かれた自筆の報告書が約三二〇通あまりある。それらの文章の確認はしました」

ため息が出るような話である。金日成自筆の報告書が三二〇通も残っているとするなら、北朝鮮現代史の解明に、それはきわめて重要な資料となり、現在北朝鮮が主張している北朝鮮現代史は全面的に書き換えなければならないほど重要な意味を持つ。私は自分の心の中が熱くなって燃えていくのを感じていた。それにしても、そのような重要な書類が中国に残っていることを北朝鮮は知っているのだろうか、という疑問がわいてきた。

「ところで北朝鮮はそれらの書類が中国側にあることを知っているのですか」

「もちろん承知しています」

それもまた意外な答えであったが、中国と北朝鮮の「友誼」関係を考えるとそれは当然のことかもしれない。

「承知しているだけではなく、そのうち一六〇通ほどは保有している」

「保有しているのですか？　どこから入手したのです。中国政府が引き渡したのですか」

「周保中が日本の降伏後、ソ連から教導旅団の隊員を引き連れて中国に帰ってきた時期、東北は中国共産党と国民党軍による熾烈な戦いが始まっていて、彼は予定されていた長春には行けなかった。長春に赴任するしばらくの間、延辺に滞在していたことがあります。延辺には周保中が信頼していた姜信泰《カンシンテ》（本名姜健、後に朝鮮人民軍総参謀長）がソ連占領軍の衛戍《えいじゅ》（都市警備）副指令として就任しており、しばらくの間、周保中も延吉に滞在していた。その時、姜信泰は周保中が持参していた教導旅団関係の荷物なども保管管理していたが、旅団関係書類の中で、カーボン複写用紙で書かれた書類などで、複数存在しているものの一部を譲り受けました。その中に金日成報告書もあった。それらを姜信泰が北朝鮮に帰るとき、持ち帰ったと言われています」

「そのとき持ち帰った金日成報告書の一六〇通ほどが、北朝鮮にあるということですか……他の金日成報告書を北朝鮮は、中国に提供を要請していないのですか」

「長い間、北朝鮮政府は中国が保持している、金日成の報告書や他の文献についても、その提供を非常に強く要請してきました。もちろん複写でもよいからという要請ですが、中国政府はその要請に応じていませんが……」と答えたが、その拒否理由の説明は避けた。

現在それらの資料の現物は中国共産党中央歴史研究所に保管されており、黒竜江省党史研究所にはその複写があるという。それらの資料は関係部署の許可を受けた人だけが、閲覧できるという説明であった。そんなものが残っており、大切に保管されているのかと、改めてため息が出る思いであった。朝・中関係の複雑な政治的な背景が、それらの資料の公開を阻んできたのであろうが、そのことによって、北朝鮮現代史が歪曲され「金日成神話」が捏造されているという事態が現実にあることから、歴史的資料の公開隠匿の罪の重さを強く意識した。

「そのうちにそれらの資料は公開されると思います。それも遠くない将来でしょう。資料の公開を事前に北朝鮮側に知らせるため私は去年（一九九〇年）一〇月、ピョンヤンを訪問し、金日成主席にお会いして、中国側の意図は説明してきました」

「金日成主席には直接お会いになり、話されたということですか」

「そうです」

「金日成主席は何といっていたのですか」

「そうしなさいという返事でしたよ」

これはまた意外な返事であった。しかしこの時、私はこの「了解」の意味と重要性について理解していなかった。特に金日成の「了解」により、北朝鮮が、それまで主張してきた自らの現代史を大幅に修正せざるを得ないところに追い込まれているという認識を当時は欠いていた。いや突然重要な歴史的資料の存在を知り、度を失っていて、そこまで思いや考えが回らなかったのである。

金宇鐘は中国が所持している資料は近い将来公開されるといっていたが、それは金日成の「了解」を得たので、公開されるだろうと判断したようである。しかし残念ながら金日成誕生一〇〇年を記念する二〇一二年まで、それらの資料はまだ公開されていない。多分北朝鮮側の強い非公開要請があったのだろう。それらが公開されれば、長年にわたり世界を欺いてきた「金日成神話」が崩壊し、北朝鮮の政治的危機を招く。そのように中国が判断した故に、北朝鮮の要請を受け入れ、全面的公開は延期されているのだろう。

「その他にも未公開の抗日連軍関係の重要な資料などは残っているのですか」

「ありますよ。抗日連軍の重要な会議の記録や決定についての書類や、各部隊からの報告書などです」

「例えばどのような文章ですか」

「そうですね。例えば一九三六年の南湖頭会議の記録もあります」

「南湖頭会議」について北朝鮮の『朝鮮全史』、第一九巻は二九頁を費やし特筆大書している。それを簡単に説明すると「南湖頭会議」は一九三六年二月二七日、金日成が提起して主催した朝鮮人民革命軍軍政幹部の会議で、この会議で金日成により、反日民族統一戦線の思想と構想が提起され、それが具体的な行動として実現して「祖国光復会」の設立につながり、朝鮮国内に数多くの組織が作られた。とされている。ただこの朝鮮側の説明ではこの会議に誰が参加し、誰がどのような発言をしたのかという、具体的な内容は長々と続く説明の中には一切なく、金日成が一人ですべてを仕切ったという印象を与える不思議な「歴史的会議」の記述になっている。

それに比べ中国側の説明は明確である。

一九三六年一月二〇日、中国共産党満州特別委員会の書記であり、後に第一路軍政治委員に就任した魏拯民はモスクワで開かれた第七回コミンテルン大会に参加した中国共産党代表団に東満情勢の報告を求められ、代表団に会って報告書を提出した後、今後の闘争方針を指示され、帰国した。満州に帰った魏拯民は一九三六年二月二七日、南湖頭で周保中たちと落ち合い、中共代表団から与えられた方針を伝える会議を開くことにした。周保中は当時彼が指揮する第5軍と共同作戦を取っていた第2軍指揮下の王徳泰らも会議に参加させ、今後の抗日闘争の方針を討議した。

中共中央から指示された方針は抗日連軍の再編成と東北での共産党組織の整備、そしてコミンテルンの大会で提唱された反日民族統一戦線問題、さらにこの時期、日本側が仕掛けた「スパイ」に端を発して、抗日連軍内を混乱に陥れていた「民生団」問題に対する対応策など多岐にわたっていた。反日民族統一戦線問題では中国国内の様々な民族に対する統一戦線結成、特に朝鮮民族に対する統一戦線の結成と朝鮮国内への工作が討議された、と記述されている。

双方の説明だと北朝鮮側が言う「南湖頭会議」と中国側が言う「南湖頭会議」は同じような議題を討議しているが、全然違った会議のようだ。まず主催者が別人である。中国は魏拯民だとし、北朝鮮は金日成だとしている。主題の民族統一戦線結成を中国側はコミンテルンの決議を受けた中国共産党の方針に従って、としているのに北朝鮮では金日成の独創的な方針としている。ただこの北朝鮮側の主張には無理がある。コミンテルンの決議内容、例えば反日民族統一戦線構想などを金日成の独創と捏造して、会議の全体像が作り上げられているからである。第七回コミンテルン大会での「反ファシズム統一戦線」の構想はディミトロフにより提唱され、各国の共産党によって世界に広まったことは誰もが承知している歴史的事実である。それを金日成の「独創」とは恐れ入るばかりだ。

南湖頭会議だけでなく抗日連軍史を研究する上で、非常に重要な資料の存在を金宇鐘は明らかにした。それは周保中が抗日連軍時代、第88旅団時代に欠かさずつけていた日記の存在である。その日記で周保中は北朝鮮現代史との関連で重要な意味を持つ「民生団事件」「反日民族統一戦線問題」「朝鮮独立革命軍問題」「ハバロフスク会議の状況」「日本降伏直前直後の第88旅団の状況」「旅団内での中国共産党朝鮮工作団の組織と幹部の選抜」などについて数多くの記録を残しているという。ただし、周保中の日記は一九九一年七月『東北抗日遊撃日記』として出版されたが、朝鮮関連の重要な記述はなぜかその著作から削除され、未公開のままである。

金宇鐘とのインタビューは昼食をともにしながら、夕刻まで延々と続いた。その内容は本書第二部、三部の著述の中で明らかにしていくが、いずれも北朝鮮現代史の中で、多くの疑問を残している問題点であり、インタビューとそれに続く議論はいつ終わるともなく続いた。

第88旅団幹部の記念集合写真

インタビューを終えたとき、金宇鐘は自分が館長を務める、最近開館した黒竜江省革命博物館の見学を勧めた。その好意に感謝し翌日、当時、陳列物の整理のため閉館している博物館を訪ねた。入場者が誰もいない館内を金宇鐘の案内で展示物を見て回った。その時、一枚の展示写真を見て思わず自分の目を疑った。こんなことがあるはずがない。これはどうしたことだと思った。その写真は数十年にわたり朝・中・ソ三国が沈黙を続けていた、歴史的事実を公然と明らかにする展示物であったからだ。

写真は中国東北抗日連軍野営訓練時代と区分された展示場に掲げられていた。そこには教導旅団の幹部たちという説明で、旅団幹部の朝鮮人・中国人・ソ連人の集合写真が展示されていた。そしてソ連軍の軍服姿のそれらの幹部たちの名が記されており、旅団長周保中、副旅団長李兆麟などと共に北京で話を聞いた彭施魯将軍や金日成の氏名が明確に書かれていた。その写真と同じ展示場所に、教導旅団の組織図も掲げられており、金日成はその第一大隊の営長と明記されている。その写真と組織図を交互に見ながら、組織図はともあれ、北朝鮮が歴史の記述を書き改めなければならないような写真が、なぜ突然公開されるようになったのか。北朝鮮はこのことを承知しているのか、そんな疑問が強く私を捉えた。

私の疑問に答えるように、金宇鐘は写真の展示は昨年（一九九〇年）のピョンヤン訪問の時、金日成には伝えてあり、了解を得たとのことであり、七月一日に開館する一週間前に、朝鮮労働

第88旅団幹部の集合写真。最前列右から２人目が金日成。その左に周保中、王一知（周保中夫人）、李兆麟。二列目右より、彭施魯、崔石泉（崔庸健）、王効明、王明貴、馮仲雲、張光迪

党歴史研究所の玄副所長が博物館の見学を申し入れ、見学していったが、何らの異議のようなことは申し出ていないという。金日成が了承している以上、北朝鮮側の研究者が異議を申し出ることはできないし、有り得ないが、当然不満、苛立ちはあったであろう。

北朝鮮側の不満を承知で、写真や旅団組織図という、歴史的な事実を明らかにし、動かぬ証拠を公開した中国側の意図はどこにあったのであろう。

当時、中国は国を挙げての国策、改革開放政策を推し進めるうえで、外部からの様々な思想――共産主義体制に対する批判など――が激しくなることは当然予想したであろう。当然そのような体制を危うくする「雑音」に対する対策も様々に講じた。その一つとして共産党の中華

人民共和国建国にいたる歴史を「愛国教育」と抱き合せて、強固に推進する思想教育政策がある。この「愛国教育」の推進で、共産党革命闘争史の研究も活発になり、東北抗日連軍の革命史も、そのような中国政府の「愛国教育」の線上で事実関係が明らかにされていき、第88旅団幹部の記念集合写真の公開になっていったのであろう。

さらに、当時の国際情勢も反映している。中国としても北朝鮮の主張を全面的に否定することによって北朝鮮の政治危機を招く危険性は承知しているが、東欧の社会主義体制の崩壊という現実を目の前にして、「無謬の英雄金日成」「朝鮮解放の英雄金日成」というような「神話」の捏造は長い歴史的な視点から見て、北朝鮮の政治体制の危機を招きかねないという懸念もあり、行き過ぎた「神話」に歯止めをかける意図もあったのであろう。

それはまた朝鮮半島の安定は中国の安定と発展に欠かせないという現状変化を嫌う安定志向があるからだ。中国を取り巻く政治状況、特に朝鮮半島の安定を崩壊させるような危険要素は取り除きたいという中国の「自衛」政策が、このような歴史的証拠物件の一部公開となって現れたのだろう。

一枚の写真を見つめながら、時代が大きくうねっているのを感じていた。このことをきっかけに、北朝鮮現代史の大きな修正が始まるのではないかという期待を抱いた。そして、それを後押しするはずの未発表資料が、中国側から発表されていくのではないかという期待も大きかった。さらにそれに続いてソ連が保有している資料の発表がなされれば、北朝鮮の現代史は全面的に書き換えられるようになると思ったが、現実はそのようにはならなかった。東欧の民主化革命の波及を北朝鮮は国内の監視体制の徹底、独裁政治の強化で食い止めたが、国内政治の不安要素になる歴史の真実を明かす資料の非公開を北朝鮮が中国に強く要請したのだろう、中国側が保有している金日成関連資料の公開はそれ以降なくなった。またソ連側も沈黙したままである。

私は日本に帰ってから、ハルビンの博物館で入手した第88旅団幹部たちと金日成の記念写真を「ソ連の軍服姿で写っていた金日成主席　一枚の写真で書き換え迫られる北朝鮮現代史」というタイトルのレポートを『週刊朝日』に発表した。その冒頭のリードは「ハルビンの街に一枚の写真が飾られていた。数十年前にソ連の軍服を着た金日成・朝鮮民主主義人民共和国（北朝鮮）主席の姿である。抗日部隊に属して「満州」で暮らし、ソ連領に退避した事実はすでに分かっているが、公の場では確認されていなかった。北朝鮮の現代史を変えるかもしれない一枚の写真。以下は、金賛汀氏の報告である」となっており、記念写真発表の経緯をつづっている。

このレポートが在日社会、特に朝鮮総連系の在日の人々に与えた衝撃は激しいものがあった。それまで北朝鮮が発表していた「金日成神話」に疑心を抱いていた人々も多くいたが、疑いを証拠付ける明確な物証、資料が公開されていないこともあり「まさか歴史を捏造するはずが……」という思いもまだ、強く漂っていた時期である。それが動かぬ「証拠写真」により覆され、「北朝鮮はわれわれを騙していたのか」という衝撃になっていった。

朝鮮総連の狼狽ぶりは私への強い圧力となって現れてきた。朝鮮総連宣伝局副局長を責任者にして、大学の同級生である朝鮮大学校教授や社会科学協会副会長、そして雑誌社勤務時代の上司で、総連文化局長を務めている人たちによる「対策委員会」が作られ、様々な口封じ策がなされたが、私は一切取り合わなかった。説得に来た朝鮮大学校時代の友人には金日成主席も認めているという金宇鐘の話を紹介し、馬鹿なことをして恥をかくのは君たちだと追い返した。彼らは金日成主席も了承しているという私の話を信じなかった。その結果が前述したような、朝鮮総連機関紙「朝鮮新報」による糾弾記事での「売国奴」呼ばわりである。

当時、私は金宇鐘の説明などで中国が保持する資料の公開が進めば、北朝鮮現代史の大改編は避けられない、と考えていたが、前述したように、事態はそのようにはならなかった。北朝鮮は中国に未公開資料の発表停止を要請すると同時に、さらに狡猾な歴史の捏造を図っていたからである。北朝鮮はそれまで主張していた「金日成神話」の記述に、中国などからすでに発表された資料との整合性をもたせるトリックを考えだし、歴史のさらなる捏造に着手したのだ。それが一九九二年四月から刊行され、金日成が死亡した後の一九九八年六月に完成した全八巻に及ぶ『金日成回顧録——世紀とともに』である。さらに、『回顧録』に依拠した総連系朝鮮学校の歴史教科書の改編——新たな歴史の捏造となって現れてくる。

そのような現実に直面して、その愚かさに暗澹たる気持ちになった。これらの北朝鮮現代史の新たなる記述は過去に犯した愚行の再現であることに、なぜ気付かないのであろう。それは以前の歴史の隠蔽、捏造同様、中国とソ連が未公開資料を発表すれば、再び歴史の捏造が発覚する際どい試みであるからだ。

第二部

満州の荒野に散った朝鮮独立運動の志士たち

第一章
中国大陸を舞台に

若き独立闘争の志士たち

二〇世紀に入り、中国大陸を舞台に朝鮮独立の思いを抱き、その実現のため抗日運動に身を投ずる朝鮮人独立運動家は後を絶たなかった。それは朝鮮国内での独立運動が、日本当局の厳しい治安対策で抑えられ、展開できなくなったことと、中国大陸での抗日運動の高まりが、その背景としてあったからである。

一九一〇年の韓国併合後、日本の植民地と化した朝鮮の独立は朝鮮民族の民族的悲願となった。朝鮮の独立を願う人々の運動が朝鮮国内はもとより、植民地支配後、朝鮮での貧窮に耐えかね、海外に移住した朝鮮人を巻き込み、国内外で展開された。朝鮮国内におけるその最大の運動が一九一九年三月に起きた「三・一独立運動」である。朝鮮全土で繰り広げられた朝鮮独立万歳！を叫びながらの街頭での示威運動や集会は日本軍の出動による弾圧で、多くの犠牲者をだし、無残に鎮圧されていった。この運動の挫折後、朝鮮国内での表だった独立運動は困難になり、治安当局の厳しい監視下で、運動は地下に潜らざるを得なくなる。

朝鮮国内での運動が困難になるに従い、多くの独立運動家はその活動拠点を海外に移していった。運動は中国、日本、ロシア在住の朝鮮人たちを巻き込み、武装闘争を含みながら展開された。しかし、まず日本国内の取り締まり強化により、日本国内の朝鮮人独立運動は抑え込まれ閉塞していく。やがて、ロシアでも一九二八年ごろから、ソ連政府の手により閉塞に追い込まれた。ロシアでは一九一八年のロシア革命後、欧米列強による誕生したばかりのソ連邦に対する干渉が強まり、日本はこれら欧米列強と共謀し、シベリア出兵を実施。そしてソ連邦の極東地域の占領、その地での傀儡国家の樹立を模索した。しかし、これらの地域の「パルチザン」たちによる反日武装闘争が激化し、一九二三年、日本はシベリアからの撤兵を余儀なくされる。このパルチザン闘争に、沿海州に移住していた多くの朝鮮人共産主義者も参加し、抗日闘争を展開している。彼らの念願はシベリアに進攻してきた日本軍と戦うことで、朝鮮の独立に寄与したいという思いが強くあった。日本軍の撤退後、彼らは国境を越え満州で武装遊撃戦を展開した。

しかし、やがてソ連政府は、沿海州在住の朝鮮人が国境を越え中国の地で、反日武装闘争を展開することを禁止した。日本のソ連侵攻の口実になることを恐れたからである。さらに一九三七年、沿海州在住の朝鮮人約二〇万人が、スターリンによって「敵性民族」と断じられ、沿海州から中央アジアの砂漠地帯に強制移住させられた。その地では市民権を奪われ、閉じ込められたため、ソ連での朝鮮人による反日運動は閉塞した。

中国では日本やソ連とは国内事情が異なっていた。中国大陸侵攻を企てていた日本に対する中国人の反日感情は強く、抗日運動が各地で展開されていく。その中国人の抗日運動に朝鮮独立の思いを抱く朝鮮人革命家たちがその隊列に参加していった。このような中国における朝鮮人抗日運動家の活動の流れの一つが、やがて第88旅団の成立に結びついていく。

一九三一年、日本が中国の東北部に満州国を樹立した後、中国人の抗日運動はさらに激しくなり、各地で武力闘争が展開されるようになる。この抗日運動であるが、その内情は複雑で、地方の軍閥から、山賊まがいの集団まで抗日の旗を掲げており、様々な勢力が抗日をスローガンにしているが、その思想、意図、目的、思惑は多様であった。大別して民族主義者の隊列と共産主義者の集団に色分けできる。本書の主題である第88旅団とつながりのある抗日武装闘争は共産主義系の人々による武装闘争である。

この中国での抗日武装闘争に朝鮮人共産主義者が参加していくのは、朝鮮国内での活動が困難になった後、彼らは中国大陸に活動の場を求め、中国人抗日活動家との結びつきを強めながら、その隊列に参加していったからである。一九二〇年代後半から一九三〇年代中ごろまでの中国を舞台に活動した朝鮮人共産主義者の英雄的ではあるが、悲劇的な活動を描いた優れたノンフィクション作品に、ニム・ウェールズの『アリランの歌』がある。

ニム・ウェールズは、夫であるエドガー・スノーと一九三六年、当時の中国共産党の根拠地、延安を訪ねた。その地でエドガー・スノーはまだ謎の集団だった毛沢東たちの活動を描いた『中国の赤い星』を著し、中国共産党の革命運動を世界に知らせた。エドガー・スノーは本の中で近い将来、中国は毛沢東たちの支配下に入ることを予言し、世界を驚かせた。その予言は実現するが、そのことはさておき、ニム・ウェールズは夫が毛沢東たちの思想と活動を取材している時、当時延安に滞在していたキム・サンから聞き書きを取り、中国での朝鮮人共産主義者の朝鮮独立運動とその活動を『アリランの歌』で世界に伝えた。

ここで『アリランの歌』やキム・サンについて触れているのはキム・サンと共に、広い大陸を舞台に中国共産党の隊列の中で活動した朝鮮人共産主義者たちの中に、東北抗日連軍で金日成の上官だった全 光《チヨングアン》（別名呉成崙《オハムリユン》。在満韓人祖国光復会の発起・署名人の一人）や第88旅団で参謀長に就任し旅団中国共産党組織の書記を務め、後に北朝鮮の国家副主席になった崔庸健など、多くの朝鮮人がいたからである。特に崔庸健は第88旅団結成以降、金日成とは自身が死去するまで、同じ空間を共有し、北朝鮮建国後は政権のナンバー2として金日成と共に北朝鮮の政治を担ってきた。

その崔庸健の詳しい経歴、伝記類は北朝鮮では発表されていない。青年時代、中国に渡った経緯、抗日連軍時代の活動、第88旅団での役割などが北朝鮮で明らかにされることはなかった。崔庸健は抗日連軍時代、金日成とは所属する武装組織も違い、活動地域（金日成は東満州、崔庸健は中・北部満州）も違うため、第88旅団で一緒になるまでは一度も会わなかったにもかかわらず、北朝鮮で発行されている、金日成の満州での抗日闘争関係書籍では崔庸健は彼の忠実な配下のように描かれている。第88旅団結成時まで、金日成と崔庸健に面識がなかったことは金正日に乳を与えた李在徳が明確に証言している。後程述べるが、李在徳は崔庸健が東北に中国共産党のオルグとして派遣され、初めて拠点造りのため潜入した、朝鮮人集落の住民で、やがて崔庸健と一緒に抗日活動に参加していくことになり、彼の抗日連軍時代の活動については誰よりも詳しい。

中国で崔庸健が雲南講武堂に入学し、その後黄埔軍官学校で教鞭をとっていた経緯、そこでの活動、さらに一九二七年一二月、広州で共産主義者が蜂起し、広州コミューンを成立させた時、彼が黄埔軍官学校に留学していた数十人の教え子の朝鮮人留学生を指揮し、国民党軍、軍閥軍と激烈な戦闘を交えた経歴、中国共産党員として志願して、朝鮮人入植者が多くいた東北部の僻地にオルグとして潜入、その地に武装組織を作り上げ、やがてそれらの組織を率いて東北抗日連軍幹部として活躍し、第88旅団の参謀長に就任した業績は北朝鮮では一切明らかにされていない。

一九九八年、『金日成回顧録　第8巻』が刊行されるまで、北朝鮮では金日成が第88旅団にいたことさえ秘密であったことからすれば、崔庸健のこれらの経歴は明らかにしてはいけない、北朝鮮現代史の暗部であったのであろう。

歴史の人為的な隠匿はどこかで漏れ伝わってくるものである。崔庸健の経歴、活動などは北朝鮮でなく、彼が朝鮮解放前に活動の舞台にしていた中国から次第に明らかにされていった。前述した『東北抗日連軍闘争史』や周保中の『東北抗日遊撃日記』の中で、しばしば彼の活躍が紹介されている。これらの書籍は崔庸健について散発的に、その活動を紹介しているが、彼自身が自らの活動経歴を語った唯一の談話集が中国に存在する。

一九五七年、崔庸健が北朝鮮の最高人民会議常任委員長（当時は最高人民会議委員長が北朝鮮の国家主席）に就任した後、中国を訪問した。その時、中国革命博物館を参観したが、参観後、中国人の歴史研究家たちの強い要請で、広州コミューンらの体験を語った記録が「崔庸健委員長参観中国革命博物館時談朝鮮同志参加広州起義状況」として残っている。それらの記録、さらに李在徳からの聞き書きを参考に、崔庸健の活動を通じて、一九二〇年代後半の中国大陸での朝鮮人共産主義者の運動と東北抗日連軍、第88旅団と金日成のつながりを見ることにしよう。

崔庸健は一九〇〇年に朝鮮平安北道藍州郡の農民の子供として生まれた。一七歳で朝鮮の民族主義者として有名な曺晩植《チョマンシク》が校長を務めていた定州のキリスト教系列の五山学校に入学した。在学中に彼が独立運動家として中国に赴くことになる出来事——三・一独立運動に遭遇し、その運動の渦中で反日武装闘争を決意することになる。

崔庸健の学んでいた五山学校の創立者は李昇薫《イスンフン》で、当時、朝鮮の著名なキリスト教徒であるとともに、朝鮮独立の志も高い人物で、三・一独立宣言の署名者の一人でもあった。李昇薫は三・一独立運動当時、五山学校を去り朝鮮独立運動に挺身していたが、その志は五山学校の教師、生徒たちに伝わり、同校には同じ志に燃える人々が多かった。

三・一独立運動を苛烈に武力で鎮圧した日本帝国陸軍朝鮮軍司令官の「三・一運動日時報告」に、鎮圧の中心的存在であった朝鮮憲兵隊司令官児島惣次郎が、陸軍大臣田中義一にあてた報告書がある。その報告書に五山学校とその学校教師趙喆鎬《チョチョルホ》や生徒たちに関する記述がある。

趙はソウルでの独立示威運動に参加した後、定州に帰ったところを憲兵隊に逮捕され、厳しい尋問を受けたが、その取調べ報告書の中で「排日思想を有し機会ある毎に在校生徒に対し鼓吹《こすい》する」(原文カタカナ綴り)とあり具体的に「(一九一九年二月下旬)五山学校中学部三年生に対し仏国巴里に於て講和会議開催中なるか世界の小弱国は何れも民族自決主義により独立せるを以てわが朝鮮も独立すること確実なれば五山学校生徒は時期の到来を俟つべし云々と不穏の言動を弄し以て排日思想及び独立運動を煽動し……」と報告している。

ソウルでの独立宣言宣誓後、朝鮮各地で独立を要求する示威運動が展開されていくが、定州でも三月三一日、四月一日の両日、数千人の群衆示威運動が展開され、市民が朝鮮独立万歳の歓声を上げて市内を行進した。そのデモ行進の先頭には五山学校生徒が立ち、崔庸健もその隊列の中にいた。この三月三一日と四月一日のデモ隊に対し軍隊が鎮圧に向かい、デモ参加者に発砲し、多くの死傷者や逮捕者が出た。「三・一運動日時報告」では三一日の四〇〇〇人のデモ隊に対し軍が発砲。「暴民に死傷者十数名を出し首謀者以下七十名を逮捕せり」とあり、また四月一日の四〇〇〇人のデモ隊に対しては「発砲解散せしむ彼に死傷三十余名」と報告されている。

このデモ騒動後、その中心的な運動参加者の逮捕が続き、五山学校教師たちも多数逮捕され、運動は沈静化していった。

騒動直後に放火された五山学校はその後再建された。逮捕された教師生徒たちも釈放されて復学し、表面的には正常な授業が再開されたかのように見えたが、生徒や教師たちの心は傷つき、挫折感に打ち震えていた。彼らは一様に日本軍の武力弾圧の前に無力だった、自分たちの運動に絶望感を抱いていた。

崔庸健はその後も小規模に繰り広げられる反日運動や同盟休校の先頭に立って活動したが、その運動に限界を感じていた。そのような運動で朝鮮の独立は達成できないと感じたからである。

そこで朝鮮を離れ、朝鮮人の武力による独立闘争が燃えさかっていた中国の東北部に赴き、独立闘争に参加する決心をして学校を去った。彼がいつ五山学校を去ったのか、明確な資料は残されていない。ただ朝鮮解放後、韓国のキリスト教界の長老として「韓国のガンジー」と尊敬を集めた咸錫憲《ハムソクホン》が過去を回想した著作の中に、彼が一九二一年、五山学校に入学したとき、崔庸健はまだ五山学校に在学していたという。

中国に赴いた崔庸健はどのような伝手で、入学を許可されたのか判明していないが、一九二二年、中国雲南省に設立されていた雲南講武堂（のちの雲南軍官学校）に一七期歩兵科の学生として入学する。崔庸健は朝鮮独立の夢を武力で達成するには軍事を学ばなければと考え雲南に赴いた。それにしても朝鮮から雲南はきわめて遠い。

朝鮮から見て遠い彼方の縁もゆかりもなさそうな土地の軍官学校に、どうして彼が赴いたのだ、という疑問があった。崔庸健の経歴を調べ、彼が雲南講武堂に入学したことを知ったとき、なぜ雲南なのだという疑問と共に、朝鮮と雲南という、まるで縁のないように見える繋がりに興味を抱いた。

崔庸健の雲南講武堂卒業という経歴に、ふとあることに思い当った。それは一九二〇年代後半から三〇年代にかけて、中国共産党で活躍した朝鮮人軍人楊林《ヤンリム》のことである。楊林は一九三二年当時、中国共産党東満州特別委員会委員兼軍事委員会書記として、東満地区に赴任し、のちには金日成もその傘下に在籍した東北抗日連軍第一路軍の母体になった磐石工農義勇軍を組織し、東北で共産党系列の武装組織の基礎を築いた人物である。その後、中共中央軍事委員会幹部団参謀長に就任し、革命戦争の途上、一九三六年、山西軍閥閻錫山との戦闘で壮烈な戦死を遂げている。

その楊林が確か雲南講武堂の卒業生であったことを思い出し、調べてみると一九二一年に、雲南講武堂第一六期砲兵科に入学していた。楊林は兵科が違うが崔庸健の一年先輩ということになる。そして出生地は朝鮮平安北道とある。崔庸健と故郷を同じくしている。そこに偶然でないものを感じた。

この時期、朝鮮の独立運動家たちは三・一独立運動が、日本軍の武力鎮圧の前に、あえなく鎮圧された挫折感から立ち直り、朝鮮の独立は、日本政府に対する請願や示威運動などでは決して達成できず、武力による打倒以外に道はないと考える朝鮮独立運動家が多くなった。三・一独立運動鎮圧後、満州で朝鮮独立軍が結成され、武装闘争を開始したが、一九二〇年末には日本軍の軍事力の前に無残に敗退し、ソ連領に逃げざるを得なかった。

このような経験から朝鮮独立運動家は武力闘争に訴えるにしても、近代戦に精通した有能な軍人の必要性を痛感した。彼らはそうした軍人を養成すべく、優秀な若者を中国の軍事士官養成学校に派遣する計画を立て、それを実行したのである。そのような計画と実行には朝鮮独立運動家として著名な金九《キムグ》、呂運亨《ヨウニヨン》などがかかわっており、上海に樹立されていた大韓民国臨時政府も積極的に支援した。崔庸健や楊林の雲南講武堂留学は大韓民国臨時政府の政治工作による結果であるようである。

一九二一年一一月、上海に根拠地を置く大韓民国臨時政府は金奎植《キムギュシク》を国務総理兼外務総長に任命した。金は大韓民国臨時政府の承認を広州の中華民国臨時政府から得るべく特別任務を受け、香港経由で広州に向かった。広州では中華民国臨時政府主席の孫文と交渉することになっていた。汽船が香港に寄港したとき、その地にかねてから親交があった雲南軍閥の領袖唐継尭が滞在していることを知り、金は唐の宿舎を訪ねた。

その会見時、孫文に会いに行く目的を説明する金に、唐は交渉が成功するように激励するとともに、大韓民国臨時政府への支援を申し出た。唐は「我々は貴国の独立運動に対して、日頃から同情の念を抱いていたが、言葉だけで何ら具体的な実質的援助をすることがなかったことを恥じている」と述べた後、具体的な支援をする約束をした。「私が雲南に帰国すれば韓国のために、最少で二個師団を指揮する軍官を養成し、貴国の革命を援助することをお約束する。経済的には多額の支援はできないが、中仏銀行預金問題が解決すれば、一〇万円を賛助しましょう」と約束した。

翌年の一九二二年、唐は雲南に帰り、地方軍政長官であり、ほとんど独立した軍閥の長である「督軍」に就任するや、金奎植との約束を実行した。楊林が一九二二年、雲南講武堂に入学したのはこの約束が実行された結果なのであろう。楊林たちに続き、大韓民国臨時政府の推薦状を持参した朝鮮の若者たちが雲南にやって来て、軍官学校に入学した。その人数は約五〇人になった。

なお、この時期、唐継尭が雲南講武堂に受け入れたアジアの青年たちは朝鮮人だけでなく、雲南の地に近い、ベトナム独立闘争の志士たち数十人も、フランスの植民地支配から自国の解放を達成したい熱望から、軍事知識習得のため留学していた。これは孫文の中国国民党革命の思想に、アジアの解放という視野があり、唐もその思想に共鳴していたからなのであろう。

一九二三年、崔庸健は雲南講武堂一七期生として入学しているが、その推薦組織が大韓民国臨時政府であったのかどうかははっきりしていない。崔の雲南講武堂入学は運命のいたずらとしか言いようのない、人間関係を築き上げることになる。同じ一七期生として入学した同級生に、後に東北抗日連軍、第88旅団の隊列で、ともに戦うことになる周保中がいた。周保中は中国の少数民族白族の出身で、雲南講武堂一七期工兵科に入学している。崔とは兵科が違うが同期生としてともに学び、「同じ釜の飯を食べた」仲間である。この時二人とも、後に志願して、中国東北部に中国共産党のオルグとして派遣され、同じ系列の抗日部隊で生死を共にする戦いに参加するようになるとは考えてもいなかったであろう。

崔庸健は雲南講武堂を卒業して一九二五年、黄埔軍官学校の教員として赴任するまでの経歴ははっきりしていない。雲南講武堂卒業後、蔣介石の北伐軍に参加し、小部隊を率いて各地を転戦していたと伝えられている。そして一九二五年、崔庸健はその後、彼の偽名の一つとなる崔秋海《チエチユヘ》の名で黄埔軍官学校の教員となる。

広州コミューンと朝鮮人独立運動家

崔庸健が教員になった黄埔軍官学校は中国国民党の国民党革命遂行のため、孫文が国民党軍の軍事幹部を養成する軍官学校として、一九二四年に設立した陸軍士官学校である。一九二四年一月、中国国民党は第一回全国代表者会議を開き「ソ連容共」の方針を決定した。この決定を受け、ソ連は国民党の軍官学校設立に多大の援助を与え、軍事顧問団を派遣した。広東市に注ぐ大河、珠江の中州、黄埔に学校が設立されたので、人々はその軍官学校を黄埔軍官学校と呼んだ。

　この黄埔軍官学校に多くの朝鮮人留学生が入学していた。朝鮮人学生たちは朝鮮の各地で朝鮮独立運動を行っていた様々なグループから、推薦状を携え入学してきた。上海の大韓民国臨時政府や東北の朝鮮独立武装組織の推薦者を黄埔軍官学校は受け入れた。それは中国国民党革命軍左派と朝鮮独立運動集団の左派の間には思想的に同一点が多く、お互いにその思想に共鳴するところがあったからである。

　一九二五年、孫文が死去するまで、黄埔軍官学校は左派色の強い軍官学校で、当時の政治情勢を反映した国共合作の象徴的な存在として運営されており、学校長には蔣介石が就任した。学校運営の要である政治部主任代理には中国共産党の周恩来が就任して、共同で学校運営にあたっていた。中国共産党は一九二三年、中国の国内統一のため、国民党との提携を決定しており、周恩来はその国共合作の具体的行動として黄埔に派遣されていた。周恩来と蔣介石と言えば一九二七年以降、共産党と国民党という対立する両側の人間の首領のようになっていくが、一九二四年当時、蔣介石はソ連にも留学し、孫文が亡くなるまでは国民党左派と見られていた。彼は社会主義的思想の強い影響を受けていた朝鮮独立運動家孫斗煥《ソントウファン》とも親交があり、朝鮮独立運動に理解を示していた。

　一九二六年の春、孫斗煥は朝鮮独立のための活動家集団「義烈団」のリーダー金元鳳《キムウオンボン》と連れ立って蔣介石を訪ね、朝鮮人青年の黄埔軍官学校入学を要請した。蔣介石はその要請を快く受け入れ、朝鮮人留学生の学費並びに生活費の支給まで約束した。

黄埔軍官学校にはこれら朝鮮人留学生たち数十人のほかに、教員として数名の朝鮮人が勤務していた。崔庸健、楊林、蔡元凱《チエウオンゲ》、ソ連からの留学帰りでロシア語の教官として呉成崙——後に全光の偽名で東北抗日連軍一路軍の政治主任を務めた——など、さらにニム・ウェールズによれば『アリランの歌』の主人公キム・サンも教鞭をとっていたという。

この一群の朝鮮人教官たちの先輩格は楊林であろう。彼は技術主任教官として勤務する傍ら、中国共産党系の教官や学生たちで組織されていた中国青年軍人連合会に参加し、その有力メンバーとして活躍していた。楊林は雲南講武堂在学時代から、朝鮮人留学生たちと一緒にマルクス・レーニン主義研究会を主宰していた。それら研究会や学生仲間との勉強会で、楊は常に自分の雲南講武堂留学の意図について「自分は朝鮮の独立と革命のためにここに学びに来た」と明言していた。その楊林が一九二五年、中国共産党に入党した。日頃朝鮮の独立と革命のために学びに来たと断言している楊林の言動と中国共産党入党はどのような関係にあったのだろう。言うまでもなく中国共産党の目的はあくまでも、中国での共産党政権の樹立であって朝鮮革命はその目的の中にない。そのことを承知で中国共産党に入党したのだろうかという疑問があった。

楊の中国共産党入党の経歴は、抗日連軍で中国共産党に入党していた人々とも共通する経歴である。金日成の抗日遊撃戦の活動を追い続けながら、金日成も含め、多くの朝鮮人共産主義者が自国の革命でなく、中国の革命運動になぜ挺身したのだろうかという疑問というか、問題意識は常に頭の中にあった。

北京で李在徳、金貞順両女史にインタビューしたときも、彼女たちの回顧談を聞きながら「当時抗日連軍に参加していた朝鮮人パルチザンたちで、朝鮮の革命を中国革命より優先して行おうとする意志や気持ちを持っていた人はいるのでしょうか」という趣旨の質問をした。それは金日成が中国共産党に入党した事実を隠蔽しながら、自分は常に朝鮮革命のために戦っていたと主張していることとの回答を求めたことでもある。またその質問は朝鮮革命遂行と中国革命遂行という違う目的の課題を朝鮮人革命家たちがどのように考えていたのか、革命の優先順位はどのように捉えていたのか、という疑問を彼女たちはどのように処理し、考えていたのか知りたかったからである。

両女史とも答えはほぼ同じである。

「朝鮮人隊員の誰もが、心の中で朝鮮の独立や革命の問題意識はあった。しかし中国で日本と戦っている時、中国の地で革命をやり遂げ、その地で両民族の敵である日本帝国主義を打倒すれば、おのずから朝鮮革命も達成できると信じていた。それ以外の考えはなかった」

「中国の党に入党した朝鮮人革命家たちはみな同じような考え方をしていたのでしょうか」

「たぶん同じだったと思う。人によっては多少の違いはあっても、朝鮮革命を中国革命より優先させると考えていた隊員はいなかったと思う」という答えだった。それは当然であろう。規律の厳しい共産党の規則に照らし合わせても中国共産党が、他国の革命のために自らが主体になって行動することなどありえない。

楊林の中国共産党入党の思いも、両女史の考えとそれほど違ってはいなかったであろう。中国で発刊されている楊林の伝記などにも、彼が中国共産党に入党した動機を「日本帝国主義を打倒して朝鮮を解放するためにも、現段階では専ら中国の大革命に参加し、革命力量を高めるべく自ら鍛錬することだと認識するようになった」と説明されている。この思いは世界の共産主義者が理念として唱えていた「万国の労働者団結せよ！」「プロレタリアートの国際的連帯万歳！」という現実的でないが、情に訴える感傷的なスローガンを信じていたからかもしれない。これは何も中国の朝鮮人共産主義者だけの思いではなく、日本でも同様であった。

中国での抗日連軍関連取材をいったん終え、日本に帰ってきたとき、在日朝鮮人問題での講演を頼まれ、大阪に出かけた。大阪では用件を済ませた後、在日の物書きの先輩にあたる詩人金時《キムシ》鐘《ジョン》と酒場で杯を傾けながら、中国の朝鮮人革命家の心情を説明した際、彼が戦後の一時期、日本共産党の党員として活動していた時の心境を聞いたことがある。それは中国共産党に入党していった朝鮮人革命家の心情を理解する助けになるかもしれないと考えたからである。

私の話をじっと聞いていた金時鐘は、

「中国共産党に入党した朝鮮人共産主義者の心情は私たち日本共産党に入党した朝鮮人党員とよく似た考え方だと思うよ。中国では民族問題を軸に革命を考え、日本では階級問題を軸にして、革命を達成しようとした違いはあるが、日本の革命が達成されれば、おのずから朝鮮の革命も成熟する。だから朝鮮人日本共産党員は日本革命に挺身すべきである、という理屈だった。当時その考えを芋刺し理論と言っていたがね……」とある感慨を込めて語った。

私が、「しかしそんな単純な理論で割り切れたのでしょうか」と疑問を口にすると、

「確かに理屈からいうとそのとおりなのだが、当時の社会状況とか歴史的条件とか、人間の感情

などが複雑に絡み合って、そのような心境になるのではないのかね。……例えば僕が日本共産党に入党し、激しく活動していた時期に朝鮮戦争が起き、朝鮮は戦火の中にあった。その時、僕たちは朝鮮でのアメリカ軍に反対する闘いとして、日本の米軍基地から運び出される武器・弾薬の搬出阻止をする活動を展開し、活動の途上で米軍の発砲で死亡する朝鮮人党員たちもいた。

そんな活動中のある日、朝鮮人党員の集会があった。その集会で集会を主催していた仲間から伝達があった。金日成がすべての北朝鮮人民と前線で戦っている全将兵に『朝鮮人民軍の戦いの支援のための闘争で、アメリカ帝国主義者の凶弾に倒れた在日の同志に、心からなる一分間の黙禱をささげよう』と呼びかけたと伝えられた。その金日成の言葉をその集会で聞いたとき、僕はこの軍需物資搬送反対闘争で死んでもよいと思った。祖国は僕たちの戦いに、それほどの感謝の念を抱いてくれているのかと感情がこみあげてきて、大声を出して泣いたものだよ」

金時鐘の瞳が濡れて光っていた。私も言葉が続かず、しばらく沈黙の空間がその場を覆った。やがて「ある歴史的状況と感情のもとで、人はそのような革命理論を信じることもあるのだろう」という。なるほど歴史的状況とその時の人の感情の問題を考えないで、当時の朝鮮人革命家たちの中国革命への挺身は考えられないであろうが、現実と個人の思いとの矛盾は長い闘いの時間の中で顕在化し、違った道を歩もうとすることは避けられない。その矛盾は広州コミューンという中国革命運動で多くの朝鮮人同志を失った朝鮮人共産主義者も抱えていた。彼らは、朝鮮人は中国のためでなく、朝鮮のために命がけで革命を行うべきだとする思いを抱くようになる。そのうちの一人が『アリランの歌』の主人公キム・サンであり、また満州での苛烈な抗日戦の中で、朝鮮を常に意識していた金日成もまたその一人であったのかもしれない。

崔庸健が黄埔軍官学校で教鞭をとっていた一九二六年、広州での国民党と共産党を取り巻く政治情勢が緊迫化していった。一九二五年三月、孫文が不帰の人となった。彼の死後、左派と右派の抗争が激化し、孫文の広州革命政府は軍政府から国民党政府に改組されていく。抗争の主導権を取ったのは国民党左派と中国共産党であった。それに反発する国民党右派との間に激しい権力闘争が繰り広げられた。その激烈な権力闘争の過程で、政府内での共産主義者の役職を制限することを強く主張した蔣介石が急速に台頭してきた。孫文の死後、蔣介石は蓄えた軍事力を背景に勢力を拡大し、国民党内の主導権の確立に動いた。そうして北伐を積極的に推進する主張をし、時期尚早を主張する共産党やソ連軍事顧問団と鋭く対立していく。その対立が事件化したのは一九二六年三月に起きた中山号事件である。

蔣介石が日頃常用していた艦艇中山号が、蔣介石の許可も受けずに、広州から黄埔に回航してきた。これに激怒した蔣介石は中山号の乗員とそれを指導していたソ連軍事顧問団を命令違反のかどで逮捕した。中山号の乗組員の多くが共産党員であったことから、この蔣介石の命令はあからさまな共産党と国民党左派に対する挑戦となった。

この事件後、蔣介石は共産党に対する抑圧を強め、五月には共産党員の政府要職の就任を禁止し、六月には蔣介石自らが軍部の最高司令官である国民革命軍総指令となり、国民党の支配権をほぼ手中にした。そして北伐を開始して一九二七年三月には南京を占領した。蔣介石の南京占領とほぼ時期を同じくして、上海では共産党に指導された労働者の蜂起により、上海特別市政府が樹立された。これに対し蔣介石指揮の国民革命軍は四月に上海特別市政府軍を攻撃し、激しい武力弾圧を開始した。そして共産党指導下の上海特別市政府は血の海の中で壊滅した。

中国共産党と蔣介石との対立が熾烈化していくこの時期、黄埔軍官学校で勤務していた朝鮮人革命家たちの交友関係は深まり、お互いに訪ねあい議論を深めていた日々のことをニム・ウェールズは『アリランの歌』で生き生きと描写している。しかし、何故かその交友する人々の中に、崔庸健や楊林の名はない。広州での朝鮮人革命家の中核的な存在である彼らの名前が登場しない理由は判明しないが、彼らの間に交友があったことは他の資料から確認されている。

日本の治安警察の資料『高等警察要史』(慶尚北道警察部)にキム・サンと崔庸健と呉成崙がある会合で一緒に参加していたという記録がある。

この『要史』によれば一九二七年一二月四日、上海で開かれた「中国本部韓国青年同盟」という朝鮮人共産主義団体の会合に、広東代表として「鄭学彬、崔庸健、咸聲、張志楽」が参加したと記録されている。咸聲の本名は呉成崙、キム・サンの本名は張志楽である。この上海での「中国本部韓国青年同盟結成大会」は、中国で朝鮮解放のために戦っている上海、武漢、南京、北京、広東の共産主義者隊列の人々の結集を図って開かれた大会であるという。ここではキム・サン、崔庸健たちが広州代表に名を連ねている。しかしこの報告が正確であるのかどうかは判明していない。それはこの時期、広州で緊迫した状況が展開されていることと関連している。当時広州では国民党と共産党の対立は頂点に達しており、共産党側が蜂起直前のきわめて沸騰した状況にあったからである。

共産党蜂起の中核になる教導団、特殊訓練部隊の朝鮮人隊員たちは一一月一七日から広州を支配していた、広東軍閥李済深軍と市街で小競り合いを演じており、いつ市街戦が起きてもおかしくない状況にあった。そして朝鮮人革命家たちは教導団の兵士と共に一二月一〇日、武装蜂起に参加した。呉成崙、張志楽もこの戦闘に参加している。特務営第二連の指揮官であった崔庸健が、この状況の中で、指揮部隊を離れ上海の会合に参加していたとは考えられない。一二月一〇日の武装蜂起には崔庸健も部隊を率いて戦闘に参加している。

広州で朝鮮人共産主義者が、広州の中国共産党武力組織と共に蜂起するようになっていったのは激化する蔣介石軍と共産党との抗争がその原因である。蔣介石軍による共産党攻撃の激化で、国共合作は崩壊し、共産党は独自に武力による革命の遂行に踏み切り、一九二七年八月一日、葉挺、朱徳、賀竜ら中国共産党員が率いる武装勢力約三万人は周恩来が中心になって作成した計画に沿って、江西省南昌で蜂起し、根拠地と定めた広東省をめざし南下を始めた。蜂起の目的は国民党内に残る容共左派を結集して、国民党と国民政府を再建、下からの国民会議型政権の樹立工作を助けることにあった。この蜂起軍は国民党右派や軍閥軍に阻まれ、わずかその一部が一一月に広東省農民運動の拠点である海陸豊地区に到達し、政権を樹立した。この中国共産党の武装蜂起に同調した広州の共産主義者たちも蜂起し、朝鮮人共産主義者もその隊列で果敢に戦った。

広州蜂起の時、広州にいた朝鮮人共産主義者たちは広州蜂起の主力となった教導団に、ほとんどが参加していた。教導団以外では楊林の属していた砲兵連隊、崔庸健の属した黄埔軍官学校特務営の朝鮮人将兵、さらにコミンテルンで軍事教練を受けた一群の朝鮮人青年たちも派遣されてきていた。この蜂起では朝鮮人の多くが、軍事参謀、指揮官、砲手などの重要な部署で戦った。この蜂起に参加した朝鮮の青年たちは二五〇人以上になった。

広東で蜂起した共産党武力集団は国民党右派と軍閥軍の攻勢で敗退を重ねた。一九二七年一二月一二日、広州蜂起部隊の主力は撤退を開始した。その東側を守備していた朝鮮人部隊が、退却時の最も困難な後衛を担当した。この撤退戦には崔庸健も参加した。この撤退後衛任務で激戦を繰り広げた朝鮮人部隊は激しい戦況の中で、撤退命令が届かず、最後まで陣地を死守し、ここで一〇〇人以上の朝鮮人隊員が戦死した。

広州蜂起、広州コミューンは一九二八年三月、国民党の攻撃の前に崩壊した。国民党軍の皆殺し作戦のような軍事行動の中から、辛うじて逃れた崔庸健は上海に現れた。崔庸健は指揮していた特務営第二連（特務大隊第二中隊）がほぼ全滅した後、どのような経路で紅軍最後の拠点、海陸豊にたどり着き、その地が国民党軍により蹂躙された後、そこからどのように脱出して、上海に現れたのか、その経緯は判明していない。この時広州で生き残った朝鮮人たちの多くは香港経由で上海に逃れている。キム・サンの苦難に満ちた香港経由上海への決死の脱出行をニム・ウェールズは『アリランの歌』で生々しく描いている。崔庸健もほぼ同様の困難な事態に直面しつつ、同様の経路で脱出したのであろう。

広州蜂起では朝鮮人革命家はみな勇敢に戦った。その勇敢さのゆえに彼らの多くは戦いの最前線に立ち、倒れていった。この蜂起に参加した朝鮮人革命家は二五〇人以上に上るが、そのうち生き残った者はわずか六十余名であった。この蜂起で犠牲になった朝鮮人革命家たちの鎮魂の記念碑が、広州市内に建立されている。

一九九三年の初秋、私は広州市を訪れた。広州市の中心部の広大な地に造られた記念公園「広州起義烈士陵園」と革命記念館を訪ねての旅である。この烈士陵園は一九五五年に造園され、東京の日比谷公園ほどの広さがあり、その中に蜂起で戦死した朝鮮人革命家を記念する「中朝人民血誼亭」が作られている。建坪三〇坪ほどの壁のない柱に囲まれた吹き抜けのようになっている天井の高い二層の中華風の建物で、その中に「中朝両国人民的戦闘友誼万古長青」と刻まれた葉剣英の揮毫になる三メートルを超す、大きな石碑が鎮座している。

しばらくその石碑の前に佇み、戦いで犠牲になった人々の冥福を祈った。広州蜂起からすでに七〇年余。私が佇んでいた約一時間近い間、そこを訪れる人はいなかった。改革開放、経済発展で沸き返る広州市の人々にとって、広州蜂起の意味や、その悲惨な戦闘はすでに記憶の彼方に消え去っているのだろう。

黙って石碑の碑文を読んでいると六〇歳ぐらいの男女二人が、ラジカセを持って現れた。何をするのか見ているとラジカセから軽やかな音楽が流れ出て、二人は社交ダンスの練習をそこで始めた。ダンス音楽と記念石碑の碑文「朝中人民の戦闘的友誼は永遠に不滅である」という言葉の間に埋めがたい距離を感じた。広い大理石のような石を敷き詰めた「血誼亭」の床を軽やかなステップで舞う二人を見ながら、革命の時代がはるかな昔の彼方へと消えてしまっている庶民の感覚を痛感した。

一九二八年の夏、崔庸健は上海に脱出してきた。キム・サンは九月、呉成崙は一〇月に上海に姿を現した。上海にかろうじて脱出してきた朝鮮人革命家の胸の内を去来した思いはなんであったろう。朝鮮独立の戦いの隊列の中で活動するため故郷を離れ、遠く中国の地で軍事を学び、厳しい訓練に耐えてきた朝鮮の青年たちが、その能力を自らの志のために発揮することもなく倒れていった。生き残った朝鮮人革命家の心の内を去来した思いは、有能で志の高い朝鮮人が広州で死んでいったことが一体何であったのかという懐疑、そして後悔の念ではなかったか。

キム・サンは上海に脱出してきた当時の心境を、

「……コミューンで優れた同志をあれほど多く失ったことが暗い運命となって私たちの心の中にのしかかっていた。朝鮮革命の精髄、われら党員の中核とも言えるあれらの人々はかけがえのない存在なのに……。

一人でいるときは、そうした犠牲者の亡霊につきまとわれる私たちは毎日顔を合わせ、慰問と励ましを求め、彼らの思いをいつの日か成し遂げようと固い結束を誓うのであった」（『アリランの歌』）

広州蜂起で倒れた朝鮮人革命家をキム・サンは「朝鮮革命の精髄」「かけがえのない存在」という。それは上海に脱出したすべての朝鮮人革命家の思いであったろう。

彼らの、悲しみ、悔しさ、虚しさ、怒り、追慕は一つの決意となってある方向に向かっていく。

自らの中国での活動を祖国の独立と解放、革命に寄与できる活動に結び付けたいという思いである。彼らは中国共産党の隊列の中で、最も朝鮮人並びに朝鮮の独立に影響を与える地域として、朝鮮と長い国境を接し、朝鮮人移住民の多い中国東北部の地に希望を見出そうとした。

崔庸健も楊林も呉成崙もキム・サンも東北での党活動を望んだ。崔庸健はその希望がかなえられ一九二九年、中国共産党中央から黒竜江省に派遣された。崔庸健は勇躍し黒竜江省に赴き、北満の羅北近郊の朝鮮人移住者の集落にオルグとして姿を現した。

当時上海などで活動していた朝鮮人中国共産党員は中国東北部で活動し、祖国の独立に寄与したいという個人的願望から、その地への派遣を希望し、その思いは実現した。しかし、それは必ずしも、彼らの個人的な思いをくみ取った中国共産党中央の温情的処置としての決定ではない。中国共産党には上海などで活動する朝鮮人中国共産党員を急遽東北に派遣しなければならない党内事情があった。

一九二八年、コミンテルンは、第六回大会において一つの国には一つの党という「一国一党」の「原則」を打ち出した。その決定により、中国や日本で中国共産党や日本共産党に加入せず、朝鮮共産党支部を組織しその地で独自の活動していた朝鮮人共産主義者は彼らが移住している国の共産党に入党し、その国の革命に挺身することが義務付けられた。

中国東北部には多くの朝鮮人移住民が定住しているばかりか、朝鮮の地から追われた朝鮮人共産主義者が、朝鮮の独立を叫び活動していた。彼らはコミンテルンが朝鮮共産党解散の理由に挙げた激しい分派闘争を解消することもなく、朝鮮共産党の様々な分派を名乗り、解散された朝鮮共産党の再建を強く望んでいた。コミンテルンの決定が出た後も、彼ら朝鮮人共産主義者の多くは中国共産党への加入を拒絶していた。そのような朝鮮人共産主義者の説得のために、中国共産党中央は楊林、呉成崙など多くの朝鮮人党員を中国東北部にオルグとして派遣したのである。

当時中国東北部では漢人の共産主義者よりも、朝鮮人共産主義者が圧倒的に多く、彼らを取り込むことで、その地での共産党の活動を拡大しようという中国共産党中央の意図があった。朝鮮共産党の分派は各々拠点を構え、いがみ合っていた。それらの各分派に中国共産党加入説得のオルグとして、崔庸健は最大分派の一つ「火曜派」に、呉成崙はその対立する分派「ＭＬ派」に派遣されている。

第二章

中国革命に挺身した朝鮮人たち

中国共産党の活動家として

一九二八年一二月、コミンテルンは朝鮮共産党の承認を取り消した。この時朝、朝鮮共産党の取り消し理由を「朝鮮の農民および労働者の任務に関するテーゼ」（通称一二月テーゼ）を書記局報告として発表している。このテーゼは一九二五年に設立された朝鮮共産党の朝鮮革命の性格規定の過ちを指摘し、その上、絶え間なく繰り返される党内派閥闘争を厳しく指弾し、結果コミンテルンは朝鮮共産党の承認を取り消したのである。この決定は朝鮮共産党の存在をコミンテルンが否定したことになり、朝鮮共産党員の拠り所が消滅したことを意味した。朝鮮国内に残っていた朝鮮共産党の活動家や満州、日本で活動していた朝鮮共産党の支部の活動家たちはこのことに呆然とした。

とりわけ朝鮮国内での共産党の活動が、日本の治安当局の弾圧でほとんど壊滅状態になっていた当時、かろうじて活動の場を中国東北部と日本で維持し、その地で活動していた朝鮮共産党員は混乱した。一九二五年、朝鮮共産党が設立されたとき、朝鮮人移住者が多い日本と中国東北部に、朝鮮共産党の支部ないし総局を設立する構想があった。その構想は治安当局の取り締まりの厳しさに阻まれ遅延していたが、一年後にようやく実現する。一九二六年四月、朝鮮共産党日本支部が結成され活動を開始し、その一カ月後に朝鮮共産党満州総局が設立された。

満州総局は設立されたが、党内主導権を争う醜い分派騒動は相も変わらず続き、満州総局は「火曜派」と呼ばれる分派によって、その指導部が占拠されてしまった。これに反発した対抗派閥の「ＭＬ派」が、別に朝鮮共産党満州総局を組織し、満州に二つの朝鮮共産党満州総局が出現するという混乱ぶりとなった。

満州で二つの朝鮮共産党組織が抗争を繰り返していたが、それ以外にも朝鮮人共産主義者集団の朝鮮独立運動が続いていた。そんな組織の一つに「赤旗団」がある。「赤旗団」はソ連の沿海州を本拠地にして活動していた、朝鮮人共産主義者李東輝《イドンフィ》をリーダーに一九二三年三月に結成され、パルチザン闘争に運動の主力を置いた、朝鮮独立を目指す共産主義者の武装集団である。彼らの多くは沿海州在住の朝鮮人共産主義者で、彼らはソ連共産党に属しながら、朝鮮革命をその活動目標にした綱領を持つ「高麗共産党」を組織し、その綱領に沿って活動した。

ロシア革命により、共産主義者によるソ連邦が設立されていく過程で、ソ連在住朝鮮人共産主義者の多くはソ連共産党に加入した。彼らの中には一九二四年頃からロシア革命に参加し、日本軍のシベリア出兵に反対してパルチザン闘争に参加していた人々やソ連軍に入隊して日本軍と戦った人たちが多くいた。日本軍撤退後、ソ連軍から除隊した朝鮮人共産主義者や元パルチザンが続々と「赤旗団」に入団して、満州でのパルチザン闘争に参加していった。その総兵力は一時五〇〇〇人を超える大きな武装集団となった。彼らの活動の舞台は主にソ連領沿海州に近い、中国延辺地域であった。呉成崙も黄埔軍官学校で教鞭をとる前、この「赤旗団」の幹部として活躍した。

この「赤旗団」のほかにも、朝鮮革命と独立をその集団の綱領としている団体に、朝鮮共産主義同盟、在満州朝鮮農民同盟、満州青年同盟など、朝鮮人共産主義者が率いている団体が数多く存在した。これらの諸団体はコミンテルンの朝鮮共産党の承認の取り消しと「一国一党」の「原則」の決定により、そのよって立つべき根拠を失い混乱する。やがて朝鮮人共産主義者は中国共産党に加入していくが、その加入の過程で多くの人々の苦悩と混乱と抵抗が引き起こされた。

朝鮮革命運動から決別させられた朝鮮人たち

コミンテルンによる「一国一党」の「原則」とは「一つの国内には唯一つの共産党のみが認められ、その国に在住する共産主義者は在住国の共産党に加入し、その党の綱領のもとで活動しなければならない」という「原則」である。

コミンテルンは海外在住朝鮮人共産主義者が在住国の共産党に入党し、そこで革命の戦いに参加し、国際主義を貫徹せよ、との指示を出した。その指示によりソ連共産党は彼らの党に属しながら「赤旗団」を組織し、朝鮮革命を綱領に掲げ「高麗共産党」を組織していたソ連領内の朝鮮人共産主義者に、朝鮮革命に加わることを禁止した。朝鮮人ソ連共産党員はこの決定に不満を抱きながらも、満州から引き揚げ、ソ連共産党の隊列に帰って行った。

日本の朝鮮共産党日本支部もコミンテルンの決定を受け、組織を解散し日本共産党に多くの朝鮮人が入党していった。

中国共産党はコミンテルン第六回大会後の一九二九年七月、モスクワで開催された第六回大会で、「中国在住朝鮮人共産主義者は中国共産党に入党しなければならない」と規定した。この決定に従い上海や北京の朝鮮人共産主義者は比較的抵抗も少なく、この決定を受け入れ、中国共産党の隊列に参加するが、満州の朝鮮人共産主義者はなかなかこの決定を受け入れようとはしなかった。それはこの決定を受け入れれば、彼らが最大の念願として激しく戦ってきた朝鮮の独立と朝鮮革命の道を閉ざすことになると感じたからである。

満州で活動する朝鮮人共産主義者の多くにとって、中国共産党に加入し、中国共産党の綱領に従って活動するということは中国革命のために献身するということと同意語であり、そのような決定を簡単に受け入れる気持ちになれなかったのだ。満州の朝鮮人共産主義者にはその全生涯を賭けた戦いとして、朝鮮の独立と革命があり、彼らが日本軍と命がけで戦ってきたのは中国革命を達成するためにでもなく、ましてや中国から日本軍を追い出すために戦ったのでもない。あくまで朝鮮の独立と革命のためであった。彼らの多くは朝鮮国内でも満州でも、その信念で戦ってきた人々であった。満州での戦いは朝鮮での独立と革命の戦いの延長にしか過ぎなかった。そんな彼らが一片の通知と他党の決定などによって、自分たちの信念、思いを簡単に放棄するはずがない。

朝鮮人共産主義者と同盟を結び、武力闘争を続けている朝鮮人民族主義者も中国共産党の決定に反発し、共産主義者との同盟関係を解消し独自の武装闘争を展開した。そんな朝鮮人民族主義者の具体的行動として二〇〇九年に延辺人民出版社から刊行された『中国朝鮮族革命闘争史』では、一九二九年に設立された朝鮮革命軍について記述している。この部隊は、中国領で戦う朝鮮人は中国革命でなく、あくまで朝鮮の独立と革命を目指すとした、朝鮮人民族主義者たちによって組織された。一九三二年には四〇〇名ほどの武装勢力となり、なお勢力を伸ばし、一九三三年には七〇〇人に増大している。しかし日本軍の「討伐隊」に追われ、しだいに独自の活動が困難になったため、一九三七年、中国東北連軍第一路軍に加入し、抗日闘争を継続した。

朝鮮人共産主義者の思惑、混乱をよそに、コミンテルンの決定を中国共産党は着々として進めた。一九二九年一一月、コミンテルンは代表を上海に送って、朝鮮の党の解散を指示し、朝鮮人共産主義者の中国共産党加入を勧告した。

一九三〇年一月、コミンテルンの代表並びに中共中央の代表が、ハルビンに出かけて、中国共産党満州委員会の主催のもと、朝鮮人共産主義者の各団体、各派閥の代表を集めて会議を開き、二つの朝鮮共産党満州総局の解散と彼らの中国共産党への加入問題を討議した。

満州の朝鮮人共産主義者はコミンテルンと中共中央から態度の決定を迫られる中で混乱を重ねたが、最も早く態度を表明し、中国の党への加入を決定したのは「ML派満州総局」である。彼らはコミンテルンの代表団による上海での会議招集の二カ月前の九月、すでに組織の解散を決定し、一九三〇年一月のハルビンでの会議後の三月、正式にML派解体宣言をしている。彼らは

「朝鮮共産党満州総局の解体宣言」を発表した。そこでは「(一)在満朝鮮人共産主義者は朝鮮運動から手を引け　(二)闘争を以て朝鮮革命を後援しよう　(一)在満朝鮮人労働者農民は中国共産党の領導下において解放される」というスローガンが並べられている(『満洲共産匪の研究』)。

ＭＬ派満州総局に属する朝鮮人共産主義者は明確に、中国革命を革命運動の第一目標に設定し、朝鮮革命を志向する活動の放棄を謳ったのである。彼らは朝鮮革命を「後援」するという、きわめて軽い目標に引き下げてしまった。ＭＬ派は変質といってよいほどのいい変わり身の早さで、中国共産党への加入を決定したのであるが、それには革命とか朝鮮独立とかの理念とはほど遠い、党利党略を優先したＭＬ派の思惑があった。

「火曜派満州総局」と比較して勢力が劣り、朝鮮共産党内の派閥抗争でも劣勢であったＭＬ派はコミンテルンの決定にいち早く支持表明し、旗幟《きし》を鮮明にすることで、中国共産党幹部に好印象を与え、中国共産党内での党内ポスト獲得を有利にしようという極めて低俗な思惑から、中国共産党にすり寄ったのである。当然のことながら、他の朝鮮人共産主義者は朝鮮革命の放棄を宣言したＭＬ派解党宣言に反発し、彼らに追随して中国共産党に加入しようとする人たちは少なかった。ＭＬ派解党宣言は、朝鮮人共産主義者が過去に朝鮮の独立と革命のために命がけで戦ってきたというプライドと自負、そして祖国への思いを踏みにじっていると感じたからである。

コミンテルンの代表と中共中央がハルビンで朝鮮人共産主義者を集めた会合の後も、ＭＬ派満州総局のような朝鮮革命の放棄、中国共産党への加入に抵抗する朝鮮人共産主義者は多く、そんな彼らの姿勢に中国共産党は苛立ち、そして厳しく対処していった。

一九三〇年七月、中国共産党は「朝鮮人共産主義者に告ぐ」という宣告文を発表した。そこでは朝鮮独立と革命にこだわる朝鮮人共産主義者たちの姿勢を厳しく批判し、彼らが朝鮮独立と革命を中国の地で第一目標に掲げて活動するのは「絶対的誤謬」であるとまで決めつけている。「絶対的誤謬」とはまた感情的な断言であるが、それほど中国共産党の苛立ちは強かったのであろう。この宣告文はそのような中国共産党の高圧的な姿勢を反映して、朝鮮人共産主義者が抱いている朝鮮革命や朝鮮独立の志を「支援」「後援」するという姿勢や、その思いに共感する文句は一言としてない。

この宣告文にも朝鮮人共産主義者は反発した。

このような朝鮮人共産主義者の不信、不満を強く感じたのであろう、中国共産党は一九三一年五月、中共満州省委員会の名で「満州における韓民族に関する決議案」を発表した。そこでは満州省委員会は中国革命成功後に在満朝鮮民族に自治権を与え、必要とあれば、韓人の独立国家樹立の権利を保障すると述べている。満州在住朝鮮人共産主義者をなだめるための「方便」のようなものであるが、一定の配慮を示したことにはなる。

このような中国共産党の「懐柔策」の提示もあり、朝鮮独立、朝鮮革命遂行断念の苦悩を抱えつつ、朝鮮人共産主義者は反抗の姿勢をおさえ、中国共産党に加入していった。その最大の要因は満州での朝鮮人農民問題にあった。

中国共産党満州省委員会はその活動方針の中で農民問題を重視し、土地革命と解放区の拡大、ソビエト政権の樹立など、「反帝・土地改革」を二大目標に掲げていた。朝鮮人共産主義者たちも移住朝鮮人農民の救援策はこの方針以外にないと考えていた。

満州の朝鮮人移住民のほとんどは植民地支配下で土地を失い、満州に流浪の旅に出た後、中国人地主のもとで小作農を営む農民たちが大多数で、かろうじて露命をつないでいる極貧の農民たちである。その上、一九三一年九月には日本の満州軍事侵略が始まり、日本に対する反感、敵対意識から中国人の朝鮮人農民に対する「敵視」が強まった。中国人は朝鮮人を「日本人の手先」と見なし、朝鮮人農民は迫害された。さらに各地を支配していた軍閥は朝鮮人農民を東北三省から追い出す抑圧政策を取っていた。

このような政治的、経済的困窮からの朝鮮人農民の救援活動は待ったなしの状況にあった。朝鮮人共産主義者は朝鮮独立の闘争と共に、目の前であえぐ貧農救援が焦眉の急となっていた状況の時、朝鮮人農民救援を含め、全貧農救援活動を指示していた中国共産党の方針に同意し、この戦いに参加するため、心中の不満を抑えながらも、中国の党に加入していった。しかし、目前の戦いの目標だけでは多くの朝鮮人共産主義者の不満は解消できず、朝鮮独立、革命の思いは東北抗日連軍、第88旅団時代も朝鮮人共産主義者の胸の中にくすぶり続け、継承されていった。

広州コミューンの生き残りは満州を目指し

李在徳の自宅を訪れ、金正日に乳を与えた第88旅団時代のことともに抗日活動に参加した少女時代からの回想を聞いた。

「私の一家が黒竜江省のソ連国境に近い、羅北近郊の悟桐河の西側にあった朝鮮人集落に移住したのは一九二七年の春でした。最初は二〇戸ぐらいの小さな集落でしたが、二年後の一九二九年には朝鮮からの移民が増え、七〇戸ほどの集落に成長していました。一九二九年の夏だったと思います。中国共産党から崔石泉が派遣されてきました」

「え？　崔石泉というと朝鮮民主主義人民共和国副主席だった崔庸健のことですか」

「ええ、そうですよ」

何でもないように李在徳は答えたが、私は突然、崔庸健の名が出てきたので驚いた。李在徳は崔庸健と第88旅団で知り合ったのではなく、幼い時からの知り合いだという。その話を聞いてその奇縁に驚いた。

「崔庸健はその村にオルグとしてきたとき、崔石泉の名を使っていたのですか」

「いいえ。確か金志康《キムジガン》（『中国朝鮮族革命闘争史』によれば金好康《キムホガン》となっている）だったと思います。……当時はいろんな仮名を使っていましたからね。崔石泉は抗日連軍時代の仮名です」と李在徳は言う。当時の活動家は活動地域が変わると違った仮名を用いた。敵側の治安対策に備えたものである。日本の治安関係資料などを読んでいても、その仮名を知っていないと、とんでもない間違いを犯すことになる。李在徳の回想は続いた。

「その時、崔庸健は一人で集落にやって来たのではなく、中国人三人と朝鮮人二人の五人の小グループでやってきました。中国人は朝鮮語ができないので、そこでの工作活動はできないと判断したのでしょう、しばらくして中国人農民の集落に移りました。崔庸健と張というもう一人の朝鮮人は集落に住み着きました。崔庸健はその集落に学校を作り、崔が校長で張が教師になって集落の子供たちを集め文字を教えました。

私はその時九歳でした。辺境の朝鮮人集落には学校を建てることも教師を確保することも極めて困難な事業でしたから、大人も子供も大喜びで私も入学しました。

崔庸健がここに学校を建てたのは教育者としてこの地で生活するためでないのはもちろんです。この地で当時の共産党の活動方針である農村から武装蜂起して、都市に攻め込むという李立三路線を遂行する任務を帯びて派遣されてきたのです。彼は校長の仕事をこなしながら、青年たちを集め、農村青年会を組織しました。それから女性たちを婦女士会に組織していき、各層のいろんな組織を作ったのです。私たち子どもは少年少女隊を作りました。そして最後に中国共産党の党組織を作りました。崔庸健は党組織を作った後、党員、特に青年党員を中心に軍事教練を始めました」

李在徳は崔庸健との出会い、彼の羅北郊外の朝鮮人集落での共産党組織の工作活動について回想した。

崔庸健同様、呉成崙、楊林たちも党の指示に従い東北に赴き、工作活動に従事した。そして一斉蜂起に備え、武装組織を作り上げていった。

第三章
満州——東北抗日パルチザンの誕生

延辺での朝鮮人農民蜂起の無残な失敗

崔庸健は在満朝鮮人共産主義者が、中国共産党加入問題を突き付けられ混乱している時期、ひたすら党の方針である武装蜂起に備え、地方での工作活動を続けていた。李在徳は当時の崔庸健の活動について、

「崔庸健は青年会を組織した後、その青年たちに働きかけ、軍事教練を行っていました。その軍事教練は集落の近くの河原で行われていましたので、私たち子どもは何をしているのだろうという好奇心から、面白がって見に行きました」

「軍事教練ですか？　すると教練に必要な兵器や教材、例えば小銃などはあったのですか」

「そんなものあるわけがありません。その集落の青年たちで、本物の銃を見た人はたぶん一人もいなかったでしょう」

と突然おかしそうに笑いながら、

「木を削って小銃に似せた木銃を作って、それを使って青年たちが射撃動作のマネや匍匐《ほふく》訓練をしていたのです」と回想していた。

崔庸健が北満羅北郊外の朝鮮人集落で青年たちに軍事訓練の「まねごと」をしていたのは当時の中国共産党の活動方針であった、李立三路線を実施しようとしていたからである。

李立三路線は一九三〇年ころ、中国共産党の最大の実力者であった宣伝部長の李立三が、折からの世界経済大恐慌を資本主義社会の矛盾の破綻であり、世界革命の起爆剤になりうると考え、中国での都市暴動を主体にする蜂起計画を練り始めたことから来る。この李立三路線に従って満州省委員会は朝鮮人農民蜂起計画を立案、実行した。間島蜂起と呼ばれる武装蜂起である。

最初の武装蜂起は一九三〇年五月三〇日の早朝を期して起きた。約一〇〇〇人の朝鮮人農民が、朝鮮人共産主義者を指導者に蜂起したが、その結果は悲惨なものだった。軍閥と日本軍による武力弾圧で殺害されたもの六十余名、検挙されたもの八五人に達し、闘争の成果と言えるものは皆無であった。

それにもかかわらず満州省委員会はこの蜂起を成功であったと評価し、引き続き各地方での蜂起を指示した。朝鮮人農民の積極的な蜂起参加が高く評価されたのであるが、彼らは共産党の指導に賛同したというより、彼らが蜂起し暴動を起さざるを得ない絶望的な状況に置かれていたからである。満州での日本と軍閥による収奪や弾圧にあえいでいた朝鮮人農民の怒りが、暴動へと彼らを駆り立てたのである。その怒りを朝鮮人共産主義者が扇動した。彼らは新たに中国共産党に加入したことで、党に対する忠誠を示す必要があり、党の決定を誠実に実行している姿勢を見せる保身上の必要から、農民を妄動的な暴動に駆り立てた。

一九三〇年五月から一一月まで、東満（満州東部）を中心に朝鮮人農民の蜂起が各地で起きた。秋の収穫期を期して起きた「抗税・減租」闘争に参加した朝鮮人農民の蜂起も日本軍と軍閥軍により、徹底的に弾圧され、多くの犠牲者を出した。

この時期、中共中央も李立三路線による都市暴動を企画しており、彭徳懐らの部隊約二万人は国民党軍の間隙を突き、湖南省の省都、長沙を七月二八日に占領、ソビエト政府を樹立した。しかしその政権は国民党軍の反撃に合い、わずか七日で崩壊した。これらの結果から、李立三路線はコミンテルンから「左翼妄動主義」という厳しい批判を受け、李立三路線の中止決定がなされた。「左翼妄動主義」と批判されたのは一部共産主義者が自らの力量も顧みず、感情の赴くまま農民を扇動し蜂起した過ちを批判したのである。この中止決定が出される一一月まで、東満で蜂起に加わり検挙された者は実に二二三四人に達し、その検挙者は一九人の中国人を除き、全員朝鮮人であった。

北満の羅北でも李立三路線遂行の指令が、各共産党組織に伝えられ、崔庸健はその活動に全力を挙げていた。李在徳は、

「崔庸健は武装組織を組織し、李立三路線を遂行しようと必死で努力していました。私たちの村では冬に入れば、都市に向かって武装蜂起をする準備を進めていました」と述べた。

崔庸健たちは中共中央の蜂起軍の樹立した長沙ソビエトが、わずか七日で崩壊した事実も知ら

ず、ひたすら蜂起の準備を進めていた。

「私たちは崔庸健の指導に従い、冬に蜂起するため準備を進めました。小麦粉を食糧として蓄えたり、大切な牛を処理して、肉の燻製の保存食を作ったりしていました。そうそう、思い出してもおかしいのですが、牛の肉の燻製を家の中で作っていて、火が飛び火し、かやぶきの家が一軒丸々燃え、村人が大童で消火に当たるという事故も起きました。そんな準備をしていたのですが、冬になる前に蜂起中止の指令が出て、蜂起は実行されませんでした」

李在徳は崔庸健と村人たちの李立三路線実行の蜂起寸前の活動をこのように語っていた。

そんな李在徳の回想に、彼らの蜂起が「全員――村人の全員が蜂起に賛成した」というくだりがあった。その「全員賛成」という言葉が強烈な印象として残った。それは崔庸健が優れたオルグとして働いたという証左ではあるが、それだけで、全員賛成という結果は出なかったであろう。なぜ全村あげて「革命集落」になったのかという素朴な疑問が残る。そのことを李在徳に聞くと、

「当時、その村は朝鮮人だけの貧しい村でした。漢族の村も近くにありましたが彼らの集落では党の組織や大衆団体は未だ組織されていませんでした。朝鮮人の集落で党組織が順調に作れたのは、社会主義国家を樹立し、貧しさからの解放を願う朝鮮人農民の思いが強かったからではあるでしょうが、そのような階級意識とか社会主義革命とかという問題意識以前に、日本帝国主義に対する憎しみという、朝鮮人が共有する反日感情が強く反映していたからです。

そこの集落の人々は朝鮮の地から、日本の植民地政策で追われて満州に流れてきた人たちです。日本に対する反感、憎しみは非常に強かった。日帝打倒という反日宣伝を党が行えば、無条件で

朝鮮人は賛成しました。崔庸健も反日スローガンを中心にして村人に訴え、彼らの気持ちを捉え支持を拡大していったのです」

「崔庸健がその集落で活動している時、掲げたスローガンは日帝打倒というスローガンだけだったのですか？　社会主義ソ連を擁護しようとか、中国革命を遂行しようとか朝鮮独立を達成しようとかのスローガンはありませんでしたか？」

「そうですね……社会主義ソ連を擁護しようとか、朝鮮独立遂行というスローガンは聞かなかったと思います」

「朝鮮独立に村人たちは関心がなかったのですか？」

「そんなことはありません。村人たちにとって朝鮮の独立は最大の関心事でした。東北では早くから朝鮮独立党や義勇軍の武装闘争が盛んで、朝鮮人は誰もがその武装闘争に声援を送っていました。彼らの感覚では日帝打倒はイコール朝鮮独立闘争という感覚だったのです」

「すると中国革命遂行のための日帝打倒と朝鮮独立のための日帝打倒は同じ日帝打倒だが、どこか違うと村の人たちは思わなかったのですか」

　この質問に李在徳はしばらく考えていた。一九三〇年の後半には中国共産党に入党した中国でも珍しい古参の党員である李在徳は、党の基本的な考え方をそのまま自分の考えとして説明した。

「当時の状況から判断して、私たちはまず自分たちの住んでいる東北の地から日帝を追いだし、朝中両民族の共通の敵である日本からこの地を解放すれば朝鮮の独立も達成される、というのが共通した思いであったと思います。だから朝鮮人も中国共産党の方針に賛成したのです」

李在徳の説明は、大阪の居酒屋で詩人金時鐘から聞いた日本共産党の「芋刺し理論」と全く同じであった。

この時期、満州では朝鮮人共産主義者の入党により、中国共産党の勢力は急速に強化された。

満州事変と抗日武装闘争

一九三一年九月一八日、満州に侵攻した日本軍はその地を占領し、一九三二年三月一日、満州国の樹立を宣言、満州の植民地支配を開始した。

この事態を受けて中国共産党満州省委員会（以下、満州省委）は日本軍との全面的な軍事対決方針を打ち出した。各地で「武装して反日戦に参加せよ！」などのスローガンを掲げ武装闘争の強化に乗り出した。満州での共産党の最初の武装組織として一九三二年春、磐石工農義勇軍が名乗りを上げた。組織者は崔庸健の雲南講武堂の一年先輩の楊林である。

楊林は黄埔軍官学校教員時代、一九二七年四月、彼の指導下にあった黄埔軍官学校の共産党員学生たちが、蔣介石軍によって監禁、虐殺される事件が起きたとき、共産党組織は楊林の保護と一層の軍事学の習得のため、彼にソ連への留学を命じた。そのため楊林は広州コミューンの攻防戦には参加できなかったが、ソ連での留学を終えた一九三〇年春、満州事変の前にソ連から帰っていた。

中国に帰った楊林を中共中央は満州での武装組織をつくるため、朝鮮人人口がその地域の七〇パーセントになる東満の中国共産党東満特別委員会に派遣した。この特別委員会は満州省委の下部組織として、ハルビンの北満委員会、奉天の奉天特別委員会と共に、最も早く組織された満州の共産党組織である。楊林は赴任早々、東満特委の軍事委員会書記となり一九三一年には満州省委軍事委員会書記に就任して、反日遊撃隊の組織編成にあたった。

一九三二年五月、満州国が樹立された直後、楊林はすでに一〇人ほどの小人数の武装組織をつくっていた朝鮮人共産主義者李紅光《イホングアン》たちと共に、磐石工農義勇軍を組織した。最初は隊員数三十余名の小さな武装組織で、全員に小銃が行きわたらない貧弱な武装しかできなかったが、急速にその勢力を拡大し、七月には五十余名の隊員を要し、豪農を襲い、奪った食糧を農民に分配する活動を積極的に展開した。この武装組織が後に南満遊撃隊、東北抗日連軍第一路軍に成長していく。これらの成功に注目した中共中央は楊林を呼び戻し、中共の精鋭部隊、中国工農紅軍第一方面軍補充師団の師団長に任命した。

北京で第88旅団時代の回想を聞いた金貞順が、抗日武装組織に入隊したのは楊林が満州を去る直前であった。

当時満州各地には楊林たちが組織した共産党の武装組織などと共に民族主義者、軍閥から脱走してきた反乱兵、はては匪賊《ひぞく》まで反日をスローガンに抗日救国軍を名乗っていた。満州省委は共産主義者の抗日パルチザン部隊を創設する一方、各地で日本軍の進攻に反対して「救国運動」を繰り広げている民族系、軍閥系の抗日武装隊（約三〇万ともいわれた）に党のオルグを派遣し、彼らを反日救国戦線に参加させる工作を指示した。この工作はきわめて危険な工作であった。民族団体の抗日部隊などはまだしも、匪賊や軍閥系の抗日部隊は必ずしも、共産党に好意を持っていず、オルグに入った工作員を殺害することも珍しくなかったからだ。

金貞順が抗日武装遊撃隊に入隊したのはこのような時期だった。

金貞順の自宅を訪問し、抗日部隊での活動の回想を聞いたとき彼女は、「私が一五歳の時、一九三二年の秋ですが、抗日部隊に入った動機は兄の復讐を遂げたかったからです」と遊撃部隊入隊の動機を語った。

「兄は汪清遊撃隊の政治委員をしていました」と語りだしたとき、私は心中、驚きを禁じ得なかった。当時の私の知識では汪清遊撃隊は金日成の出身母体と記憶していたからだ。

「汪清遊撃隊で活動していた兄が一九三二年一一月、軍閥系の部隊に反日救国闘争への参加を説得中に殺害されたという悲報が、私と母が避難して生活していた村に伝えられました。私は驚きと悲しみのあまり危険を顧みず、兄の遺体が安置してあるという場所に駆けつけました。兄は全身に銃弾を浴びて血に染まって横たわっていました。私は兄の遺体に縋《すが》り付いて慟哭しました。涙があとからあとから流れ落ちていたのを今でも覚えています」

金貞順はそこまで語って言葉を詰まらせ、そっと指で目じりを押さえた。しばらく沈黙の時が流れ、再び金貞順は語りだした。

「悲しみの涙が涸《か》れたのか、少し気持ちが落ち着いたとき、私は兄の復讐を心の中で誓いました。兄の敵を討ちたい、その一心で遊撃隊に入隊したのです」

延辺朝鮮族自治州で刊行された『朝鮮族革命烈士伝1』によれば、金貞順の兄金殷植《キムウンシク》は一九〇九年生まれの朝鮮人中国共産党員で、壮絶な最期を遂げたとき、汪清遊撃隊の政治委員を務めており、党の指示に従い軍閥系の反日部隊の工作中に犠牲になったとある。ちなみに汪清遊撃隊は彼の死後しばらくして、金日成が一九三三年、中国共産党の指示に従い自ら組織した、十数人の小部隊、安図反日人民遊撃隊を編入させ、隊員数九十余名の汪清遊撃大隊に改編された。隊長に梁成竜《リヤンソンリヨン》をいただき、金日成が政治委員を務めるようになった。

この事実は二〇〇九年に延辺朝鮮族自治州から刊行された『中国朝鮮族革命闘争史』に書かれている。なお前述した金日成が記述し周保中に提出したという「抗連第一路軍略史」には汪清遊撃大隊は一九三三年に和竜、琿春、汪清、などの各地に組織された遊撃隊で隊長梁成竜、政治委員XXXとなっている。この「XXX」は金日成であるという。

これらの部隊は中国共産党の指導と活動方針に従って遊撃戦を展開していた。しかし、一九九二年から日本でも刊行された『金日成回顧録——世紀とともに』（雄山閣出版、以下、『回顧録』）では金日成は中国共産党の指導と活動方針に従って遊撃戦を展開したとは記述していない。金日成は自ら「朝鮮人民革命軍」を組織し、朝鮮の独立と革命のため独自に戦ったとなっている。北朝鮮現代史はそれらを解く問題のカギになる、金日成の中国共産主義青年団の盟員から転じ、中国共産党に入党したと明確に記しているが、北朝鮮ではその事実について、一言も触れていない。金日成の『回顧録』でも自分が中国共産党員であったかどうかについては沈黙したままである。

朝鮮人共産主義者の中国共産党入党問題と深い関係にあるコミンテルンの「一国一党の原則」について金日成は『回顧録』でその問題について、かなり頁を割いて、くだくだと述べている。

そして結論として当時の世界情勢のもとではコミンテルンの決定は仕方のない決定である、と回りくどく書いている。『回顧録』ではこの「一国一党」問題について自分の立場を明確にしていないが、金日成が一九四二年に執筆したという「抗連第一路軍略史」では、朝鮮人共産主義者たちの卑劣な派閥争いは革命闘争に多大の損害を与えたが、「このような卑劣な派閥闘争は一九三〇年、コミンテルンと中国共産党の指導下で完全に解決された」「（朝鮮人共産主義者は）『一国一党』の原則の下で、改めて登録し中国共産党に入党した」と明記している。金日成も共産主義者として例外ではなく、この方針に従い中国共産党に入党したということであろう。

共産党の指導と方針で抗日遊撃戦が展開されていくが、李在徳も金貞順とよく似た境遇の中で反日武装闘争に参加していく。北京の李在徳の自宅で聞いた李立三路線の暴動計画中止後の彼女と崔庸健のその後の回想は、満州の反日武装組織がどのような経過で作られていったかがよく理解できる。

「崔庸健は李立三路線の中止決定を聞いた後、村での工作を中止し、村を去って共産党饒河中心県委員会に赴任していきました」と李在徳は淡々と話していった。

崔庸健が饒河共産党委員会に赴任していったころから、満州の政治情勢は激変していく。日本軍の満州侵攻、満州国の成立、満州での反日救国運動の急速な拡大、緊迫した状況が続いた。

崔庸健は県委員会に抗日パルチザン部隊の創設を建議し、またその軍事要員養成のための軍事訓練所の設立も提案し、一九三二年七月、抗日軍事訓練所を開設した。しかし訓練所を開設したわずか一カ月後、この地方に日本軍第10師団63連隊の連隊長中村音吉大佐が率いる日本軍が侵攻してきて訓練所は閉鎖された。

崔庸健はふたたび饒河中心委員会に帰り、計画を練り直し、再度軍事訓練所の設置と武器の調達を県委員会に要請した。しかし訓練に使う武器の購入はきわめて困難であった。武器商人たちは共産党に武器を売ってくれず、軍閥関連から入手することは軍閥系の人士の多くが共産党に反感を持っているため交渉すら困難だった。

そこで豪農たちが自衛のため所持している銃器に狙いを定め、防衛設備の薄い豪農の屋敷を襲ってそこに保管してあった武器を奪う「特攻隊」を組織し、計画を立てて豪農襲撃作戦を敢行した。崔庸健は「特攻隊」と共に豪農の武器庫を襲い、一九三二年の春までに四〇梃ほどの小銃などを獲得した。崔庸健はそれらの武器で武装させた青年たち約四〇人で、一九三三年四月、饒河工農兵反日遊撃隊を設立し、自身が隊長に就任した。この遊撃隊は隊員数一三〇人に達する部隊に成長し、日本軍とのゲリラ戦を展開していく。そしてこの遊撃隊は後に抗日連軍第二路軍第7軍に成長する。

崔庸健が饒河で反日遊撃隊を設立した時期、李在徳も彼女の居住地で設立された湯原武装遊撃隊に加入した。李在徳は回想する。

「一九三一年、松花江が氾濫して、その川の流域の多くの集落が大水害に見舞われました。私たちの集落の近くを流れている悟桐河も氾濫し、集落は冠水、田畑も全滅の状態でした。その地で農業を営むことができなくなった村人たちは新しい土地を求めて、鶴立というところに移住し、新しい集落を建設しました。最初に移住してきたのは一五戸ほどの人々ですが、その後被災した人たちもおいおい集まり、二〇〇人を超える集落になりました。その小さな村で崔庸健が組織していった党や各種団体は機能しており、母は党の地下組織で活動し、私は少年少女団から卒業して共産主義青年団に加入し、活動していました。日本軍が満州に攻め入り、満州を占領すると私たちは党の方針に従って反日宣伝活動を必死で展開しました」

民衆への反日宣伝活動とは具体的にどのように行われたのか、強く興味を引かれ、その宣伝方法について質問すると、

「それはね、何人かでグループを作り、人の集まる場所に出かけて行って太鼓を打ったり、鉦《かね》をたたいたりして囃し立て、人が何事かと興味を持って集まってくると朝鮮語や中国語で反日をテーマにした歌を歌い、その合間に反日演説を行うという方法でした。この宣伝方法は非常に効果的でした。太鼓を打ち、鉦をたたけば、人々が何事かと興味を持って集まってくるでしょう。そして反日演説に耳を傾けてくれる。さらに朝鮮人が反日、打倒日本の宣伝活動の陣頭に立っているので中国人の反応が大きかったのです」

「なぜ朝鮮人が反日宣伝の陣頭に立つと、中国人の反響が大きかったのですか」

「それは当時、中国人の多くが、朝鮮人は日本人の手先だと思っていて反朝鮮人感情が強かったのですが、その日本人の手下だと思っていた朝鮮人が反日宣伝をしたからです。一九三〇年代初頭、東北で中国人の反朝鮮人感情が爆発して万宝山事件が起き、日本の領事館警察隊が出動して、中国人農民に発砲したことから、多くの死者が出ました。そんなことから朝鮮人は日本の手先だと敵意を抱いている中国人は少なくなかった」

万宝山事件は一九三一年四月、朝鮮人農民が借りていた長春郊外の万宝山付近の農地借地契約と灌漑水路工事を巡り、中国人農民の反対運動が起こり、日本の官憲が介入したことから、多くの中国人農民の犠牲者が出た事件である。

事件のそもそもの始まりは灌漑水路工事で、中国人農民の畑に被害が生じたことだ。被害を受けた中国人農民は水路工事を実力行使で中止させた。この朝・中農民の紛争に、日本領事館が「帝国臣民保護」（当時朝鮮人は「日本帝国臣民」だった）の名目で介入し、武装警察官を出動させ、朝鮮人農民に加担して中国人農民を排除し、水路を完成させてしまった。

日本の官憲の介入に怒り、中国人農民が暴発した。彼らは集団で工事の妨害をはじめ、完成した灌漑水路を二里にわたり埋め戻した。中国人農民の実力行使は一揆的な様相を呈し始めた。これに対して、日本領事館は武装警官を出動させ、中国人農民の集団に無差別的な発砲を繰り返したため、多くの死者と負傷者が出た。この事件が朝鮮国内の新聞にあたかも、中国人農民によって、朝鮮人農民が迫害を受けているかのように報じられたため、激高した朝鮮人が朝鮮国内で華僑を襲う事件が頻発した。一九三一年七月から八月にかけて京城（現ソウル）、ピョンヤン、元山、仁川などで中国人が襲われ、一四一名の犠牲者を出す惨事に発展した。

この事件が中国に伝わると今度は中国人が激怒し、反朝鮮人感情が急速に拡大した。特に朝鮮人移住者の多い満州では深刻な民族的対立感情が醸し出されるようになった。

「万宝山事件で朝鮮人は日本の手先だと思い込んでいた中国人が、朝鮮人が日本の満州侵略に反対し、日帝打倒の反日宣伝をして回っているのを見て、中国人の間で、朝鮮人が日本に反対している、彼らは日本の手先ではなく自分たちの味方だという認識が生まれ、反日の民族的連帯を作り上げるのに非常に効果があったのです。

私たちは毎日、反日宣伝工作と反日組織を作るため、寝る時間を惜しんで働きました。一九三三年初頭まで、北満にはまだ日本軍の占領体制がいきわたっていなかったので、私たちは昼間から反日宣伝工作を行うことができましたが、だんだん占領地の警備体制も強化され、昼間は動けなくなってきました。日本軍の部隊は私たちを見つけると無差別に発砲し、逮捕するようになったからです。そこで昼間は山林などにひそみ、夜に反日組織工作を続けました。

一九三三年八月、私たちは党の指示に従い、反日武装組織を成立させる準備を始めました。そんなある日、日本軍が使っていた密偵により、私たちの集落に共産党の組織があることを知った日本軍の部隊が、真夜中に集落を包囲し、夜明けとともに一斉に検挙に移りました。集落は大騒ぎになりました。逃げようとして発砲され倒れる人、抵抗して銃で殴られる人、銃声と怒号と乱闘がしばらく続きましたが、圧倒的な武力によって集落は制圧されました。日本軍は一〇〇名を超す大人たちを逮捕、連行していきました。彼らは密偵の前に引き出されると首実検を受け、一三名が共産党員だとして監禁され、残りの人は釈放されました。その一三名の中に母がいました。一七日間にわたる残忍な取り調べが続きましたが、誰も自分が共産党員だと白状しないため日本軍は一三名全員を銃殺してしまいました。母もその時銃殺されたのです」

そこまで語ったとき李在徳の口調は湿り始め、言葉がとぎれとぎれになった。柔和な彼女の目に今にもこぼれ落ちそうに涙が盛り上がっているのを見つめながら私は言葉もなかった。「母が日本軍に殺されたので私はこの地で天涯孤独の身になったのです」と語る。

「天涯孤独」という言葉が重く響いた。

李在徳の父親は一九二二年、朝鮮民主独立党の党員として活動中に、新義州の日本警察に逮捕され服役中に獄中死。祖母は一九三一年の春、貧困と飢えの極貧生活の中で病死し、今また母親を日本軍により銃殺されたのである。時に李在徳は一五歳だった。

「革命活動の途上で倒れていった烈士は何も母だけではありませんが、それにつけても思うことは、生きていて一緒に革命の勝利を見たかったという思いです。私も年を取り昔のことが偲ばれてなりませんでした。一九八六年と一九八八年の二度、母が殺された黒竜江省の現場を訪れました。そこは荒野の荒れ地でしたが、その地に立ってみると改めて昔のことを思い出し、一層母を愛しく思ったものです。

それで何か記念になるものをと思い、犠牲になった一三名の人々と一緒の革命烈士記念碑を建立してきました。本当に小さな、小さな記念碑ですが……。

話をもとに戻しましょう。

私たち集落の生き残りの人たちが中心になって、武装遊撃隊を組織し、日本軍と戦おうと皆必死の思いでした。黙って殺されてたまるかという気持ち、殺された肉親の復讐を誓う気持ちが入り混じった雰囲気の中で、武装遊撃隊は作られました。

私も武装遊撃隊に志願しました。思いは死んだ母の復讐をしたい、という一念以外はなかった。それに私は天涯孤独の身になって、どこにも行くところがなかったからです。

遊撃隊の隊長は私の志願を断りました。私はその当時、背も低く、やせっぽちで、とても一五歳には見えなかったから、活動についてこられないと隊長は考えたようです．入隊を断られても泣きながら隊長に一緒に連れて行ってくれるように頼みました。絶対弱音を吐きませんからと何度も何度も頼み込みました。遊撃隊の人たちも、私の母が殺された事情を知っていますから、連れて行こうということになりました。それで入隊できたのですが、やはり私は遊撃隊の足手まといになったようです。大きな川を渡るときも、背が低くて一人では渡れず、隊員の背に負われての行軍になりました。……」

李在徳がこの時入隊した反日遊撃隊は湯原反日遊撃隊と呼ばれ、後に抗日連軍第二路軍第6軍に成長していく。

「反日遊撃隊設立時の遊撃隊員数は約三〇人でした。そのうち漢族の人は七、八人で、他は朝鮮人でしたので、朝鮮人の反日遊撃隊みたいでした。ただその後漢族の人々の比率が多くなっていきました。

遊撃隊発足当時、私たちが保有していた武器は貧弱なもので、鉄砲はわずか三梃、その他は槍とか太刀でした。こんな武器を使い、近代兵器で武装した日本軍に立ち向かえるはずはありません。日本軍に対する憎悪は強く、復讐心と愛国心は高揚していましたが、実際は戦える武装力は持っていなかったのです。誰もがそのことは実感していましたので遊撃隊の武装化、それも近代的な銃器の保有が急がれました」

湯原反日遊撃隊も崔庸健の饒河遊撃隊と同様、豪農の武器庫を襲う作戦で武装化を進めるようになる。豪農の屋敷には匪賊から財産を守るため、どこの屋敷も小銃などの武器が備えられていた。

「一九三四年の旧正月の日、豪農の武器庫から小銃などを奪ったことがあります。旧正月は中国では大々的に祝います。その日隊員たちが豪農の屋敷の前で、酒に酔っ払い乱闘騒ぎを繰り広げる真似をして、その騒ぎにかこつけて屋敷に乱入し、武器庫を襲い、小銃一五梃と拳銃一梃を奪い引き上げたこともあります」

このような武器獲得作戦で武装化が進み、反日武装遊撃戦が各地で展開されていく。

汪清遊撃大隊の成立と『金日成回顧録』の捏造

一九三三年ごろから満州支配に反対する中国人と朝鮮人の反日武装部隊が満州の各地で結成されていく。一九四一年までの満州での朝鮮人共産主義者の遊撃隊の活動、戦闘などの「略史」「史略」は『東北抗日連軍史料』に掲載されている。そこに掲載された金日成の「略史」、金策、崔庸健の「史略」を目にしたとき、私の中国語の理解力では十分に文意をくみ取ることができないのと、判読できない記述があった。そこで中国人の友人に正確に翻訳してもらった。その友人の評価によると「略史」「史略」の文章力、表現、内容の構成は崔庸健、金策、金日成の順だった。金日成の「略史」は文章力が劣り、誤字も多いとその友人は言う。金宇鐘は『史料』に掲載するに当たり、明らかに誤字だと思える漢字は訂正したと語っていたが、それでも意味が通じないところがあるとすれば、原文はかなりひどい文章であったのであろう。

文章力はさておき、私は中国人の友人が翻訳してくれた「略史」「史略」をじっくりと読んでみて気付いたことがある。内容的に金日成の「略史」が他の二編の「史略」と際立って違っている点である。それは金日成の「略史」では抗日部隊の活動を記述するに当たり、朝鮮民族と朝鮮についての記述が少なからずみられることである。崔庸健や金策の「史略」は部隊の設立と歴史や活動について記述しているが、その活動内容で、朝鮮民族、また朝鮮の解放について、言及もしていないのに比べ、金日成の「略史」は朝鮮関連の活動について報告しており、その点に関しては際立って見える。

例えば反日民族統一戦線結成の活動である。

一九三五年のコミンテルン第七回大会での反ファッショ人民統一戦線の結成の呼びかけに応え、中国共産党もその方針を採択し、朝鮮人については反帝民族統一戦線を結成する準備として「在満韓人祖国光復会」の結成を働きかけ、抗日連軍もその方針に沿って動いた。何ゆえか崔庸健、金策の「史略」にはこの事実についての言及がないが、金日成はその活動についてきちんと報告している。そこには崔庸健や金策と比べ、明らかに朝鮮解放の思いが濃厚ににじみ出ている。

金日成のパルチザン活動の拠点が崔庸健や金策の活動地域と違い、朝鮮と国境を接し、朝鮮民族が多住している地域であり、部隊には朝鮮人隊員が多くいた。さらに朝鮮国内への進攻、工作を金日成が属していた第一路軍が担当したという「条件」の違いも反映しているのではあろうが、金日成自身の朝鮮志向が強かった証であろう。そして金日成が朝鮮国内でパルチザン活動と政治工作活動を実際に行った実績があるからである。しかし、それもあくまでも中国共産党の方針の許す範囲内での活動報告で、決してそこから遺脱した活動や発想ではない。金日成の「略史」自体が中国共産党の指導下での抗日武装闘争を正当化したものであるからだ。

そのようなもろもろの状況を考えても、金日成の「略史」は彼を「朝鮮解放の英雄」「卓越した朝鮮革命の指導者」と「神格化」する必要のない時期、彼自身の手で書かれた活動記録で、そこに書かれた活動経歴はほぼ信頼できる活動報告書であろう。

ところが、この金日成の書いた「略史」と一九九二年から刊行された『金日成回顧録』はほとんど事実関係が違っている。例えば『回顧録』では金日成が初めて反日部隊を組織した一九三一年当時のことを当時東満州共産党特別委員会の書記である童長栄と武装闘争に対処する方針の討議をするため、金日成は彼に会うことにし、彼に東満の明月溝まで来てもらうことにしたと述べられており、ここでは童長栄と金日成はまるで同格、あるいは金日成が会いに来るよう招いたかのような書き方をしている。

童長栄は金日成より五歳年長で、河南省の省立第一師範学校在学中から学生運動の指導者になり、一九二五年に中国共産党に入党。その年、中国の公費海外留学生試験に合格。東京の第一高等学校から東京帝国大学に進学。在学中に中国人留学生を組織し、中国共産党日本特別支部代表に選出された中国共産党の若手エリートである。東京での共産党活動が、日本の治安当局の知るところとなり、国外追放処分を受け、東京帝国大学からも追放、中国に帰国した。その後、上海で反帝大同盟を組織し、中共上海地区区組織の書記などを務めた後、中共河南省委員会の書記に就任。一九三一年、日本軍の満州侵攻に対抗するため、中国共産党中央は知日派共産党幹部である童長栄を東北に派遣して、東北における共産党の反日運動の指導を指示した。そして中国共産党満州委員会は反日武装闘争を展開する決定を出し、童長栄を抗日闘争が最も激烈であった中共東満州特別委員会の書記として派遣した。

そのような中国共産党の大幹部ともいうべき童長栄を、共産党の下部組織で、その指導下にある共産主義青年団の一九歳の若い活動家金日成が、上級指導機関の最高責任者を「協議」の席に招き、そこで活動方針を決定するなどありえない話である。プロ野球にたとえるなら二軍の選手である金日成が一軍の監督童長栄と会って試合の戦術や選手の起用を協議したという奇妙奇天烈なことになる。

『回顧録』とは違い「略史」では、童長栄の指導で安図反日遊撃隊が組織されたと書かれている。当時の共産党組織の序列から見ても「略史」の記述が正確である。しかし、この事実を北朝鮮は絶対に認めることはできない。この金日成が最初に組織した安図反日遊撃隊は、北朝鮮現代史や『回顧録』では一九三四年四月、「朝鮮人民革命軍」となったと歴史的事実が捏造されているからである。「朝鮮人民革命軍」は「金日成神話」の中核的存在で、その遊撃隊が童長栄の指導で中国共産党の武装組織として設立されたことを認めれば「金日成神話」は崩壊する。

安図反日遊撃隊は他の遊撃隊と統合され、汪清遊撃大隊となるが、この部隊も一九三四年、中国共産党の人民革命軍第1独立師に統合改編され、金日成はこの部隊の四団まであった第3団部隊の政治委員に就任した。

金日成執筆の「略史」は東北連軍第一路軍の最初の武装闘争時から崩壊するまで、各部隊の指揮官を中心にした部隊編成を記述しているが、各時期の様々な問題点についても簡単な「総括」をしている。例えば金日成のソ連領への退避について「闘争の中で私たちの成果は偉大であったが、敵の力との間には大差がありすぎ、支援もなく、孤軍の戦いの結果として、とうとう一時的敗北をこうむった」と日本軍に追われ、ソ連領に逃避したことを素直に認めている。

しかし『金日成回顧録　第8巻』ではこのような事実関係を隠蔽し、あたかもさらなる闘争の継続のため、金日成がコミンテルンの代表からハバロフスクに招かれ、新たに朝・中・露の「国際連合軍」を結成するため、ソ連領に赴いた、とありもしなかった「回顧」がなされている。

金日成の執筆した「略史」では自分が中国共産党の指導する抗日武装部隊の一員であり、その方針に従って闘争を展開し、その闘争の第一義的目的は東北三省から日本の勢力を追いだし、中国革命を達成することであると記述している。そこには金日成が満州の地で「朝鮮人民革命軍」を創軍し、朝鮮独立を活動方針として戦ってきたという事実がないことを金日成自身が自筆で書き残している。

朝鮮人の独立運動家の多くは、日本の植民地支配下においては朝鮮国内の抑圧体制が強化され、朝鮮で独立を志向する運動が不可能になり、海外で他民族の「反日勢力」の組織に属しつつ抗日活動をしなければならなかった。他民族の組織に依存した運動のゆえに、味わわなければならなかった厳しい制約があり、そのような制約が様々な「悲劇」をもたらした。金日成の主観的思いはどうであれ、満州での抗日闘争の状況もその例外ではない。

抗日運動と民族間の軋轢――「民生団事件」

満州での抗日武装闘争が拡大していく時代、この活動に参加した朝鮮人と中国人は同志的結合で固く結ばれていたかのように書いている中国や北朝鮮の著書も多いが、事実は必ずしもそうようなものではない。

遊撃隊が組織され、武装闘争を繰り広げている最中にも、さまざまな民族的、感情的軋轢が少なからず起きた。満州での共産主義者隊列の抗日組織内で、その軋轢の最大の「事件」は「民生団事件」である。この「事件」は日本領事館や日本軍憲兵隊と共謀した親日派朝鮮人団体が中国共産党やその傘下団体、抗日遊撃隊に、組織破壊工作員をもぐりこませたスパイ作戦がその発端であったが、親日派団体のスパイが朝鮮人であったことから、過剰反応した中国人共産党幹部によって、朝鮮人隊員たちが疑われ、「粛清」されていった「事件」だともいえる。

民生団は一九三二年二月、間島竜井《かんとうりゅうせい》の日本領事館の承認を得て、京城の親日派新聞「毎日申報」副社長を会長に、満州の共産系団体に組織破壊工作員を送り込むために結成された団体である。しかし、大々的な宣伝にもかかわらず、肝心の破壊工作員を養成することも、獲得することもできなかったため、結成後わずか五カ月経った一九三二年七月には解散してしまった。

この反共謀略団体の成立を日本側が大々的に宣伝したため、共産党は過剰なほどの警戒心を以て対応した。共産系列の各団体は組織内に警戒態勢を敷き、「反間諜闘争」に神経を尖がらせた。七月に民生団は解散し、その実態はなくなったにも関わらず、共産党隊列内部ではその虚名が独り歩きしていた。中共満州省委員会はすでに存在しない民生団との「反間諜闘争」の強化の指示を出した。

そのような時期、延吉で一人の老朝鮮人共産党員の逮捕事件が発生した。「民生団事件」はこの老共産党員の逮捕から始まった。この共産党員は宋令監《ヨンガム》（令監は、年配の男性の敬称）と呼ばれ、延吉県老頭溝の共産党地区書記を務めていた男であったが、活動のさなか、日本軍延辺憲兵隊に逮捕され取り調べを受けた。拷問を受けたのち、憲兵隊から憲兵隊の間諜になるなら釈放するという条件を受け入れ、憲兵の協力で「仮想脱獄」し、党組織に潜入した。党は彼を匿っていたが、あまりにも簡単に「脱獄」したことを不審がる党員もいて、監視付きで匿われていた。

同時期、崔賢《チエヒヨン》（北朝鮮建国後、朝鮮人民軍大将）の指揮する五人のパルチザンからなる小部隊が、敵情偵察を行っていた日本軍憲兵隊と遭遇し銃撃戦になった。日本軍憲兵隊は撤退したが、憲兵隊についていた朝鮮人通訳がパルチザンにつかまり連行された。一九三二年一〇月のことである。

憲兵隊の通訳を共産党の幹部が尋問した結果、宋令監の寝返りと裏切りが明らかになった。宋令監を問い詰めたところ、最初は強く否定していたが、捕えた憲兵隊の通訳と対面させたところ観念して、間諜として潜入したことを自白した。憲兵隊の通訳は宋令監を憲兵隊が取り調べたときの通訳であったから、逃げられぬと思っての自白であった。

パルチザン側は宋令監の自供で緊張が高まった。民生団はすでに解散していたがその事実を知らない党員たちは満州省委員会の反間諜闘争の指示もあり、宋令監を民生団員だと誤判し、共犯者の自白を迫った。共犯者はいないと答える宋令監に業を煮やした尋問者は激しい拷問を加え自白を迫った。拷問の苦痛に耐えかね、宋令監は知人の名前を二十数人列挙した。二〇人以上も民生団員が潜入していると驚愕した地区委員会は早急にその二十数人を逮捕監禁した。彼らは逮捕され十分な調査もされず、民生団員だと断じられ処刑されてしまった。日本軍の間諜だとはとても考えられていなかった人々の処刑は組織を動揺させただけでなく、まだ他にも間諜がいるのではないかとの疑心暗鬼を隊列に生み、スパイ探しが過熱化した。何人かの「疑わしい人物」がきちんとした調査を受けることなく処刑された。

これに着目したのが日本軍憲兵隊である。宋令監の間諜転向工作が思わぬ「成果」を挙げたことから、さらに共産系団体の組織破壊を目的に、共産党組織破壊団体「間島協助会」を一九三四年九月に設立し、会長に金東漢《キムドンハン》を就任させた。金は朝鮮系ソ連人で、ソ連軍将校として勤務している時、トロツキストの容疑を掛けられ、ウラジオストック監獄に収監された。数年の服役後釈放されたが、ソ連を脱出し間島に移住した。冤罪《えんざい》と過酷な監獄暮らしが、彼を激烈な反共主義者にしてしまった。彼を会長に、解散した民生団の幹部を顧問に迎え入れて「間島協助会」は発足し、共産党組織破壊工作員を送り出した。

同時期「反間諜闘争」に過剰反応して混乱している東満特別委員会に対し、一九三四年四月、満州省特別委員会は「指示書」を送り、民生団員を摘発する「反間諜闘争」をさらに強化するよう指示した。この指示書は民生団員が朝鮮人で中国人でないという前提から出発していた。共産党組織内部で朝鮮人は全員被疑者になるような雰囲気が醸し出されていった。満州省委員会は一九三四年一一月、「反民生団闘争のために東満特委と人民革命軍の全同志に与える書簡」を東満特別委員会代理書記の王仲山に送った。書簡を受け取った王は東満特委特別会議を招集したが、四人の特別執行委員のうち、二人いた朝鮮人委員李相黙《イサンモク》と朱鎮《チュジン》を会議に参加させず、漢族出身幹部だけで会議を開催した。

この処置に朝鮮人党員の間から強い不満が噴き上がった。彼らは一国一党の原則を振りかざされ、中国共産党に入党を強いられた時からの感情的、理論的わだかまりが完全に解消しておらず、その上、李立三路線の極左過激闘争で、多くの犠牲者を出している朝鮮人の「俺たちを疑うのか」という不満は高まっていった。

このような共産党内部の不調和音を利用して「間島協助会」の工作活動が活発化した。一九三五年一月、延吉四方台の遊撃隊根拠地に派遣された「間島協助会」の何人かの工作員は遊撃隊根拠地の歩哨線に近付き、歩哨に誰何されると共産党の敵後方地下活動工作員だと名乗り、責任者に報告に来たと告げ、取次を頼んだ。見張り員が上部に報告に出かけると、工作員を名乗った男たちはパルチザン幹部たちとはさも親しい間柄であるかのように歩哨の部署にいる隊員たちと談笑していたが、突然歩哨の武器を奪い、その場から逃走した。

この報告を受けた満州特委から東満に派遣されていた巡視員は民生団員が隊内の潜入工作員と連絡を取るためやってきたと判断し、徹底的な調査を命じた。その調査で工作員が歩哨との談笑中、韓英浩《ハンヨンホ》の名を挙げ、親交があるかのように話していた事実が判明した。巡視員はパルチザンの朝鮮人幹部韓英浩の逮捕を命じ、その尋問を始めた。韓は民生団員でないと強く容疑を否定したが、尋問にあたった漢族幹部は激しい拷問を加え自白を迫った。たまりかねた韓は部隊の幹部である朴春《パクチュン》と東満特委の執行委員で第2軍第1独立師長朱鎮も民生団員だと「告白」した。この韓英浩の「告白」に中国人幹部たちは驚愕した。まさかという疑問を持ちつつ、朱鎮、朴春の逮捕を命じた。

逮捕された朱鎮は自分が疑われたことに仰天するとともに、それまで民生団員として疑われ、捕えられた人々が全員処刑されている事実に思い至り、その恐怖から、監視のすきを見て逃亡してしまった。この逃亡を民生団の正体が暴露されたため逃亡した、と考えた東満特委の朱鎮追及の手は激しくなった。この事態に驚いたのがもう一人の朝鮮人東満特委の執行委員である李相默である。漢族幹部が東満特委から朝鮮人幹部の排除をもくろんでいるのではないか、とかねてから疑っていた李相默は次に狙われるのは自分だと恐怖に駆られて逃亡してしまった。朱鎮、李相默逃亡の報告を受けた巡視員は民生団の頭目は朱鎮と李相默だと断じ、彼らと親しかった朝鮮人幹部四十数名を逮捕し、審問らしき審問もないまま拷問で自白を強要し、そして「粛清」してしまった。

こうして東満特委から有力な朝鮮人幹部は一人もいなくなった。

中国で発刊された『東北抗日烈士伝』では、魏拯民が中国共産党中央から満州省委に派遣され、東満に赴き、民生団事件解決に多大の貢献をしたと書かれている。しかし彼が東満に派遣された当初、彼は満州省委の方針をそのまま受け継いだため、少なくない朝鮮人が民生団と断じられ処刑されている。

魏拯民は一九〇九年、山西省の農民の子として生まれ、一九二五年、山西省立第一中学に入学、学生運動を活発に展開し、一九二六年、共産主義青年団に入団、翌年中国共産党に入党した。中学卒業後の一九二八年、上級学校の私立弘達学院に入学したが、そこを退学、一九三〇年、軍閥系の軍事幹部学校に入学した。一九三一年、病気で退校した後、上京し、北京地区の党活動に参加。一九三一年、満州事変が起きるや、東北での抗日救国活動に参加することを党の上部に要請した。その許可が下り、一九三二年六月、ハルビンに到着。地区の党委員などをしている一九三四年の冬、満州省委は彼を東満に派遣した。彼が東満で組織を指導し始めた時期は「反民生団闘争」が燃え盛っていた時期で、彼も満州省委の指示で「断固とした反民生団闘争」の方針を受け継いだ。しかしその方針が過ちであることに気付いていく。それを悟らせたのは東満朝鮮人革命隊伍の混乱と衰退であった。

魏拯民が満州に派遣された時期、民生団員の疑いをかけられ、抗日部隊から脱走した李相黙は自分たちをそのような状況に追い込んだ党指導部に対する怒りを爆発させた。中国人幹部に対する怒りは反中国共産党活動になっていった。

もう一人の朝鮮人逃亡幹部朱鎮は弟の家に潜伏している時、日本軍に捕えられ延吉の憲兵隊に送られた。両人とも反中国共産党感情からであろう、日本領事館警察の手先となり、共産党と遊撃隊の破壊工作に手を貸すことになる。彼らの怒りは自分たちを冤罪で処刑しようとした中国共産党に向けられた。そのような彼らの怒りを示す文章が残っている。

一九三五年四月、李相黙は自らの怒りを表明する「告発文」を琿春の朝鮮人共産党員に送りつけた。その「告発文」は日本側の治安当局の資料に発表されている。それは「敬愛する琿春県鮮人党員諸君」という書き出しから始まり「我等は過去に於いて革命戦線に立ち、中共、工農のため死力を尽して理想実現に努めた。然し乍ら中共党は我々に何を与へたか、反動分子といふ貧弱な名称を与へたのみに非ずや。現今中共党は過去に於ける朝鮮人の光輝ある奮闘努力史を奪ひ、中国人の歴史に移積しやうとしてゐる」(『満洲共産匪の研究』)と書き出し、民生団事件は反間諜闘争の名のもとに満州省委から、朝鮮人幹部の排除を図る策謀であると訴えている。

この李相黙の「告発文」の糾弾は必ずしも、被害妄想のなせるものではない。「反民生団闘争」には朝鮮人幹部の排除が組織的に行われたからである。一九三四年夏、満州省委は傘下の共産党委員会に「粛反闘争を無慈悲に強力に展開し、党内に潜入した反革命分子を悉く駆除すべし」(前掲書)と指示を出した。その指示が遂行される過程で、東満特委から朝鮮人執行委員は除外され、「粛清」が続いた。その処置を追認するように満州省委から、東満州の革命隊伍においては朝鮮人幹部を漢人、満人幹部に転換するように指示するよう方針が出された。

一九三五年二月、満州省委巡視員は「人民革命軍連長以上に鮮人を充当することは民意を得ざる限り之を避くること」(前掲書)と指示を与えている。この処置は共産党の活動基本方針である、階級問題を民族問題と混同してはならないとする方針にも反し、きわめて初歩的な過ちである。

多くの朝鮮人が、それも幹部たちが「民生団員」という汚名を着せられ処刑された。その糾弾者は漢人の幹部であったが、保身から同胞の朝鮮人幹部を「民生団員」だと虚偽申告する朝鮮人幹部もいた。旧朝鮮共産党での派閥抗争の体験者たちが、この機会を利用して「宿敵」を葬ろうと策動し、敵対する派閥の幹部を民生団員に仕立て上げ、告発し、処刑するという醜い謀略も現れた。

金日成もこの時期、民生団員の疑いをかけられている。逮捕を免れるため根拠地を離れ、北満に「遠征」したという。この事実は第一路軍系列の部隊で活動していた呂英俊が一九九一年、延吉市で第88旅団関連の取材をしている時に話してくれた。この話を聞いた時、「まさか」と思った。北朝鮮現代史では金日成は民生団問題を解決した偉大な指導者とされていたからである。しかし、この金日成民生団容疑は兪成哲も第88旅団の隊員から聞いたと話していたことを思い出した。ただ兪成哲は抗日連軍の体験者でないので私は重要視せず、聞き流していた。

同じ第2軍系列で活動していた呂英俊の証言は自分の体験を語っているので信憑性は極めて高い。そして二人とも金日成がなぜ民生団員に疑われたのか、その理由は知らないという。呂英俊は民生団員容疑で捕まった隊員が拷問を加えられ、金日成の名を挙げたのではないか。そう考えるのが最も妥当だと語っていた。そこで金日成民生団容疑について調べてみた。

金日成は二度にわたって「民生団員」の疑いをかけられていた。一度目は一九三三年一二月、汪清遊撃大隊の隊長梁成竜が民生団員としてとらえられ、解職されたが、その部隊の政治委員だった金日成もともに疑われ解任され、一時武装組織から離れた。金日成が再び遊撃隊に復帰したのは一九三四年六月ごろで、人民革命軍第2軍第1独立師が編成された時期である。師長は朱鎮、政治委員は王徳泰が就任し、金日成はその部隊の第3団の政治委員で小部隊を指揮していた。その頃、金日成は再び民生団員の疑いをかけられた。その時の状況は未公開の「周保中日記」に記述されていると金宇鐘がハルビンでインタビューした時に話してくれた。

その「日記」によれば、金日成が民生団員の容疑を受けた時、着任したばかりの魏拯民は彼の逮捕を命じたが、金日成の上官にあたる第1独立師の政治委員王徳泰が日頃の金日成の活動から、そのようなことはありえないと判断し逮捕を見送り、金日成に小部隊を率いて北満に遠征するよう勧めた。金日成はその勧告に従い、一二月、北満遠征に出た。王徳泰は上部に金日成は北満に遠征中で、民生団についての真偽は確認できないと報告、金日成を救ったと周保中の日記に記されていると金宇鐘は語っている。周保中は中国少数民族の白《ペー》族の出身ということもあってであろう、漢人が血眼になって行っている朝鮮人追及に批判的で「日記」には朱鎮のような立派な人物が逃亡したのは捕まえて殺そうとしたからだ、と反民生団闘争の進め方に批判的な記述があるという。

　金日成も民生団員の疑いをかけられ逮捕される寸前だったという「事実」は、一九九一年当時、私が取材の中で得た証言であるが、北朝鮮はそれらについて長い間沈黙を守っており、金日成が民生団員の疑いをもたれた「事実」について一言も触れたことはなかった。それが『金日成回顧録　第4巻』（一九九三年一一月刊行）の中で、呂英俊が語ったように金日成は「私もまたあやうく民生団の罠にかかるところであった。『粛反』を極左の極限にまで持っていった排他主義者と分派・事大主義者は私を民生団に結び付けようと執拗にたくらんだ」と「回顧」している。しかし彼の上官だった王徳泰が彼を逃がすため、北満遠征を勧めたという周保中の日記の記述は「回顧」にはない。『回顧録』で金日成は当時の状況を反民生団闘争の不当性を一貫して強く否定し、やがて自分の主張が支持を得て解決したかのように「回顧」している。

金日成が「反民生団闘争」の不当性を批判し、その処理方法に怒り、何とか事態を収めたいと考えていたのは彼も被疑者にされ、いつ逮捕され処刑されてもおかしくない立場に立たされた以上当然のことである。しかし「反民生団闘争」の指示は彼の属する中国共産党組織のはるか上部機関の決定であり、当時、その方針に金日成が敢然と反対し、満州省委の方針を変更するような指導的立場にはいなかった。この事実を金日成は「略史」の中で認めている。

「略史」で金日成は民生団事件についいて「反民生団闘争についてては甚だ大きな成果を得たのであるが、執行の最中に犯した錯誤も少なくない」とまず共産党の指示した「反民生団闘争」の正当性を評価し、その「執行の中での誤謬」について「当時の状況では誰だろうと拷問されたものは明らかに民生団でなくても認めざるを得なかった。その結果銃殺された五百余名の民生団中、我々の真の良き同志で殺されたものが少なくない」と述べて共産党の正しい方針の執行の過程で起きた「誤謬」と問題を歪小化し、党の方針を批判していない。そして「左傾化の誤りは一九三五年に満州省委の指示を受けた後次第に変えられ、一九三六年、魏拯民が東北に帰りようやく終了した」と記述している。いずれにしても後ほど述べるが「反民生団闘争」の是正の方針とその終息は中共中央の決定でなされるようになる。

「反民生団闘争」は朝鮮人移住者が多く、遊撃隊内部にも朝鮮人幹部が多くいた東満地域を中心に激しく展開されたが、中部満州や北満でもその被害は広がった。北京でパルチザン時代を回顧してくれた李在徳は北満で自分が体験した「反民生団闘争」について次のように語っていた。

「一九三四年から三五年にかけて、私が第6軍司令部付で仕事をしていた時です。私は部隊の被服部で軍服などの縫製の仕事をしていました。上部から人が派遣されてきて、参謀長や政治委員たちと会議を開いていましたが、その後朝鮮人幹部が何人か逮捕されました。民生団員の疑いをかけられたのです。当時私はまだ少女で、社会のこともよくわからないので、民生団が何をする団体かも知りませんでした。上部からの通達で、民生団は日本軍の特務集団でパルチザン組織の破壊、幹部の暗殺を目的に部隊内に潜入している反動分子だと説明を受けました。私たちは日常活動や戦闘で日本軍兵士に肉親が虐殺されたり、捕えられ牢獄に送られたりしている隊員が多くいましたから、日本軍の特務だということだけで、彼らを憎む感情が強くありました。そんな奴らは当然逮捕し、処刑すべきだと思いました。

ただ、民生団員が朝鮮人だということで朝鮮人隊員が疑われたのには困りました。上部機関から来た幹部の指示で部隊内の朝鮮人幹部四人が逮捕され審問を受けました。四人全員が強く容疑を否定したのですが、銃殺に処せられました。その四人の中に崔庸健と一緒に羅北にやって来て、私たちの集落で学校の教師をしながら共産党の地下活動をしていた張さんもいました。張さんは当時部隊の政治部主任を務めており、私は彼が日本軍の特務だとはとても思えませんでした。それでも上部が日本軍の特務と判断したのなら、その証拠があってのことだろうと思いました。

逮捕され処刑されたのが朝鮮人だけということで、朝鮮人隊員はみな動揺していました。いつどのような理由で自分も疑われるか判断のしようがないことが、彼らを怯えさせていました。

さらに朝鮮人隊員を心理的に圧迫したのが、中国人隊員の朝鮮人隊員を見る目が厳しくなっていったことです。彼らは朝鮮人隊員を信じなくなっていました。そんなことから以前にはなかった隊内での複雑な民族的対立感情が生まれ、部隊内の団結や規律に支障をきたすようになってきました。そのような状況を憂慮した第6軍司令部は上部と協議し、朝鮮人隊員を他の部隊、主に第3軍に転属させる決定を下しました。第3軍は第6軍に比べ部隊も大きく、隊伍もしっかりしていたからです。

朝鮮人の男性の隊員は全員他の部隊に転属になりましたが、私と裵《ぺ》純順《スンスン》という女性隊員はそのまま部隊に残されました。二人とも幼いということもあり、民生団員であり得ないという理由と軍需部の隊員が少なかった部隊の要請で残るようになったのです。

第3軍に転属になった朝鮮人隊員のほとんど全員が、移動の途中で逃亡したと聞きました。第3軍に行っても、またいつ民生団員だと疑われ処刑されるかわからないという怯えが、彼らを逃亡させたのだと思います。第6軍に残った裵純順も、その後、日本軍との戦いで戦死し、第6軍では朝鮮人隊員は私一人になってしまいました」

朝鮮人によって組織され、設立時にはその隊員のほとんどが、朝鮮人であった湯原反日遊撃隊を母体とする第6軍から、李在徳一人を除いて朝鮮人の姿は消え去った。

民族間対立の解消に向けて

「反民生団闘争」が満州の共産党と武装遊撃隊に与えた影響は時が経つに従い、非常に深刻な状況を生み出していった。李相黙の琿春朝鮮人共産主義者に対する「告発文」に同調する朝鮮人たちも少なくなかったのである。

反民生団闘争が開始されてから約二年の間に、民生団員として処刑された朝鮮人幹部は約四三〇人、それ以外に疑いをもたれ監禁されている人たちは約一〇〇人に達した。常識的に考えても、小さな反共団体である「間島協助会」がこれほど多くのスパイを組織する力などないにもかかわらず、朝鮮人幹部が疑われ、証拠も示されず処刑されていった。その弊害はすぐに朝鮮人幹部が多く処刑された東満地区の共産党系反日組織の急激な力の衰えとして顕在化してきた。共産党とその系列の反日武装遊撃隊は、朝鮮人人口が地域人口の六〇パーセント以上に達していた（琿春地区などでは約七五パーセント）東満地区で、朝鮮人たちの信頼を失いつつあった。朝鮮人の革命参加なくして、東満の共産党も遊撃隊組織も抗日武装闘争を戦うことができないことが明らかになっていった。

このような状況を把握した魏拯民は、彼が着任した当時の党の方針の誤りを悟り、満州省委に「反民生団闘争の左傾化の誤り」を報告したのであろう、満州省委は二月一日、統一戦線工作の左傾化の批判を行い、その是正を指示した。この指示を受け魏拯民は一九三五年二月から連続して幹部の学習会や拡大会議を開き「反民生団闘争」などの緊急問題の討議を行ったが、「反民生団闘争」の左傾化は完全に是正されなかった。この会議の後にも民生団員と疑われた朝鮮人幹部が「処刑」されている。

一九三五年二月、魏拯民が正式に東満特委の書記に選出された後、彼は精力的に東満特委、第2軍の幹部会議を開催し、当面の「重大問題」への対処を協議した。「重大問題」の一つは「反民生団闘争」問題であった。もう一つの問題は「間島の朝鮮人自治問題」である。

当時、満州国を樹立した日本は東満地区の朝鮮民族を取り込むため、間島を中心とした朝鮮人自治区の成立を口にしていた。この日本の宣伝に多くの朝鮮人が期待を抱いた。一九二八年のコミンテルン決定の「一国一党」のもと朝鮮人共産主義者は中国共産党に加入させられ、朝鮮の独立、朝鮮革命を口にすることもできなくなった。民生団闘争が激しくなっていくと朝鮮の独立や革命を口にするだけでも、民生団員だと糾弾されるようになった。朝鮮人共産主義者が朝鮮の独立を唱えなくなった間隙をついて、日本は朝鮮人の自治政府の宣伝を始め、民族主義者や朝鮮人住民の多くがその宣伝に期待を寄せた。満州特委としても、遊撃根拠地を建設し解放区の拡大方針を取っているため、朝鮮人住民の支持を得る必要上、朝鮮人住民の関心が強い「自治政府」問題を検討し、東満における朝鮮人の処遇が改めて問題になっていった。

一九三五年三月、汪清県腰営溝で開催された「東満特委・2軍領導幹部連席会議」には中国人幹部八人、朝鮮人幹部三人が参席し、それらの問題が集中的に討議された。三人の朝鮮人幹部として、金日成もこの会議に参加している。『金日成回顧録　第4巻』によれば、金日成がどのような資格で共産党幹部のこの会議に参加したのかについてはあいまいにしたまま、会議では終始一貫して反民生団闘争の不当性や遊撃隊幹部などに朝鮮人を登用しない方針に激しく反論したとある。そして、その主張に魏拯民たち中国人幹部たちも、全面的に同意したと記述されている。

この会議の記録は中国に残っているようであるが、その詳しい内容は公開されていない。ただ東満特委の方針として「反民生団闘争の左傾化」は是正するとしながらも、その「反粛清闘争」は完全に否定されていないばかりか、まだ民生団容疑で処刑される人々もいた。

朝鮮人の「自治政府」問題については日本の治安当局が、共産党筋から入手した情報が公表されている。それによればこの会議で「広く群衆中に於いて高麗民族の自治と独立は誰の領導下に於いて獲得することが出来るか、何故に中国革命に参加すべきかを討論し、解釈し、且つ高麗人を圧迫したるは中国資産階級と軍閥にして労農群衆に非ざる所以を強調して、高麗人の広大なる群衆の団結を喚起せしめる口号(スローガン)を提出しなければならぬ。又吾等は実際的に一部分武装隊を派遣して国境を越え、遊撃運動を行ひ、中国共産党が真に高麗独立を防衛するものであることを証明すべきである」(『満洲共産匪の研究』)と討議されたと伝えている。

この記録ではこれらの主張を誰が主導したのか判明していないが、朝鮮人幹部が「朝鮮独立」「朝鮮人の自治問題」、さらに朝鮮国内での遊撃活動に強い関心を示したことは確かであろう。それまで朝鮮人共産主義者の中国の党加入問題を諭した「朝鮮人共産主義者に告ぐ」で満州省委が「朝鮮人共産主義者が中国領内で朝鮮独立・革命運動を行うのは絶対的誤謬」として論ずることを禁止していた「朝鮮の独立・革命」問題が、その呪縛から解かれ、これらの会議ではかなり鮮明に討議された。朝鮮人共産主義者としては気持ちの高揚を禁じ得なかったであろう。しかし、「朝鮮独立問題」「東満の朝鮮人自治問題」「反民生団闘争の是正」などは高度の政治的方針にかかわる問題で、満州省委、特に東満特委クラスで決定できる問題ではない。当然中共中央に提議し、その決定を仰ぐ必要があった。その役割を魏拯民が果たすことになった。

一九三五年七月から八月にかけて、モスクワで開催されるコミンテルン第七回大会に中共代表団(王明、康生)などと、長征途上の隊列から中共中央を代表し、陳雲などが参加した。彼らは満州の状況――東満の報告を求めた。満州省委から吉東特委の組織部長李範五、そして東満特委から魏拯民が派遣され、彼は腰営溝会議の討議内容などを報告し、その回答を中共代表からもらい持ち帰ることになった。魏拯民は琿春付近から密かに入ソし、シベリア鉄道でモスクワに赴いた。

この時、魏拯民はコミンテルン第七回大会に出席している中共代表団へ提出する「馮康報告書」を携えていった。その「報告書」には党の活動状況などとともに東満地区の共産党幹部などの評価もあり、金日成については「金日成　高麗人、一九三一年入党（注：中国共産党）。勇敢積極、中国語を話せる。遊撃隊員上がりである。民生団だという供述すこぶる多い。隊員の中で話をするのを好み、隊員に信頼尊敬がある。救国軍の中にも信頼尊敬する者がいる」と書かれている。汪清遊撃大隊時代、民族系や軍閥系の抗日救国軍と困難な交渉をした実績が評価されたのであろう。

この報告書の存在は長い間、北朝鮮現代史では完全に黙殺されていた。中国側も沈黙していた。私がこの「報告書」の存在を知ったのはハルビンでの金宇鐘所長とのインタビューの時である。その時「そんな報告書が残っているのか」と正直驚き、衝撃を受けた。

この「馮康報告書」について金日成は『回顧録』で記述しており、馮康は魏拯民の仮名で、その「報告書」の内容は自分が示唆し、主張した内容であるかのように「回顧」している。そして『回顧録』では金日成について評価した「馮康報告書」の文章を引用しているが、「金日成、朝鮮人」のあとの「一九三一年入党」の文章が削られ、残りはそのまま使用している。

この「一九三一年入党」の七文字の意味するところは北朝鮮現代史にとって、とてつもなく大きな意味を持つ七文字であるが、それが削除されている。それは金日成が中国共産党に入党していた事実を隠蔽したかったからであろう。そのことが自分の口から明らかになれば、北朝鮮がそれまで主張してきた多くの事柄の虚構が明るみに出る。『回顧録』はいたるところで「一九三一年入党」のような重要な意味を持つ事実関係などについては隠蔽し、歪曲しているのだが、どうでもよい「事実」についてはくだくだと書き記している。

例えば、魏拯民が中共代表団の指示書を携え、モスクワから満州に帰ってきたときのことについて、彼は鉄道でハルビンを経由し、寧安まで帰ってきて、周保中と会った後、南湖頭に行く途中、巡視中の満州国の警官につかまって連行されようとしたが、警官に五〇元を握らせ、無事切り抜けた。彼は自分の首の報償金が数万元だと思っていたが、わずか五〇元ですんだと冗談を言っていた、という類の話は長々と続けられている。多分事実であろう。しかし歴史上重要な意味を持つ真実を解明するうえでは「どうでもよい」話である。

中国共産党代表団から示された新たな活動指針

魏拯民が携えていった「馮康報告」では、民生団問題に関しては左傾化は是正するものの、スパイに対する闘争の継続はうたっている。しかし朝鮮独立や朝鮮人の処遇問題ではあらたな民族政策を打ち出す必要を訴えているが、具体的な提案はない。魏拯民の東満情勢の報告と方針を聞き、中共代表団はその報告を検討し新方針を指示した。

一つは「反民生団闘争」。代表団はその極左方針だけでなく、抗日部隊内での民生団摘発闘争そのものの終焉を指示した。もう一つは「朝鮮独立問題」。中共中央は朝鮮独立問題で「新方針」を示し、踏み込んだ指示を出した。それはコミンテルン第七回大会の決定と関連して出された指示である。コミンテルン第七回大会で世界的な規模での「反帝人民戦線」の方針が打ち出され、この方針を受け、中共中央は魏拯民がモスクワに到着する以前に、中国国内の国民党、そしてすべての被圧迫民族との共闘を呼びかけた。

その呼びかけの中には韓民族との反日闘争の連帯も含まれており、東満での朝鮮人抗日運動については「中韓民族は固く連合して、日本の偽満州国統治を覆し、間島韓人民族自治区を建立しよう」というスローガンを採用、東満地区で活動する人民革命軍第2軍や、その他の朝鮮人反日遊撃隊を韓民族の独立のために戦わせ、間島に反日統一戦線の組織を作ることが提示されていた。

第2軍の実情について「馮康報告」では人民革命軍第2軍では軍事幹部の六割、政治幹部の七割、隊員の五、六割が朝鮮人で、四個の団のうちには隊員の八割が朝鮮人である団が二団あると報告されていた。中共代表団はこの報告を検討し、第2軍から朝鮮人隊員を分離し、朝鮮独立革命軍を創軍する案を出した。さらに東満の遊撃隊根拠地で、中朝民衆連合反日総会が組織されて、成果を上げている現実にかんがみ、中朝人民統一戦線を組織するよりも、朝鮮人独自の大衆団体を組織し、大衆運動を拡大する方針が検討された。この朝鮮人独自の反日大衆組織をつくる方針が後に「在満韓人祖国光復会」として組織され、名乗りを上げることになる。

モスクワで中共代表団は魏拯民に対し、満州でのすべての共産系列組織を再編強化すること。

統一戦線結成の方針を具体化するため、満州で中国共産党の指導下に入らず、独自で抗日救国闘争を続けている朝鮮革命軍などと連合を図り、東北抗日連軍を編成すること。そして朝鮮人問題については、まず「民生団問題」で反間諜闘争の未熟さのゆえに、極端な偏向の誤りを犯したと反省し、現在捕えられ監禁されている被疑者全員を釈放し、民生団問題の完全解決を図ること。そして朝鮮人の反日統一戦線の組織化、朝鮮解放のための武装部隊「朝鮮独立革命軍」の創軍などの方針を示し、その実現に向け行動する指示を出した。

魏拯民はこのような新方針を指示され、呆然としたことであろう。それは、それまでの彼の方針の誤りや、未熟を指摘されたことになるからである。そして、その新方針を実現するため、急いで満州に帰っていった。

魏拯民は一九三五年の暮れ、満州に到着し、一九三六年二月、寧安県で周保中たちと会い、南湖頭で第2軍と第5軍の軍政幹部連席会議を開き、その場でモスクワから持ち帰った新方針を報告した。この会議で魏丞民の報告を聞いた朝鮮人幹部の興奮は抑えきれないほどの喜びであった。朝鮮の解放と独立に思いをはせ、その夢を抱き続けながらの抗日遊撃戦の苦労が、音を立てて崩れ落ちるような気持ちの高まりを誰もが抱いたであろう。

南湖頭の会議後、新方針の徹底、実行のため一九三六年三月、安図県迷魂陣で第2軍の幹部会議が開催された。東満特委の魏拯民や第2軍軍長の王徳泰の出席のもと、その指揮下の金日成も出席していた。魏がモスクワから持ち帰った新方針で、特に朝鮮問題と密接な関連を持つ問題を朝鮮人隊員が多い第2軍で決定しなければならなかったからである。一つ目は民生団問題、二つ目は統一戦線結成問題、三つ目は朝鮮独立支援のための朝鮮独立革命軍創軍問題である。

「民生団問題」は中共中央の指示である、捕えられ監禁されている人たち約一〇〇人の釈放と反民生団粛反闘争の終焉が全員一致で了承された。統一戦線問題も積極的に推進することで賛成を得た。そして朝鮮解放支援のための武力組織「朝鮮独立革命軍」の創軍で会議はもめた。

ハルビンで金宇鐘に話を聞いた時、彼は周保中の未公開の日記の中にこの会議に関する記述があると明かし、それについて、

「中共中央の新方針では東北で活動している東北人民革命軍を抗日連軍に改編するにあたり、中国人と朝鮮人の混合部隊を中国人、朝鮮人の民族別の部隊に分離し、朝鮮人の部隊を『朝鮮独立革命軍』または『朝鮮人民革命軍』として中朝国境地帯や朝鮮国内で遊撃戦を展開させるという提案だったのですが、会議の席で、そのような朝鮮人だけの部隊を設立するのに反対する意見が強く、討議の結果、この提案は見送られた」と書かれているという。

この説明に私は呆然とした。そして、その時とっさに思ったことは中国人の民族主義的共産主義者が「満州における朝鮮革命運動、朝鮮独立の闘争は絶対的誤謬」とした従来の方針にこだわり、反対したのかと思った。それで、

「反対者は中国人ですか」と質問した。

「いや中国人の反対者もいましたが、金日成も反対したようです」

意外な答えに驚き、

「えっ？　金日成が反対したのですか？　……なぜ反対したのですか」

「史料では朝鮮人たちが彼らだけで部隊を編成し、独立すると東満の中国人だけの部隊が弱体化し、戦闘能力を維持できない恐れがあるからと、まず中国人幹部が反対し、また朝鮮人幹部の中から、『民生団事件』が完全に解決していない当時、朝鮮人だけの部隊の創軍は東満で朝鮮人が孤立する恐れがあるという意見が出され、金日成もその意見に賛成したというのです」

なるほど中国人の反発を危惧しての朝鮮独立革命軍建軍反対だったのかと納得はしたが、何か釈然としなかった。金日成が「自分は一貫して朝鮮革命の成功をめざし、朝鮮人民革命軍をつくり、終始朝鮮革命のために活動してきた」という、北朝鮮現代史の主張とあまりにも隔たりがあったからである。会議では民族別部隊の編成は取りやめになったが、朝鮮独立支援のため中朝国境での遊撃戦の強化や、朝鮮国内での反日統一戦線結成のための組織づくりを押し進めるという決定を見た。

『金日成回顧録』が刊行されるまで、北朝鮮現代史では南湖頭など一連の会議は金日成主催のもと彼が提案し、建議した方針が採択され実行されたと記述されていたが、『金日成回顧録　第4巻』では金日成と魏拯民がこの会議の主催者であるかのように記述されており、金日成が「朝鮮人民革命軍」の創軍に反対したとも賛成したとも記述せず、「お互いに手を携え頑張りましょう」という趣旨の理解しがたい「回顧」がくだくだと述べられている。

「在満韓人祖国光復会」の署名人たち

一九三六年五月、南湖頭での会議の決定を遂行すべく、東満に帰った人民革命軍第2軍は撫松県東崗で会議を開き、朝鮮進出のため中朝国境地帯の長白、撫松、臨江などに長白山地区遊撃根拠地を建設する決定をして活動を開始した。

朝鮮人の反日民族統一戦線推進のための準備が進められ、一九三六年五月、「在満韓人祖国光復会」の組織の結成と宣言が出され、十大綱領が発表された。

この組織は満州で朝鮮人の反日民族統一戦線を結成し、最終的には朝鮮の独立を勝ち取ろうという目的をもって設立された組織で、『宣言』や十大綱領の中でそのことが主張されている。しかし直ちに朝鮮に進出し、朝鮮で戦うことを主張しているのではなく、満州でまず日本を駆逐し、東北地方で中朝人民の解放を保障する政府を樹立した上で、満州で朝鮮民族の自治を実現しようという訴えである。また、そのために東北地方朝鮮人の自治政府樹立に向けて戦う軍隊を組織しようという「宣言」である。中国革命を遂行する上で朝鮮の解放のためにも戦う必要があるということであって、朝鮮解放、朝鮮独立を第一義的な目標にした「宣言」ではない。南湖頭会議以前のように満州で朝鮮革命のため活動することを「絶対的誤謬」と決めつけ、頭から朝鮮革命を考えることを否定していないにしても、朝鮮革命そのものが、中国共産党朝鮮人共産主義者の活動の最大の目標でないことを示す文章だといえる。

この「在満韓人祖国光復会」であるが、『朝鮮全史』をはじめ北朝鮮の歴史書は「在満韓人」を削除し単に「祖国光復会」と記述しており、その会長は金日成であるとしている。『回顧録』でも「祖国光復会」と記述している。

しかし日本の朝鮮総督府警務局の報告書や資料、そして中国の資料は「在満韓人祖国光復会」

「韓人祖国光復会」となっている。北朝鮮でも金日成の「神格化」が推し進められる以前の一九五〇年代末までは「労働新聞」や李羅英の著作『朝鮮民族解放闘争史』などでは「祖国光復会（在満韓人祖国光復会）」と書かれていた。それが一九六〇年ごろから単に「祖国光復会」となり、この会の会長は金日成で、金日成により宣言文が作成されたかのように記述された。しかし中国や日本の資料によれば、この会の発起人は金日成ではなく呉成崙、厳珠明《オムジュミョン》、李《イ》相俊《サンジュン》になっている。

この「在満韓人祖国光復会」または「祖国光復会」の宣言文などをハングルと日本語訳でしか見たことがない私は、中国共産党の指導下で組織づくりがなされたのなら、中国語での「原文」もあるのではないかという疑問を持ち、ハルビンで金宇鐘にインタビューした時、会の正式名称、原文の使用言語について質問した。

「会の正式名称は『在満韓人祖国光復会』でしょう。その宣言文や十大綱領などは漢字交じりの朝鮮語だったと考えられています。考えられていますというのは最初に発表された現物が、中国にないからです。北朝鮮も、その原文は持っていないようです。北朝鮮はその後、韓人祖国光復会の機関誌になった朝鮮語の『三・一月刊』を保管していますが、そこに転載された『宣言』や『十大綱領』をもとにして、朝鮮語で使用しています。ただ中国は最初に出された『宣言』の原文そのものは所持していませんが、それを複写筆記した宣言文が数種類あり、それは所持しています。それら複写宣言文は少しずつ文章が違っており、必ずしも原文に忠実ではないようです」

という説明である。

「中国側で発表されている『在満韓人祖国光復会』の発起人としては呉成崙、厳珠明、李相俊の三名の名が書かれていますね」

「それは事実でしょう」

「北朝鮮側から発表されている宣言文からはこれら三名の名前が消されています」

「そのようですね」

「北朝鮮では祖国光復会の会長は金日成としていますが、在満韓人祖国光復会に関する中国の資料には会長、もしくは発起人に金日成の名が出てくる資料はあるのですか」

「複写された数種類の宣言文には呉成崙ら三名の名前はありますが、金日成の名前が記された宣言文は見当たりません。ただその後、中国の長白地区や中国国境に近い朝鮮内の祖国光復会活動で、金日成に実績があったので北朝鮮では金日成を会長にしているのでしょう」

「三名の内、呉成崙については私も知っていますが、他の二名は何者なのですか」

呉成崙は『アリランの歌』の主人公であるキム・サンの友人呉成聲の別名である。広州蜂起で戦いに敗れた後、香港から上海に逃れ傷心の日々を送っていた呉成崙は、朝鮮解放の思いを新たに、満州での活動を志願し、一九二九年以降、東満で活動していた。一九三六年当時、呉成崙は全　光《チョングアン》という仮名で第2軍政治部主任の地位にあった。2軍内では金日成より上席である。他の二名について金宇鐘は、

「李相俊は東満の朝鮮人社会の長老でインテリとして信望のあった人物だと言われています。共産主義運動とは関係のない人でしたが、反日民族統一戦線の組織には共産主義者以外の人たちとの連携が必要なことから、在満韓人祖国光復会の象徴的な人物として推戴《すいたい》されたのではないので

しょうか。

問題は厳珠明です。実は彼が誰かは判明していません。昨年（一九九〇年）北朝鮮を訪問したとき、北朝鮮の学者たちと在満韓人祖国光復会の問題をも含めて抗日遊撃戦時代の問題点を議論したのですが、北朝鮮の学者のうちで厳珠明は金日成の仮名だと主張する学者がいました」

この話を聞いてびっくりした。北朝鮮は、「祖国光復会」が金日成によって組織され金日成が会長だと主張していた。署名人が三人でそのうちの一人が金日成だという主張は彼らの従来の主張を覆したことになる。まさかという思いがした。

「北朝鮮の学者が主張したように、あるいは厳珠明は金日成の仮名だったかもしれません。当時の革命家は様々な仮名を使っていましたからね。金日成も、そもそも仮名で本名ではありませんし、その他にも李東明という仮名も使っていましたからね」

「それまで金日成が厳珠明の仮名を使ったことがあるのですか」

「いやないようです。だから北朝鮮の学者の主張も推測にすぎません」

「在満韓人祖国光復会の署名人ですが、最初の宣言が出された後、各地でこれを複写した何種類もの宣言文が出されており、それらの宣言文には北満で出されたものもあり、そこには署名人が具世林《クセリム》となっているのもあります。なぜ具なのか理由は判明していません。それらの宣言文は在満韓人祖国光復会の名が使われていて、全満州的な組織のようによそわれていますが、この会は全満州的な規模で結成大会を開催したことはありません。準備の段階で各地の様々な朝鮮人が関与していったのでしょう。長白県を中心にした金日成の活動が実際の活動実績として残っているのは事実です」

呉成崙、李相俊、厳珠明の三名のうち「在満韓人祖国光復会」との関連で日本の治安関係史料には呉以外の名前は見当たらない。

朝鮮国内で「在満韓人祖国光復会」の組織が作られた咸鏡南道の警察部報告書は在満韓人祖国光復会は中国共産党の指導下で活動しており、具体的活動は第2軍政治主任の全光が指揮していると報告している。そこでは「昭和一一年五月には在満朝鮮独立運動者呉成崙等に依りて抗日連軍の外郭的団体として之と相提携して、朝鮮の独立を達成すべき目的を以て、在満韓人祖国光復会が組織せられ、之亦結局中国共産党の領導下に掌握せらるることになった」(『思想彙報』二〇号、昭和一四年)と報告されている。

一九九四年から『金日成回顧録』が刊行されるまで、北朝鮮現代史の「祖国光復会」の記述は朝鮮独立運動の発展のため、この会は金日成による独創で結成され、宣言文と十大綱領も彼により作成されたと主張していた。しかし『回顧録』では、コミンテルン第七回大会の「反帝人民戦線」結成の決定、それを受けての中国共産党の「反日民族統一戦線」結成の決定を魏拯民の報告で金日成が知ったこと、その流れの中で「祖国光復会」が結成されたと「回顧」し、以前の主張を史実に近づける修正をしている。ただし、祖国光復会の綱領、規約、宣言文の作成は金日成と彼の部隊の部下「李東伯《イトンパク》」が行い、会の結成を推進したと事実に反する主張をしている。

そして『回顧録』では一九三六年五月五日「宣言文」が発表されるが、金日成が李東伯に、「宣言文」の署名人は李東伯と呂運亨にすべきだと述べると、李東伯が猛烈に反対し、金日成の名を入れるべきだと強く主張したので、自分の仮名である李東明を入れ、呂運亭、李東伯と三名連署で発表したと「回顧」されている。そして、その後、その宣言文は各地で複写され、各地の朝鮮人が勝手に自分たちの名を入れていった。そのような宣言書のひとつに、呉成崙、李相俊、厳珠明の署名入りの「宣言文」が出回るようになったと断言している。

このような「回顧」を誰が信じるというのであろう。中国で李東伯、呂運亭、李東明三名の署名入りの「宣言文」は発見されていない。また、『金日成回顧録』が刊行される以前に北朝鮮からこのような「宣言文」の発表がなされたことはない。それに、当時著名な朝鮮の独立運動家で民族主義者の呂運亨と金日成の接点など、どこを探してもないにもかかわらず、どうして呂運亨が三人の署名者の一人になれるのか理解に苦しむ。

金日成は『回顧録』で呂運亨を「祖国光復会」の宣言署名人に加えることで「祖国光復会」が全朝鮮地域を網羅し、朝鮮の独立を目指した反日民族統一戦線団体であるかのように装いたかったのであろう。『回顧録』出版後の二〇〇七年、中国延辺朝鮮族自治州で発行された大著『中国朝鮮族革命闘争史』では呉成崙、李相俊、厳珠明の三名が発起人になり、「在満韓人祖国光復会」は結成されたと記述されており、『回顧録』の主張は一蹴されている。この書は中国共産党中央の検閲を経て刊行されており、中国の公式見解である。

いずれにせよ『回顧録』は中国で発表された「事実」とそれまでの北朝鮮の主張の「整合性」を苦労しながら作り上げ、再び粗雑な歴史の捏造を行ったとしか考えられない「回顧」である。それゆえであろう、中国から多くの部分で否定されている。

ただ、金日成が在満韓人祖国光復会の活動で、実績を残したことは中国の資料も認めており、それは日本側の資料などでも証明されている。

この反日民族統一戦線の結成、そして朝鮮国内への武力進攻の中国共産党の方針が金日成の朝鮮国内での活動につながり、朝鮮国内での「祖国光復会」地方支部「甲山工作委員会」の結成、一九三七年六月の普天堡の駐在所襲撃、一九三九年の茂山地区進攻作戦となっていった。この朝鮮国内での戦闘が朝鮮国内の新聞報道などで大きく報道され、朝鮮解放の闘士として金日成の名がクローズアップされていった。それはその後の金日成の大きな政治的資産になった。

抗日連軍の成立とその崩壊

魏拯民がモスクワから持ち帰ってきた「反日民族統一戦線」の結成方針は、東北人民革命軍として共産党系組織と一体であった武装組織を他の民族系武装組織をも包含した「抗日連合軍」に改編し、活動を発展させる方針に変更された。この方針により、東・南満地区で活動していた人民革命軍は「抗日連軍第一路軍」に、中部満州で活動していた遊撃隊は「抗日連軍第二路軍」に、そして北満の部隊は「抗日連軍第三路軍」に再編されることになった。

金日成執筆の「略史」によれば一九三六年六月、「第一路軍」が成立、総司令に楊靖宇、副指令に王徳泰、政治委員が魏拯民、政治部主任が全光。傘下は第1軍と第2軍で、第1軍の軍長は楊靖宇が務め、第2軍の軍長は王徳泰、となっている。金日成は第2軍傘下の第6師の師長で、隊員は五〇〇名を数え、活動区域を朝鮮、長白、安図、和竜などとしている。ただ隊員数が他の

「師」が二五〇人前後となっているのに比較し、その二倍が報告されているのは不自然で、自分の勢力誇示のため、水増ししたとも考えられる。

再編された抗日連軍第一路軍は活発な軍事活動を展開し、日・満軍に打撃を与えたが、抗日連軍側にも多くの犠牲が出た。一九三七年二月、金日成の属する第2軍の軍長王徳泰が戦死した。

一九三七年三月、第2軍の会議が開かれ、魏拯民がモスクワから持ち帰った朝鮮国内への進攻作戦が協議され決定された。この作戦は中・朝国境地帯に根拠地を建設し、「在満韓人祖国光復会」の地下組織を朝鮮国内に作り上げる活動を行っていた金日成の提案した方針が採用された。この方針は第6師が朝鮮領普天堡を攻撃し、第4師が茂山を攻撃するという作戦で始められた。

一九三七年六月四日夜半、金日成は第6師の隊員約九〇名と共に、筏で鴨緑江を渡り、普天堡駐在所を攻撃した。『朝鮮全史　第18巻』は、金日成率いる「朝鮮人民革命軍の国内進攻作戦歴史的普天堡戦闘」と特筆して、金日成の「朝鮮人民革命軍」が普天堡警察官駐在所を襲撃し、警察官多数を殺害して普天堡地域を制圧した、とその成果を大勝利のように記述している。ただ金日成の『回顧録』はこの誇張された『朝鮮全史』の記述を多少手直しし、普天堡戦闘は「普通の襲撃戦闘で死傷者も多くなかった。わが方に戦死者はいなかった」と「修正」している。

事実関係からいえば、普天堡駐在所の警官は全員で五名であり、遊撃隊の攻撃が始まるや、この五名は逃げ去り、警官の死亡者は一人もいない。ただ警官の妻が逃げ出すとき、おぶっていた子供が流れ弾に当たり死亡した。「戦死」者はこの幼児一人である。

この襲撃の通報を受け、日本側では守備隊約六〇人を出動させ、引き上げる金日成の部隊を追撃したが、金日成の部隊の待ち伏せ攻撃を受けて、死者七名、負傷者一四名を出し退却した、と日本側の資料は述べている。しかし、この戦闘について『朝鮮全史 第18巻』は「追撃してきた大川特設警備隊をほぼ全滅させ……」と記述しているが、日本軍の人数、戦死者数について数字をあげて記述していない。また、北朝鮮ではこれらの軍事活動を誇大に報じ、何百名もの日満軍を全滅させたような記述になっているが、戦闘規模としては小さな戦闘行動であった。

ただ、この金日成の普天堡攻撃が、朝鮮国内に与えた影響は多大なものがあった。「東亜日報」「朝鮮日報」などに満州の抗日遊撃戦の報道との関連で、一九三六年ごろから、金日成の活動は大きくはないが、時々報道されており、この普天堡の進攻作戦と大川警部の部隊に大打撃を与えた軍事活動は大きく報じられ、朝鮮独立を心から願っていた多くの朝鮮人に、金日成の名が朝鮮独立の闘士として記憶されるようになる。

このような抗日連軍の活発な軍事活動に対し、日・満軍の軍事制圧行動が大規模に動き出した。抗日連軍にとって厳しい試練の時が訪れようとしていた。

一九三七年七月。北京郊外の蘆溝橋で日本と中国の軍隊の交戦を機に、日中戦争が勃発した。日中戦争の勃発を抗日連軍の指導部は日本軍の戦線の拡大により、日本軍は中国大陸での兵力の拡散を強いられ、討伐戦に投入する兵力は少なくなり、事態は抗日連軍側に有利になるという予測をしていた。しかし、この予測は見事に外れた。抗日連軍幹部たちの思惑を超え、一九三七年冬、日本軍はかねてより作戦を練っていた満州における「三カ年治安粛正計画」を実施し、軍事討伐作戦を強力に押し進め始めた。日本軍の作戦はまず、第一路軍系の活動地域である東満地域での討伐戦を強化することになり、その地域に日・満軍の大兵力を投入したため、第一路軍系の部隊の崩壊が急速に進んだ。

日本軍の大兵力による包囲・殲滅する作戦で抗日連軍の根拠地は破壊され、犠牲者は増大した。第一路軍司令部は事態の打開のため、部隊を西側に展開し、関内―山東省で遊撃戦を展開している八路軍と連絡を取り、戦線の強化をもくろんだ。しかし圧倒的な兵力の差の前に、計画は進展せず、各部隊に多くの犠牲者を出して計画は頓挫した。

遊撃戦が困難になり、犠牲者が増大するに従い、抗連部隊の兵士たちの間で部隊を抜け出し、投降する隊員たちが多くなっていった。日・満軍が投降者を処刑せず「帰順者」として扱い、投降者に報奨金を与え、職場を確保して与える「優待」策をとった日本軍の方針が功を奏した。投降者の増大に拍車がかかり、抗日連軍の自壊作用が始まった。最初の段階では兵士クラスの投降者が大部分であったが、徐々に幹部クラスに波及し、師長クラスまで投降するようになる。

一九三八年初頭から第一路軍の各部隊は苦難な活動を強いられ、楊靖宇指揮下の第一軍は程斌指揮の第1師を除いて、老嶺の森林地帯に身をひそめながら、ゲリラ戦を展開していた。五月、楊靖宇は魏拯民率いる第2軍の一部と合流し、今後の方針を決定する作戦会議を開催した。楊靖宇は遊撃戦を遂行しながら、部隊を西に移動し、再度八路軍との連絡を図る作戦を提案した。この作戦は一度失敗している作戦であり、再度の遂行で成功する見込みは少なかったが、楊靖宇はこだわった。それは魏拯民のモスクワからの満州帰還後、中共中央との連絡が途絶え、新しい指示や方針に接していない楊靖宇としては、この困難な状況を打開する方針の指示を中共中央に仰ぎたい、その上で抗日戦の展望を開きたい、という強い希望があったからである。

朝鮮人隊員が多い第一路軍ではこの楊靖宇の方針は歓迎されなかった。朝鮮から遠く離れ、関内に入ることに強い抵抗感があった。彼らは故郷の東満と気候、風土が違う上、漢族の生活圏での活動に不安を抱いていた。朝鮮人隊員の中には中国語に不自由な隊員も多く、また朝鮮族であるため、敵意を持たれるかもしれないという不安感を抱いていたからである。

余談であるが、私や日本人には漢族と韓族の見分けはなかなかつかない。しかし現地ではひと目でわかるようだ。一九八〇年代後半から九〇年代前半にかけて、中国延辺朝鮮族自治州に九回訪問しているが、案内してくれた朝鮮族の男性が、あの人は漢族、この人は朝鮮族と教えてくれるたびに不思議に思い、私があの人たちは皆、モンゴル系の人種で中国語を話しているのに、韓族と漢族の違いがどうして分かるのかと尋ねたところ、我々には一見するだけでわかる、と答えたのには驚いたものである。

関内の八路軍と連携する方針が採択され、その新方針に沿って部隊を展開していた一九三八年七月、楊靖宇を驚愕させるニュースが飛び込んできた。彼の部隊と遠く離れて部隊を展開していた、第1軍第1師の師長程斌が部下全員を率いて、日本軍に投降したという報告である。この報告は楊靖宇に計り知れない心理的打撃と絶望感を与えた。それは程斌が楊靖宇の第1軍で最も信頼していた、中国人幹部であったからである。

楊靖宇は一九三三年、指揮する遊撃隊を人民革命軍第1独立師として成立させて以降、一九三四年に第1軍に発展させ、自ら軍長に就任。その傘下に第1師から3師までの部隊を配置し、第

1師の指揮を信頼の厚かった朝鮮人幹部李紅光に委ねた。その部隊に多くの朝鮮人隊員がいたので、朝鮮人指揮官の就任が望ましかったのであろう。その李紅光が一九三五年五月に戦死すると副師長の朝鮮人幹部韓浩《ハンホ》を師長に任命。その韓浩がその二カ月後に、日本軍との交戦で戦死する。

そこで楊靖宇は中国人幹部で最も信頼して目付的役割を与え第1師に配属していた、中国人幹部程斌を師長に任命した。その信頼していた同志であり、部下である程斌のまさかの投降である。楊靖宇はこの信じられない報告に呆然とした。投降した程斌の部隊に対して、日本軍は約束したように彼らを収監したり処刑したりはしなかったが、それよりも残酷だと思われる処置を取った。彼らの部隊を案内役に仕立て、楊靖宇部隊掃討戦の最前線に立たせ、楊靖宇の首を挙《しる》げる任務につかせたのである。このような「処罰」がなされるとは投降者たちの誰一人として考えていなかった。

楊靖宇は程斌の投降で、第1軍の機密がすべて日本軍の知るところとなったと判断し、魏拯民と急遽対策会議を開いた。その結果、第一路軍の6師までの師を編成替えし、一警衛旅と三個の方面軍に再編。第1方面軍を曹亜范、第2方面軍は金日成が、第3方面軍を陳翰章が指揮する処置がとられ、関内への進出は中断され遊撃戦が続行された。

この時期、抗日連軍隊列の中から、幹部クラスに投降者、戦死者が続出したのは第一路軍だけでなく、第二路軍でも同様であった。周保中指揮下の抗連第二路軍は三江地方での遊撃戦中に、日本軍の大規模な包囲討伐作戦に会い、苦戦の末ようやく脱出した一九三八年八月の時点で、多くの隊員が投降した。その中には吉東省委書記で第5軍政治部主任の宋一夫もいた。また、抗連第二路軍第4軍は日本軍の包囲殲滅戦で、軍長、副軍長が戦死し、事実上壊滅した。

一九三九年冬、満州の荒野に冬将軍が訪れた時期、日本軍は満州の各地の抗日連軍に対する大々的な討伐戦を開始した。これにはこの討伐戦を実施し成功させなければならない、日本側の理由があった。日本軍の大規模な討伐作戦の実施はその年の夏、満州・蒙古国境地帯のノモンハンで、日ソ軍の大規模な軍事衝突と日本軍の惨敗が、その主要因の一つになっている。

ノモンハンでの日ソの軍事衝突で日本軍は航空機、戦車などの近代兵器を大量に投入した大規模な兵力を展開したにもかかわらず、ソ連軍との交戦で惨敗した。不敗を妄信していた日本軍にとって、まさかの衝撃的な軍事的敗北であった。その敗戦を踏まえ、今後の対ソ戦を想定する時、後方補給基地としての満州の治安の安定の必要性が高まり、治安障害の最大の要因である、抗日連軍の遊撃戦活動を終焉させることを目的とした大規模な討伐作戦が展開されるようになる。そのため抗日連軍にとって最も活動が困難な時期になった。

日本軍は一九三九年一〇月から四一年三月まで「東辺道治安粛正計画」を実施し、七万五千余名の大兵力を動員して、主に第一路軍、第二路軍の壊滅を図って討伐戦を開始し、ほぼその目的を果たすことになる。この討伐戦の指揮官は関東軍第二独立守備隊司令官の野副昌徳少将で、この討伐部隊は「野副討伐隊」と呼ばれ、日本ではほとんど知られていないが、北朝鮮現代史ではその名は高い。

「野副討伐隊」は過去の討伐戦を詳しく検討し、それまで採用していた大部隊を動員しての「包囲殲滅」作戦では、密林地帯では少人数の分散したゲリラが包囲網をすり抜けることを知り、

「包囲殲滅」作戦でなく、違った作戦を採用した。それは大部隊を各地の戦略的要地に配備し、遊撃隊のゲリラ基地を封鎖、基地への食糧の搬入、物資の運び入れを徹底して封じ、ゲリラ基地を見つけ次第、根拠地を壊滅的に破壊した。それと同時に討伐戦、特殊戦に長じた兵士からなる、特殊工作隊を編成し、小部隊で基地から抜け出したゲリラを執拗に追跡して殲滅する「ダニ作戦」を展開した。

この「ダニ作戦」が冬季の雪の降る時期に行われたのは、根拠地を抜け出し、移動する遊撃隊の痕跡（足跡）が密林に残り、追撃が容易になるからであった。この結果、抗連部隊は基地を破壊され、休養地を失い、食糧も補給できない状態で、厳寒の満州の荒野、密林を追い回される逃避行を強いられ、部隊は崩壊していった。「野副討伐隊」は苛烈に抗連部隊を追い詰めた。

このような抗日連軍部隊の崩壊が続く一九四〇年三月、金日成の指揮する第2方面軍が日本軍討伐隊の一中隊、満州国警察隊の前田部隊との交戦で大勝利を挙げた。金日成の部隊を長らく追撃していた前田武市警佐が指揮する満州国警察隊前田中隊（隊員一四五名）は安図県大馬鹿溝西方の高台で、金日成部隊の待ち伏せ攻撃を受け、壊滅的打撃を受けた。この戦闘の「戦闘詳報」が日本側に残っている。

それによれば前田中隊の戦死者五六名、行方不明者九名、戦傷者二七名。負傷せず生還した者五三名となっている。まさに懐滅的状態である。この戦闘は北朝鮮現代史に金日成の偉業として特筆されており『朝鮮全史』では「日本軍討伐隊一四〇名を殺傷し、三十余名を捕虜にした……」と前田中隊の全隊員をはるかに超える戦死者・捕虜の人数が記述されている。

金日成部隊の奇襲の連絡を受け、急遽救援に駆け付けた日本軍部隊は戦死者、負傷者の収容に当たったが、戦場には満州国警察隊の隊員以外に、金日成部隊の隊員三十余名の死体も遺棄されていた。当時兵力二百数十名の第2方面軍にとって、勝利したというものの三十余名もの戦死と何十名かの負傷者は戦力的に大きな損失である。特に抗日部隊への新規入隊者が激減しているこの時期、隊列の立て直しは容易ではなかったであろう。

この前田部隊の壊滅について金日成は『回顧録』でその戦果を過剰に評価し、「『前田討伐隊』の壊滅は日満軍警の首脳部があれほど大きな力を注いだ『東南部治安粛正特別工作』の破綻を意味するものでした」と自慢しているが、一中隊の壊滅で七万五〇〇〇人が投入された作戦が破綻するはずがない。事態はそれ以降、抗日連軍が追い詰められ崩壊していき「野副討伐隊」の作戦行動は完全に抗日連軍を追い込んでいく。前田部隊の壊滅後も日満軍の大兵力の攻撃は続き、抗連部隊は次々に崩壊、多くの戦死者や投降者が続出した。そして彼らはソ連領への逃避を余儀なくされたのである。

このような時期、魏拯民はコミンテルン駐在の中共代表にあてて報告書を送り、局面打開のための支援を要請している。この手紙の写しは日本軍に射殺された抗連第一路軍第3方面軍の幹部が所持していたもので、日本の「思想彙報」二五号に発表されている。その報告書では日本軍の討伐で、抗日連軍が苦境に陥っていること、多くの幹部や隊員が戦死、投降している事実を記述し、魏は自分の能力不足を自己批判、中共中央に人員と武器弾薬を補給してくれることを要請している。さらに日本軍の大規模攻撃の防衛策として、部隊の小部隊への分散とソ連領への退避をソ連に要請してくれるよう提案した。

この小部隊活動とソ連領への逃避方針は第一路軍の部隊や、金日成の部隊にもこの方針が伝えられた。そして北朝鮮現代史では、あたかも金日成の決断、新方針でなされたとする「朝鮮人民革命軍の小部隊活動」が開始されることになる。

当時の金日成の指揮する第2方面軍は前田部隊との交戦で勝利はしたものの、多くの隊員を失っていた。関東軍憲兵隊の報告ではこの時期から金日成部隊の戦闘員人数は減少していき、一九四〇年七月には約二〇〇人、八月には一六〇人、九月には一二〇人と報告されており、それ以降、十数人の小部隊に分散し、ソ連領に逃げ込むことになる。

ソ連と抗日連軍の奇妙な関係

ソ連領に逃避した抗日遊撃隊はどのように扱われたのであろうか。

中国共産党とソ連共産党は「友党」関係にあり、中国共産党の一軍事部門である満州の抗連部隊とも、友好的な関係があるかのように思う人は多いであろう。しかし実は一九三九年に至るまで、ソ連は満州の抗日遊撃隊に援助の手を差し伸べていないばかりか、日本軍に追われ、ソ連領に逃げ込んできた遊撃隊員を捕え監獄に送っている。

それは当時のソ連の国内政治情勢と深い関連があった。

一九三四年一二月、満州で抗日武装闘争が激しくなっていく時期、ソ連共産党政治局で、スターリンに次ぐ地位にあったキーロフが、ニコラエフという青年によって殺害された。個人的な恨みによる殺人であったと言われているが、スターリンはこの殺人事件を「反党反革命」集団による陰謀に仕立て上げ、反スターリン人士の粛清のための党内粛清運動に利用した。この粛清運動で無実の多くの人たちが処刑される惨劇がソ連全土で繰り広げられた。極東でもこの粛清の嵐は吹き荒れた。それは極東地区が日本の軍事的脅威にさらされている状況から、多くの人たちが日本のスパイの名目で処刑されたのである。

「満州事変」後、植民地国家満州国を樹立した日本がソ連に対する軍事侵略計画を「帝国国防方針」として打ち出し、軍事スパイをソ連極東地区に多数送り込むに及び、危機感を募らせていたスターリンはスパイ摘発作業を強化した。当時ソ連国境に近い、琿春などには対ソ連工作戦用の日本帝国陸軍の特務機関が設置され、朝鮮人、中国人のスパイが、ソ連領に潜入していった。これらスパイの活動報告書は現在外務省飯倉別館にある外交史料館や防衛省の戦史資料室に数多く保管されている。

ソ連の秘密警察NKVD（内務人民委員会）は特に東洋系ソ連人に的を絞って摘発したため、多くの無実の沿海州在住の朝鮮系、中国系ソ連人が摘発され処刑された。この恐怖政治の結果の一コマとして一九三八年六月には極東ソ連領の秘密警察の親玉ともいえるソ連極東地方内務人民委員会政治部総指揮官のリュシコフ大将が「反革命分子」の疑いをかけられ、処刑を恐れてソ連国境を越え、満州国に亡命している。

このような時期、日本軍に追われソ連領に逃げ込んだ抗日遊撃隊員は偽装してソ連潜入を図った日本のスパイであるかのように扱われ、武装解除の上、監獄に送られた。軍や治安関係者は中国人、朝鮮人に好意的な扱いをすれば自分たちも「反党反革命」スパイ分子の容疑を受ける恐れがあったので、担当官たちは抗連隊員が逃げ込んでくれば、自分に降りかかる容疑を避けるため、彼らをスパイの疑いあり、として監獄送りにしたのであろう。

一九三五年三月、黒河付近から、日本軍に追われソ連領に逃避した李新明《イシンミョン》以下二七名の抗日部隊はソ連領に入るや、ソ連兵に武装解除され、一九三九年一一月までヴォロシーロフ（ウスリースクの旧称）に監禁されている（「満州国日本駐在東寧領事館古谷克正領事報告書」）。

一九三八年二月、抗日連軍第3軍1師と9師の部隊は日本軍に追われ、ソ連領に逃避したが、そこでソ連兵に武装解除され、遠くソ連領新疆の監獄に送られている。また一九三八年、ソ連との交渉を目的に入ソした、抗日連軍第三路軍長趙尚志も、ソ連軍に捕えられ新疆の監獄に入れられた。もっとも、この趙尚志の逮捕監禁は抗連内部の幹部間の対立が原因で、スパイ容疑とか、ソ連の敵対的行為とは言えないが、抗日連軍内には監獄に入れられた事実は知れ渡り、一九三九年ごろまで、ソ連に逃避することは危険だという見方が抗連隊員の共通認識になっていた。

このような状況が変化するのは一九三九年ごろからである。ノモンハン事件後、ソ連は日本のソ連侵攻に対する警戒心を一層強め、兵力を増員し国防力を強化するとともに、ソ連侵攻の最前線軍事地帯、満州での抗日戦を支援することで、日本軍のソ連侵攻の力を少しでも削ごうと意図した。そのためであろう、一九三九年一一月、監禁していた李新明らの抗日兵士を釈放し、武装させて満州に送り返し、抗日戦を続行させている。この部隊の一人が日本軍との交戦で捕えられ、それまでの経緯を自白した内容が、古谷克正領事の報告として日本の外交史料館に残っている。

一九三九年ごろ、ソ連に逃避する抗日連軍隊員に対する扱いが変化した。当時の状況を北京で李在徳が語っていた。私が北京で彼女と会見し、話を聞いたのは一九九一年五月中旬であった。北京はすでに初夏の気候である。若き日の抗日遊撃戦時代を語る李在徳の口調は生き生きとしており、話が弾んで、額には薄く汗がにじみ出ていた。

「満州で抗日戦当時、ソ連領には何回ぐらい出入りされたのですか」

「そうね……合計五回だった。時期的には一九三九年の夏から一九四二年の初夏まで出たり入ったりしていました。それ以降は日本が降伏するまで、ソ連領のビヤツコイの兵営に滞在していました」

「その時の目的はソ連領内での休養でしたか、それとも支援を求めての入ソでしたか」

「それもあったけど、本当のところは日本軍に追われ、行き場がなくなって国境の河を渡って、ソ連領に入っていったんだよ。ソ連領に入れば日本軍も追ってこないからね。負け戦の時、よく使う戦略的後退という用語があるだろう。それだよ」

と語りながら、屈託なげに、くすくすと笑った。

ソ連領内に入った抗連部隊はそこでテントを張りしばらく休養した後、ソ連軍からいくばくかの武器、弾薬、食糧の補給を受け、再び満州での遊撃戦を敢行しに帰っていくという状況であった。

「すると、当時、ソ連は抗日部隊を厚遇してくれたのですね」

「それはどうかね。最初と最後では状況が違うが、最初にソ連領に入ったときは酷いものだった」と顔をしかめながら、最初のソ連領逃避時の状況を話し出した。

「一九三九年夏、ソ連領に入った私たちの部隊は、補給関係を担当している部隊で、隊員は女性や傷病兵が多かった。日本軍との戦いが厳しくなり、日本軍の追撃を受け、山間の嶮しい沢の中や、雑木林の中に身をひそめていたのですが、そこにもいられなくなり、だんだん国境地帯に追い詰められていきました。その時はすぐ後ろに、日本兵の姿がちらちらするまで追撃を受けてね。それで仕方なしにソ連領に逃げ込んだのです。ソ連が我々を歓迎していないことは皆知っていました。しかし、まさか我々を殺したりはしないだろう。日本兵よりはましだろうという思いでソ連領に入ったので、ソ連からの保護、支援は全然期待していなかった。

私たちの部隊が入ソする以前に日本軍に追われ入ソした部隊もありましたが、彼らはソ連兵に捕まり、監獄に送られていました。第三路軍軍長だった趙尚志もソ連領に行くと捕まり監獄に送られた。抗日連軍の中ではソ連領に入るのは危険だとする認識が広がりました。しかし一九三九年ごろから状況が変わり、我々を受け入れてくれるようになりました」

状況が変わったというのはスターリンの「反党反革命分子粛正闘争」が沈静化し、ノモンハン戦争後、日本軍の脅威が増大するなか、満州内の中国人、朝鮮人の抗日戦を自分たちに有利に利用しようというソ連の思惑が実施され、抗日連軍に対する取り扱いが変化したことなのであろう。

「一九三九年の夏、我々がソ連領に入った時も扱いはまだひどいものだった。国境の河を越えてソ連領に入ると国境警備の兵士たちが銃を構えて近付いてきて、大声で兵器を手放すように命じ、やがて地面におかれたすべての銃や拳銃などは取り上げました。それから一人一人について尋問が始まりました。まるで罪人を取り調べるような厳しい尋問です。その後、ソ連軍が提供してくれたテントでの生活が許されたのです。

そのテント生活の間、私たちは一人ずつ何度もソ連軍将校に呼び出され、ソ連邦に忠誠を誓い、ソ連軍の偵察兵になれという説得を受けました。その説得に自分たちは中国共産党員で、中国革命のために挺身している者であり、ソ連軍の偵察兵にはなれないと拒絶しました。それでも説得は執拗に続けられましたが、誰も応ずる人はいませんでした」

ソ連軍は、ソ連領に逃避してきた抗日連軍隊員を、対日戦に備え満州での偵察要員に利用する計画があったのだろう。しかし、その目論見はこの時点では失敗している。

李在徳の抗日部隊は多分ソ連領に入った部隊として、監獄送りにならなかった最初の部隊であろう。それ以降はソ連領に逃避してくる抗日連軍部隊の利用を模索していたソ連当局により待遇は少しずつ改善されていくが、それ以前は「兄弟党の固い友誼」「強いきずなで結ばれた国際連帯」のスローガンが虚しい状況が展開されていた。そのような敵対しているようなソ連と抗連部隊の関係をソ連側も中国側も、そして北朝鮮側も公表したことはない。抗日戦の裏側で繰り広げられた醜い策謀を公表することはお互いの「国益」に反するとして、黙して語らずである。ただそれらの「事実」は日本軍に捕虜となった抗日連軍隊員の供述文章として、日本の軍、治安関係、外交の文書に散見できるだけである。

ソ連を信じた趙尚志の悲劇

北京で遊撃隊時代の回想をしてくれた李在徳はソ連と抗日連軍との関係を語るとき、ソ連領に逃避した抗日連軍をソ連兵が逮捕し監獄に送った「不当、不法」ぶりの実例の一例として、第三路軍長趙尚志の逮捕監禁を挙げている。しかし、趙尚志の逮捕監禁は裏面に複雑な事情があり、必ずしもソ連側だけが「不当、不法」と非難される事件ではなかったようである。

その事情とは日本の治安対策の強化で満州省委が壊滅し、共産党中央と満州省委の連絡が不可能になった事情が背景としてある。満州国の建国以降、日本軍と満州軍による抗日武装組織への弾圧は激しさを増した。特に共産党に対する攻撃は厳しく、その中心であった満州省委員会は幹部の相次ぐ逮捕により、壊滅的打撃を受け、一九三六年には中共中央との連絡も途絶えた。その結果、東北の各党組織は満州省委を通じて中共中央の指導を受けることができなくなった。

そのような状況を踏まえて、コミンテルン中共代表団が、東北の党組織と抗日連軍を指導しようとした。しかし、その決定の正当性と方針に疑問を呈した趙尚志が、コミンテルン代表団は中共中央から我々を指導する権限は与えられていないと主張し、コミンテルン中共代表団の指示に従わなかった。

この趙尚志の主張は、「筋論」としては否定できない。確かにコミンテルン代表団が満州の中国共産党各級組織を指導する権限はない。しかし満州の共産党組織を指導する中共中央との連絡手段が断絶している状況下での緊急処置として、コミンテルン代表団の助言を受けようとした抗日連軍幹部たちの処置は当時の状況としてはやむをえないものであったと多くの人が判断したが、趙尚志はあくまで「筋論」に拘った。そして、一九三六年九月、抗日連軍第三路軍傘下の第5軍と第6軍の連席幹部会議を招集し、その会議で中共北満臨時小委員会の設置を決定、その執行委員主席に自らが就任し、独力で抗日戦を展開していった。

その結果、北満と他の地域の連携が取れなくなり、抗日連軍の統一的な抗日戦が続けられなくなった。その影響を強く受けたのが、第三路軍と戦闘地域が繋がっている中部満州を拠点に抗日活動をしていた周保中の第二路軍である。作戦に齟齬をきたすことを憂いた周保中は中共吉東省委員会と抗日連軍第二路軍を代表して、趙尚志に会いに行った。周保中の懸命の説得も聞き入れない趙尚志は一九三七年一〇月、周保中を参席させて、自らが主席に就任した北満臨時省拡大小会議を開催した。そこでコミンテルン中共代表団の東北党組織の指導の不当性を論じ、彼らの抗日連軍への指導は受け入れられないと自説を曲げず、周保中と対立した。

その後、趙は独自の闘争路線を続けるが、そのような趙尚志の主張と行動に疑問を持った抗日連軍第三路軍の幹部馮仲雲、李兆麟、金策、許《ホ》亨植《ヒョンシク》が密会し、コミンテルン中共代表団と連絡を取り協議した結果、趙尚志排除に動いた。趙尚志に極東ソ連軍司令部が、抗日連軍支援のための協議をソ連領でしたいと申し入れてきたという偽の情報を与え、ソ連領に入った趙尚志をソ連軍が逮捕するようコミンテルン中共代表団を通じ、ソ連軍に依頼したのである。

一九三八年一月、ソ連領に入るや逮捕された趙尚志は仲間の裏切りに激怒したが、身柄は新疆の監獄に送られ、監禁されてしまった。しかし、このような趙尚志逮捕監禁の裏面はごく少数の抗連幹部にしか知らされていなかったため、趙尚志の逮捕監禁事件は当時ソ連軍により頻発していた抗日遊撃部隊の越境者逮捕監禁事件と同一視され、一般的にはソ連軍の「不法、不当」な処置として抗連部隊の人々の怒りを買っていた。

趙尚志がソ連で監禁された後、彼は第三路軍長を解任され、代わって李兆麟が指揮を執り、朝鮮人の金策が政治部主任に就任することになった。李兆麟は私が北京で抗日遊撃戦と第88旅団時代の回想を聞いた金貞順の連れ合いである。

趙尚志がソ連軍に逮捕監禁された年の九月、張鼓峰事件が発生した。

満州、ソ連、朝鮮の国境に近い張鼓峰で極東ソ連軍狙撃第39軍団の三万六千余名の部隊と日本軍第19師団二万人余の部隊が砲火を交え、日本軍は多くの犠牲者を出して敗退した。

その翌年の五月、再び日ソ両軍の大規模な軍事衝突が、満州国とモンゴル国境地帯のノモンハンで発生した。最初は満州国軍とモンゴル軍の小さな交戦が日本軍・ソ連軍の大部隊を動員しての近代戦に発展し、日本軍は戦死、戦傷、病死者、計一万八千余名を出し、ソ連軍も多くの死傷者を出したが、日本軍は敗退し、この地域から撤退した。勝利したとはいえ、ソ連軍も多大の犠牲を払っており、さらにソ連軍の持つ軍事的弱点も明らかになった。極東地区への兵站輸送の未整備で、大規模な軍事衝突や日本軍の侵攻作戦が開始されると兵站の維持が極めて困難なことが明らかになった。ヨーロッパ方面でナチスドイツの脅威にさらされているソ連軍は日本軍の侵攻が始まれば、ヨーロッパと極東という遠く離れた両戦線での軍事行動を強いられることになり、その不利は厳然としていた。

ソ連は日本軍がソ連領に「北進」するのではなく、東南アジア地域に「南進」するよう日本の政界、軍部に対日工作員ゾルゲなどの謀略工作を推し進めるとともに、日本軍の侵攻を遅滞させる軍事的処置のひとつとして、満州の抗日連軍を指揮下に置き、彼らの武装闘争を強化して日本軍の背後を攪乱し、その兵站基地になっている満州の治安の混乱を策謀した。また日本軍のソ連侵攻能力を少しでも殺ぐ手駒として抗日連軍利用計画が実行されていった。

その手始めに、ソ連はコミンテルン中共代表団と協議の上、一九三九年春、新疆に監禁していた趙尚志や一九三八年、日本軍に追われ越境して来て監禁されていた載洪賓や鄧致中を釈放し、趙尚志の指揮のもとに抗日部隊を編成し、満州での遊撃戦に参加させる処置を取った。

ソ連と中共コミンテルン代表団は趙尚志を釈放するとき、「誤解による逮捕でまことに申し訳ない」と謝罪した上で、他の抗日連軍部隊の幹部や満州の共産党組織の承諾も得ることなく、趙尚志を「東北抗日連軍総司令」に任命した。そしてソ連に監禁されていた抗日連軍隊員百二十余名を部下として引率させ、武器、弾薬、食糧を与え満州に送り出した。

満州の抗日連軍各部隊が趙尚志の「東北抗日連軍総司令」の指揮下に入ればソ連軍の手駒として、抗日連軍を利用する計画であった。しかしこの計画は趙尚志の「人格的欠陥」や抗日連軍幹部たちの反発で進展しなかった。

一九三九年夏、趙尚志総司令、載洪賓参謀長、鄧致中副司令のもとに趙尚志の部隊は満州での戦闘を開始した。趙尚志部隊の初戦は満州国軍の小部隊との交戦であったが、訓練度の低い満州国軍の小部隊は趙尚志の部隊に敗れ、退却した。意気上がる趙尚志の部隊に従軍を志願する中国人もいて、部隊は二〇〇名ほどの部隊に成長した。趙尚志は「東北抗日連軍総司令」の肩書で、かつての部下だった、第三路軍の政治部主任金策に連絡を取り、第三路軍の「東北抗日連軍総司令」指揮下参入を要求したが、金策からは何の返答もなかった。

そのような事態に苛立っていたのであろう、趙尚志は部隊の作戦行動中、副司令の鄧致中が、必ずしも自分の命令に全面的に従わないのに立腹し、命令違反で処刑するという事態を引き起こし、部隊の人々の動揺を誘った。部隊には恐怖が広がり士気が落ちた。

北京でインタビューをした彭旋魯中国人民解放軍退役少将は、この処置を趙尚志の人格的な欠陥だと厳しく批判し、「このような道理の通らないことをすれば、同志の信頼を失う」と語っていた。彼は他にも趙尚志の行動に反感を持つ理由があって、厳しく批判したのであろう（後ほど述べる）。

そのような時、参謀長載洪賓が指揮する百余名の部隊が満州国軍守備隊を攻撃したが、攻撃は失敗し、生存隊員はわずか二十余名という惨敗を喫した。載洪賓は敗残兵を引率し退却したが、趙尚志の怒りを買って処刑されることを恐れて、帰隊できず、部下と共に第一路軍を指揮している李兆麟を探し、そのもとに逃げ込んでしまった。

半減した部隊を引き連れ、趙尚志は鶴立県城を攻撃したが、その攻撃も失敗し、彼のもとにはわずか二十余名の兵士が残るだけになってしまった。彼は第三路軍長李兆麟と連絡を取ろうと連絡兵を送ったが、李兆麟が趙尚志との接触を避けているという報告を受け愕然とした。趙尚志は「東北抗日連軍総司令」の自分の指示に、抗日連軍の各部隊が従わない現実に、肩書が虚名のものであることを悟ったであろう。

李兆麟たち三路軍幹部にすれば、かつて中共コミンテルン代表団と謀って趙尚志を追放したことの「報復」を恐れる気持ちがあり、また抗日連軍幹部に何の協議もないまま「東北抗日連軍総司令」の肩書を与えたソ連やコミンテルン中共代表団に対する不信の気持ちも強かった。

趙尚志は自分の肩書が虚名にしか過ぎないことを自分の目で直接確かめる場面に遭遇した。敗残の部隊を引率して行軍している時、第6軍第2師の陳招賓引率の部隊と遭遇した。趙尚志は連絡兵を送り、第2師部隊の自軍傘下編入を要求したが、かつての部下であった陳招賓の部隊から、威嚇射撃を浴び、衝撃を受けた。趙尚志はこの事態に気落ちし、満州でのそれ以降の武力闘争継続の自信をなくした。そして一九三九年初冬、雪が激しく降り注ぐ中ソ国境を越えて、ソ連領に消えていった。

周保中、苦悩の決断

趙尚志の失敗はソ連側にとって予想外の結果であった。ソ連の武器弾薬などの支援があれば趙尚志のもと、抗日連軍は結束し、強力な抗日遊撃戦が展開でき、日本軍後方に脅威を与えることになるという目論見が簡単に崩れてしまったからである。ソ連は趙尚志の処置をも含め、抗日連軍との新たなる関係構築の工作を必要とした。ソ連が趙尚志を「東北抗日連軍総司令」に任命したとき、ソ連の計画の中には抗日連軍第三路軍だけでなく、周保中指揮下の抗日連軍第二路軍も組み入れる計画をしていた。一九三九年夏、ソ連は抗日連軍第二路軍に使者を送り、周保中にソ連来訪を強く要請していた。しかし、周保中はソ連側の意図を測りかね、その要請を無視した。

第三路軍幹部たちは、趙尚志がソ連の支援を受け、満州で遊撃戦を開始したことを知って動揺した。趙尚志の激しい性格を知っている第三路軍幹部たちとしては彼の傘下に第三路軍部隊が編入されれば、趙の復讐心から、自分たちの処刑もありうることに怯えた。趙尚志の部隊が満州国軍との戦闘に敗れ、困難に陥っている状況を見極め、第三路軍指導部はソ連に密使を送り、ソ連軍が第三路軍指導部との協議を行うことを提案した。趙尚志の失敗でソ連の抗日部隊利用計画は破綻をきたしていたので、ソ連はその提案を受け入れた。

三路軍政治委員馮仲雲はハバロフスクに赴き、ソ連側と協議を行った。その主要な問題は満州での抗日戦の統一指導部確立の問題、ソ連の支援問題などであった。特に統一指導部確立問題は第二路軍の周保中軍長を除外して考えられないため、馮仲雲も周保中の来ソをソ連に要請した。ソ連側もその提案に異存はなかった。

ソ連が周保中に特に注目していたのは周保中の経歴と関連している。広州蜂起が敗北した後、中共中央は優秀な若手軍人のソ連留学を推進したが、周保中もその時選ばれてソ連の軍官学校に留学し、ソ連事情にも精通、ロシア語も堪能であったからだ。

周保中の日記にはこの時期、ソ連は「北満省党組織と吉東省党組織、第三路軍と第二路軍との統一指揮問題、さらにソ連軍の抗日連軍に対する物資支援問題、そしてソ連の支援で連絡不能になっている中共中央との連絡網の回復」のために協議したいと「来ソを要請」してきたと書かれている。

一九三九年一〇月、ソ連の招聘要請に周保中はそれを受諾すべきか拒絶すべきか、非常に悩んだ。彼の悩みはソ連に行けば自分は拘束され、再び満州の地に帰ってこられなくなるのではないかという懸念である。多くの抗日連軍隊員が越境して監禁された事実や、ソ連からの招聘で越境した趙尚志が監獄につながれた事例から、そのような事態も無視できなかったことや、自分がソ連から帰れなくなれば、抗日連軍二路軍の活動も危険にさらされることを憂慮した。

彼は抗日連軍幹部の中でソ連をよく知っている人間であり、その怖さも強さも十分に承知していたが、悩みに悩んだ末、ソ連の招待を受ける決断をした。当時の抗日連軍の活動は日本軍の激しい討伐戦で苦境に陥っており、ソ連の支援なしには戦いの展望が開けない現状を認めたためである。

周保中はソ連行を決断すると自分が帰れなくなった時の処置を協議するため、指揮下の第5軍と第7軍を巡察し、今後の方針を確認して、一〇月八日、司令部を後にしてソ連に向かった。そして、ウスリー河を越えソ連領に入ったのは一九三八年一一月二三日である。

ソ連領に入った周保中は直ちにハバロフスクに連れて行かれ、先着していた第三路軍の馮仲雲、そして満州の地から撤退してきたばかりの趙尚志、そしてソ連軍代表の王新林、海路と会議を開いた。ソ連軍代表の王新林、海路はスラブ系のソ連軍人であるが、秘密保持のため、中国名を使用していた。満州現代史を勉強している時、抗日連軍との関係で王新林の名は頻繁に出てきたので、その名は承知していたが、北京で彭旋魯退役将軍から話を聞くまで、それが誰を指しているのか承知しておらず、単にソ連軍高級将校としか理解していなかった。

北京の長富宮飯店で彭旋魯退役将軍の回想を聞いている時、

「ところでソ連側の代表として王新林の名がたびたび登場するのですが、彼は何者ですか」

と質問すると、彭旋魯はちょっと苦笑いして、

「ああ、王新林ね。王新林というのは一人でなく二人いるんだ」

との説明に私は驚いた。それが何を意味しているのか理解できなかったからである。

「初期の段階、一九四一年ごろまでソ連軍の抗日連軍担当の最高責任者は、極東ソ連軍内務部長のワシーリー少将だった。ワシーリーを中国語読みにして王新林と漢字をあて、彼の正体を隠したんだよ。この最初の王新林は我々に対する態度が極めて横柄で、抗日連軍を自分の指揮下の部隊のように扱うので、周保中や他の抗日連軍幹部としょっちゅう衝突していた。そんなことから協議もままならないということで、一九四一年一月、二代目の王新林と交代した。二代目の王新林は極東ソ連軍情報部長のツワイゲル少将だった。彼は秘密の保持上、そのまま王新林を名乗ったんだ。ツワイゲル少将はなかなかの人物で、周保中たち抗日連軍指導部との関係も良かった」

と説明した。

彭旋魯の話を聞き、「二人の王新林か。面白いな」と思った。しかし考えれば、日中ソの軍事関係が緊迫化し、お互いの諜報戦が渦巻いていた時代、そのぐらいの秘密保持策は当然のことであったのだろう。

ハバロフスクに着いた周保中は、先着していた馮仲雲や趙尚志たち抗日連軍幹部との協議を行い、その結果を「東北抗日救国運動に対する新提綱」として今後の方針を取りまとめた。この「新提綱」は苦境に陥っている抗日連軍部隊の再編成とソ連軍の支援をその内容の骨子にしていた。ソ連の支援については当然ソ連との協議を必要とし、その承諾がなければ砂上の楼閣である。

そのため一九四〇年三月一九日、抗日連軍側とソ連軍幹部の協議が持たれた。

周保中の日記によればハバロフスクで開かれたこの会議には抗日連軍側から周保中、馮仲雲、趙尚志など、ハバロフスク滞在中の抗日連軍幹部が出席した。ソ連側からはソ連邦共産党極東辺境委員会書記イヴァーノフ、極東ソ連軍総司令官代理ノルマンスキー、極東ソ連軍内務部長ワシーリー(王新林)、極東ソ連軍ハバロフスク駐屯軍司令官、ヤロシーノフ駐屯司令官など極東ソ連軍の最高幹部たちが出席して開かれた。この会議での議題は周保中がまとめた「東北抗日救国運動に対する新提綱」で、ソ連軍との関係をどのように保つかであった。周保中は最初に抗日連軍の状況説明を行い、その後ソ連軍に対する援助要請について説明を行った。

「現在東北には二千余名の抗日連軍が遊撃戦を続けている。もし、極東ソ連軍の指導と支援があれば、この遊撃戦の前途には希望がある」と支援を要請した。

ソ連側は抗日連軍への支援、連絡の強化を約束したが、その代償として抗日部隊に対する指揮権を要求する態度を示した。その提案は極東ソ連軍ヤロシーノフ軍司令官がさりげない調子で、「抗日連軍武装部隊と中国共産党の組織を分離してはどうか。そのほうが東北での遊撃戦にソ連軍の支援が行いやすい」と提案したことにある。

この提案に周保中は内心飛び上がるほどの衝撃を受けた。軍と党の分離など中国共産党が指導する軍隊ではあり得ないからである。周保中が発言する前に、中国側の誰かがこの提案に賛成した。周保中は日記に「我々側のごく少数の同志が賛同した」と書き記しているが、その賛成者が誰なのか日記には記述がない。

しかしそれは多分、趙尚志であったのではないか。周保中の発言の前に彼を差し置いて発言できる実力者であることと、さらに、趙尚志は中国共産党北満省委員会から追放され、共産党内に足場がない。趙としては抗日連軍と共産党組織が分離されたほうが、彼の活動に望ましいと考えたであろう。この趙尚志の姿勢に抗日連軍幹部は反感を抱いた。北京で話を聞いた彭旋魯は趙を厳しく批判していたが、このような趙尚志の言動を承知していたからであろう。

ソ連側の提案は中国共産党による抗日連軍の指導を否定することになる。中国共産党による中国革命、中国解放の軍隊だと規定する抗日連軍の存在を単なるソ連軍指揮下の一パルチザン部隊に変えてしまう深刻な提案であった。

周保中は発言を求め、ソ連の提案の不当性を主張し強く反対した。彼は抗日連軍が中国共産党の中国革命遂行のための武装組織であること、その組織は中国共産党と不可分の関係にある点を強調した。そうして現在中国共産党も抗日連軍も日本との戦いで困難な状況にあるため、兄弟党の友誼に頼り、支援を要請しているが、そのことと部隊の指揮権放棄や譲渡とは何の関係もないことであると主張したうえで、コミンテルンの決定を持ち出し、自説の補強をした。

ソ連とソ連軍はコミンテルンの「一国一党の原則」の決定で中国革命を指導することはできず、コミンテルンは革命の輸出を禁じており、ソ連軍が中国の革命を遂行している抗日連軍を指揮することはできないと主張。そして、もし私の主張が受け入れられないのなら、コミンテルンに提訴し、その結論を仰ごうという反論で反対意見を締めくくった。

周保中の反対意見は当時の国際共産主義運動の原則に合致しており、ソ連側も正面切って反対する余地はなかった。ハバロフスク駐屯軍司令官が周保中の反対意見を受け入れる発言を行い、この問題の一応の結論が出た。しかし、この問題はその後長く続く、ソ連軍と抗日連軍との最大のせめぎあいの懸案となっていく。

この抗日連軍幹部とソ連軍の会議を中国側は「第一次伯力（ハバロフスク）会議」と呼んでいる。ハバロフスク滞在中、周保中には解決しなければならない緊急の問題がいくつかあった。まず趙尚志の処遇問題である。「東北抗日連軍総司令」にコミンテルン中共代表団とソ連軍から任命されていたが、その実態を伴わない彼の処遇問題を解決しなければならなかった。第三路軍幹部は本来の第三路軍長として、彼を受け入れることに強く反対し、趙尚志の行き場所がなかった。周保中は自分の第二路軍副軍長として彼を受け入れることにし決着をつけた。

さらに重要な問題として中共中央との連絡を確保する問題があった。満州省委が激しい弾圧の嵐の前に、ほとんどの幹部が逮捕投獄され壊滅した後、満州の各共産党組織は中共中央との連絡が途切れていた。そのため中共中央の方針や指導を仰ぐことができず、自分たちの判断で抗日戦を戦ってきた。各組織は何とか中共中央との連絡を取りたいと願っていた。周保中はソ連側に中国共産党中央との連絡を斡旋してくれるよう要請した。ソ連は周保中の再三、再四の要請にもかかわらず、彼が満州に帰ることになる一九四〇年三月まで、その要請を実現させなかった。周保中は失望の内に満州に帰ることになるが、帰る前に、中共中央への書簡をしたため、ソ連側にその書簡を届けてくれるよう依頼した。

このような努力にもかかわらず、周保中は一九四五年九月、中国に帰るまで中共中央との連絡は取れないままだった。斡旋の依頼を受けたソ連が「連絡を取ることは極めて困難な状況にある」と積極的に斡旋の労を取らなかったからである。ソ連は困難な状況下でも、それが彼らにとって絶対に必要であれば、斡旋の労をいとわなかったであろうが、あえて斡旋の労を取らず、抗日連軍を孤立無援のまま、ソ連領内に留めておくほうが、ソ連に有利となると判断したのであろう。ついに斡旋依頼は実を結ぶことがなかった。

周保中は一九四〇年三月二五日、趙尚志を伴って饒河の第7軍指揮所にたどり着いた。四月三日に第7軍代表者会議を開催し、その会議を第二路軍の正式の会議とした。第二路軍第5軍は東満に遠征中であり、会議には参加できないために取られた処置であった。その会議でハバロフスク会議での決定、「新提綱」が説明され承諾を受けた。そして第二路軍の幹部の改選を行い、趙尚志の副司令、崔庸健の参謀長就任が承認された。

周保中がソ連から帰還したこの時期、抗日連軍各部隊は日本軍に追い詰められ、最も苦しい状況に置かれていた。

楊靖宇の壮烈な戦死

一九三九年から一九四〇年にかけて、日本軍の大兵力を投入した討伐戦は抗日連軍部隊に多くの戦死者と投降者を出し、抗日連軍の崩壊の速度は速くなっていった。特に壊滅的打撃を受けたのは第一路軍系列の部隊であった。

第一路軍長楊靖宇は第二路軍軍長周保中がハバロフスクでソ連側と秘密の協議を続けていること

とも知らず、自身の警護部隊警衛旅など約三〇〇名を引き連れ、苦しい遊撃戦を繰り広げていたが、一九四〇年一月、警衛旅参謀長丁守竜が日本軍の捕虜となり、一路軍の情報を全面的に日本軍に供述した。

丁が捕虜になった一週間後、警衛旅機関銃排長（警護兵の要になる護衛分隊長）が部隊の資金一万円を盗み出し、それを持参して日本軍に投降した。彼らの自供によって、楊靖宇の行動は日本軍に簡単に特定された。彼の部隊は包囲され、激しい攻撃を受け、二月一八日には引率する部下はわずか一五名と激減。交戦のたびに部下は戦死し、生き残った楊は一人になり、厳寒の荒野の逃避行を続けた。一人で通化省の山の中に身を隠し、さまよっていたが、飢えに苦しみ、食糧を求めて樵《きこり》の小屋に立ち寄ったところ、樵は彼を抗日連軍の幹部と見て日本軍に通報した。日本軍が捕獲行動をとったとき、楊靖宇は投降勧告に応ぜず、拳銃で応戦し日本軍の銃弾を何発も浴びて戦死した。一九四〇年二月二三日である。

分散して、深い密林に隠れながら、かろうじて遊撃戦を展開していた抗日連軍隊員は楊靖宇の戦死を長い間知ることはなかった。連絡網が寸断され、外部との情報が遮断されていたからである。楊靖宇の戦死は彼が死亡した翌日、満州最大の日本語新聞『満洲日日新聞』に「楊靖宇射殺」という見出しで、大々的に報道されており、一般社会の知るところとなったが、そのような情報すら、密林に身を潜めていた遊撃隊員の耳には届かなかった。また新聞記事を目にしてもそれを日・満軍の謀略宣伝と考え信じなかったからであろう。

楊靖宇の部隊と同様、第一路軍の各部隊は急速にその勢力を失いつつあった。金日成の第2方面軍では彼の信頼厚い参謀長林宇城《イムウソン》が、二月二〇日、部下一〇名を引き連れ、日本軍に投降した。第一路軍系部隊の全面崩壊の危機に直面し、なんとかその崩壊を食い止めたいと魏拯民は三月一三日、彼が潜む密林の野営地で、第一路軍生き残りの幹部、政治部主任呉成崙、参謀長韓仁和《ハンインハ》などと共に、南満州省委拡大会議を開き、今後の方針を決定した。

この会議での重要な決定は二点である。一つは日本軍の追撃が激しく大部隊での行動は部隊の損害が大きいことや食糧の補給もままならぬ状況から、部隊を分散し十数人の小部隊によるゲリラ戦を展開していくこと。もう一つは民衆工作に力を注ぎ、党組織を強化拡大していく方針が決定され、その責任者に呉成崙が任じられた。これらの方針は連絡兵を派遣して、各方面軍に伝えられたが、それにより抗日連軍第一路軍が持ち直すことにはならなかった。各部隊の小部隊活動方針は実行に移されたが、呉成崙の民衆工作は何の成果もあげることがなかった。日本の満州に対する支配は満州の隅々に及び、治安対策も強化され、すでに民衆工作を行える余地は残っていなかったのである。

延辺朝鮮族自治州で抗日遊撃戦とソ連での偵察要員活動の体験を聞いた呂英俊はこの時期、第一路軍第3方面軍に所属する連絡員として行動していた。三月の南満州省委拡大委員会の決定を受け取った第3方面軍の軍長陳翰章は、その方針を方面軍幹部たちと討議したが、呂英俊もその会議に参加した。魏拯民の決定は直ちに受け入れられ、部隊は少人数の部隊に分割され、行動することになった。その決定受諾の伝達の連絡を呂英俊が果たすことになり、彼は密林を踏破し、魏の潜む野営地にたどり着いた。当時を回想し呂は、

「密林を歩いていて最も怖いのは虎に出会った時だ。虎がじっとこちらを見ているのを見ると震えが止まらなかったものだ」と語っていた。

この時期、満州の密林地帯にはまだ虎が生息していた。密林を踏破し魏拯民が潜んでいるゲリラ基地にたどり着いた呂は病魔に冒され、粗末な寝台に身を横たえている魏拯民に会ったが、身辺には護衛の一個分隊（排）が残っているだけだったという。

小部隊に分散された遊撃隊は、その決定により、生き延びることができた部隊もあったが、多くは悲劇的な末路を迎えている。

三月二四日、第1方面軍の幹部柳万熙《リユマンヒ》は一三名の部下と行動中、投降の機会を狙っていた部下によって殺害された。

四月八日、第1方面軍長曹亜範の率いる十数名の部隊は宿泊中に農民の襲撃を受け、曹は殺害された。曹亜範の死亡により第1方面軍は壊滅した。

六月二九日、金日成が軍長だった第2方面軍も部隊を分散し、小部隊活動に移行したが、小部隊を指揮していた、方面軍の政治部主任呂伯岐《ロベツキ》は、交戦中日本軍の捕虜になっている。

一九四〇年一二月八日、第3方面軍長陳翰章は南湖頭付近の密林の野営地で部下の裏切りによって日本軍に密告され、日本軍の襲撃を受け銃撃戦の末戦死。日本軍は殺害した陳の首を切り落とし、それを新京に送った。こうして第一路軍の第1と第3の方面軍は司令部を失い消滅、残ったのは金日成の第2方面軍のいくつかの小部隊と司令部を失った敗残の小さな部隊であった。

この時期、部隊が追い詰められ、苦しい逃避行を強いられたのは第一路軍だけでなく第三路軍

でも状況は同様であった。金貞順は当時を回想し、

「一九四〇年二月、北満の荒野に吹雪が吹き荒れる日が続きました。当時私は子供が生まれた直後で、第三路軍後方基地に病人や負傷兵たち約二〇人と一緒の生活をしていました。そこに二〇〇人ぐらいの日本軍が現れたのです。見張りの隊員から報告を受けた私たちは移動を開始しました。密林に入り人目を避け、安全な他の基地への逃避行です。移動のとき私たちは鍋、釜などすべての生活用品を持って移動しました。これらの生活必需品は密林の基地では入手困難な品物でしたから、隊員たちが背負って移動したのです。さらに私は生まれて間もない子供を背負っていました。厳寒期密林の道もない場所を移動する困難はとても口では説明できないものです。

　移動の最中に基地から持ってきた食糧が底をつきました。食糧補給の当てもなく、飢えたまま私たちの部隊の逃避行が続きました。食べ物を摂れなくなった私の体からはお乳が出なくなり、子供に授乳できなくなりました。私は行軍の短い休憩時間に雪を溶かしてお湯を沸かし、そこに非常用に持っていた少量のミリカル（小麦を煎り、粉にした食料）を溶かして赤ちゃんに飲ませようとしました。零下三〇度にもなる密林で、敵の発見を恐れて煙も出せない状況ですから、火の使用は幾重もの注意が必要なため水がなかなか温められず、焦っているうちに休憩時間が無くなり、慌てて部隊についていくことも珍しくありませんでした。

　苦労して沸かしたお湯に溶かしたミリカルも赤ちゃんが飲んでくれず、飲んでも下痢をするようになり、赤ちゃんは衰弱していきました。その間も日本軍の追撃は止むことがなく続いていました。敵の激しい追撃を振り切るため、囮《おとり》になった小部隊を何度も敵の前方にさらし、敵を他の

方面に誘導する作戦を取ったりしましたが、執拗に追撃してくる彼らをまくことができず、私たちの部隊は何度も危機的な状況に陥りました。

近くに敵がいるとき、赤ちゃんが苦痛のためなのか、空腹のためなのか、時々泣き声を上げることがあります。そのたびに戦友たちは緊張しました。私はそんな時、持参している非常薬の阿片を赤ん坊の口に押し込み、赤ちゃんを眠らせました。そのようなことが度重なると、二十余名の戦友の命と赤ちゃんの命とどちらが大切かと自問するまで、自分が追い詰められていきました。戦友たちの困惑する様子もひしひしと感じます。そうして戦友たち二十余名の命に代えられないと、赤ちゃんの命を自分の手で絶とうとまで思い詰めたのでした。隊長にそのことを申し出ると、隊長は私を叱りつけて思いとどまらせました」

金貞順は第三路軍指揮官の李兆麟夫人である。隊長にしても総指揮官の子供の命を絶つ処置を承諾できなかったであろう。

「そんな苦しい逃避行の末、ようやく日本軍の追撃をまき、他の基地に移動することができました。基地にたどり着いたとき、密林の中を逃げ回っていたので、着ている衣服は木の枝に引っかかり、破れたりしていて全身がぼろをまとっているような有様です。食糧も摂れず栄養失調で、眼ばかりぎょろぎょろしている哀れな姿でした。そして赤ちゃんも基地に到着して、しばらく経ってから亡くなりました」と苦しかった逃避行の状況を語っていた。

第一路軍の壊滅と金日成のソ連領逃避

抗日連軍第一路軍の各部隊は一九四〇年九月ごろまでに、その多くは壊滅していった。第3方面軍に属していた呂英俊は当時を回想して言う。

「一九四〇年七月、魏拯民の籠っていた密営から、数人の戦友と共に、第3方面軍の指揮所に帰る途中、日本軍の討伐軍に追われソ連領に逃避した。ソ連領に入るとソ連兵がやって来て、我々の武装解除をしてソ連軍の兵営に連れて行った。そこにはすでに第5軍の柴世英の部隊が収容されていた」

第5軍は周保中の指揮下にあったが、第一路軍の苦戦を知った周保中が東満に第5軍を援軍に出し、その地域で活動していたが、日本軍の攻撃を受けソ連領に逃避していた。柴世栄は第二路軍会議での「新提綱」の方針の連絡を受けており、ソ連が抗日連軍を受け入れることを承知していたため、いち早くソ連領に逃避したのである。呂英俊はしばらくソ連領で休養した後、八月に自分の部隊を探しに満州に潜入したが、自分の原隊、第3方面軍がほぼ壊滅したことを聞き知り、一〇月、再びソ連領に入ってきた。

第一路軍内で比較的損害が少なかったのは金日成指揮下の第2方面軍だけであった。第2方面軍は魏拯民による部隊を小部隊に分散して遊撃戦を行う決定に従い、いくつかのグループに分割されて行動していた。ソ連領に入って来た第2方面軍指揮下の小部隊にいた人物に、延吉市で話を聞いた金善がいる。

「私は幼い時から少年団などで革命活動に従事していましたが、正式に抗日部隊に入隊したのは一九三五年、私が一五歳の時でした。入隊した部隊は当時金日成が指揮していた第6師です。6

師の8団に入れられましたが、当時の8団の団長は金一（後の北朝鮮政府副主席）で機関銃隊長は呉白竜（後の朝鮮人民軍大将）でした。一九三九年ごろから、日本軍の追撃が激しくなり、私たちの部隊も苦しい状態に追い込まれていきました。一番困ったのは食糧が入手できなくなり、飢えたままの逃避行が続いたことです。

一九四〇年一〇月、第2方面軍は部隊をいくつかの小部隊に分割し活動していましたが、私たちの部隊は比較的大きく、四〇人ほどいました。日本軍に追われ交戦しながら密林をさまよっていました。そんなとき偶然、第5軍の柴軍長の部隊と出会いました。彼らは私たちにソ連領に行くよう忠告してくれました。その時、まず病弱者、負傷者からソ連領に退避させるよう助言していきました。そこで、そのような処置をして、部隊はソ連領に向け行軍しました。その退避行軍も大変でした。後ろから日本軍が迫っており、しんがりのパルチザンが銃火を交えて時間を稼いでいる間に、隊列の先頭に配置した病弱者などが、国境の河を渡ってソ連領に退避し、何とか日本軍の追撃を振り切ったものです。

川を渡ってソ連領に入り、その後、ソ連軍の兵営に連れて行かれ、そこで約二カ月間過ごした後、抗日連軍の南野営に連れていかれました。そこにはすでに一五〇人ほどの遊撃隊員がおりました。金日成も金正淑も後からやって来て南野営で一緒になりました」

とソ連領に入った当時を回想していた。

金日成のソ連領逃避は『東北抗日連軍解放闘争史』によれば一九四〇年一一月となっており、周保中の日記にも同時期、金日成の入ソが記載されている。この時期、ソ連領から八月に満州に出撃した呂英俊も南野営に帰ってきており、金日成とそこで再会した。

「金日成が金正淑と結婚したのは入ソする少し前の小部隊で活動している時だった。私は金正淑とは一九三一年ごろ、東満の八道溝のトンコリという朝鮮人集落で一緒に生活しており、幼い時からの知り合いだった。その集落では北朝鮮政府副主席になった朴成哲《パクソンチョル》の夫人、金英順《キムヨンスン》も一緒だった。一九三二年、この地域でコレラが流行して多くの人が死に、その集落から人々が逃げ出してしまったことがある。その後、私が集落を訪ねたら、金正淑が一人残っていたのでびっくりしたもんだ。彼女が金日成の部隊に入隊したのは一九三六年で、長白県にいたときだと記憶している。金日成もそうであるが、パルチザンたちは入ソ直前にかなりのものが結婚している。金善もその時期結婚した」と語っている。

『金日成回顧録　第8巻』で金日成は、「私は国際党（コミンテルンのことを指している）が招集した会議に参加する為、ソ満国境を越えソ連領に入ったのは一九四〇年一一月でした」と「回顧」している。入ソの時期は中国の資料と一致するが、入ソは日本軍に追われ逃避したのではなく、ソ連軍と抗日連軍、そして「朝鮮人民革命軍」の朝・中・ソ同盟軍の軍事同盟締結の協議のため、コミンテルンから招集され、ハバロフスクに赴いた、と荒唐無稽な主張をしている。この時期、コミンテルンが「朝・中・ソ」の「軍事同盟」締結の協議のため金日成を招集したとする事実は、いかなる資料にも痕跡すらない。

第三部

幻の狙撃旅団

第一章

抗日連軍のソ連領逃避と南北の野営

抗日連軍の壊滅と第二次伯力（ハバロフスク）会議

抗日連軍各部隊が苦境にある一九四〇年九月、ソ連が新たな動きを見せ始めた。ソ連は抗日連軍部隊崩壊の状況を知り、抗日連軍の損害がそれ以上拡大しない前に、部隊を掌握したいという思惑が強かった。しかし抗日連軍部隊を完全に掌握する困難は承知していた。彼らが中国共産党の指導する革命軍である以上、ソ連軍の意のままにはならないからである。

そこで抗日連軍とのソ連側担当者王新林は一計を案じ、九月三日に第一、第二、第三路軍の軍長と政治委員に対し、一九四〇年一二月、ハバロフスクで中国共産党の抗日部隊幹部会議を開催する。その会議には中国共産党中央の代表も参加するので、部隊を引き連れてソ連領に入ることを要請するとの通達書を送った。

この通知書を受け取った抗連幹部たちは皆一様に希望を抱いたであろう。安全地帯であるソ連領にしばらく滞在でき、さらに長期間にわたって連絡が途絶えていた中共中央代表団との会議が開かれ、そこで党組織と遊撃戦の今後について討議されるという内容であったからである。

この通知書を受け取った周保中は自分が第一次ハバロフスク会議を終え、ハバロフスクを去る直前の一九四〇年三月、ソ連軍幹部に託した中共中央宛の書簡が届き、中共中央によってこの処置がとられたと信じて疑わなかった。

この通知書が、すでに戦死していた第一路軍長楊靖宇に届かなかったのは当然であったとして、密林の奥深く病床に伏していた魏拯民に届いたかも判明していない。魏はこの通知書に接していなかったと考えられている。また金日成がこの会議に招集されたという記録は中国の資料には残っていない。楊靖宇軍長、魏拯民政治委員に招聘状が出されたとしても、その地位からして金日成に招聘状が出される筋合いのものではない。

周保中はこの通知書に接し、直ちにソ連領に向け出発した。一〇月下旬、日本軍の追撃をかわしながら、周保中の部隊はウスリー河を渡り、ソ連領に越境すべく行軍を続けた。その行軍途中、日本軍に発見され、執拗な追撃に遭う。それをかわしながらの行軍で、食糧は途絶え隊員たちの疲労は極限に達してきた。季節はすでに厳寒の時期に入っている。やがて国境の河川が見えてきたが、河はまだ凍結しておらず、舟なしでの越境は不可能である。

崔庸健参謀長の指揮する一隊が、古い小舟を一艘探し出してきたので、一一月二日未明、まだ夜が明けきらないうちに、その舟を使い渡河を開始。最後の隊員たちが対岸につく直前、抗日部隊を発見した日本軍が攻撃を開始したが、その時は全員対岸に上陸していた。対岸に上陸したパルチザンたちを目撃した日本軍は取り逃がした悔しさから、対岸に向け銃を乱射したが、パルチザンたちはすでに射程外に退避していた。ソ連領に入った周保中は直ちにハバロフスクに護送された。

同時期、第5軍長柴世栄は遠征地の東満琿春付近から入ソ、第三路軍長李兆麟は一一月初旬、愛輝から黒竜江を渡り入ソした。馮仲雲、金策は一二月、遜克から黒竜江を渡って入ソし、第6軍長も一二月に入り入ソしたが、第一路軍の軍長と政治委員だけが姿を見せなかった。ソ連軍から招集を受けた部隊長とその部隊だけが、この時期ソ連領に赴いたのではない。すでに第一路軍系のパルチザンはてんでバラバラにソ連領に退避していったが、それ以外の部隊も日本軍に追い詰められソ連に逃避していた。

第6軍長王郊明と共にソ連領に入った彭旋魯は当時を回顧して、当時の厳しい状況下で唯一の生き残りの道が、ソ連領への「戦略的後退」だと話し、自分が体験した苦境を次のように述べた。「我々の部隊は約一〇〇名ほどだったが、一九四〇年一一月の時点で、食糧の補給もできず、弾薬類も底をついていた。一二月に入ると満州の荒野は雪が降り積もり、行軍もままならぬ状況になってくる。何人かの同志が飢餓状態で倒れた。食糧が無くなってから、ある同志が楡の樹の皮の裏側のやわらかい部分を削ぎ、小さく切って、長時間煮ると米汁のようになり、それを飲めば幾分腹の足しになるというので、楡の樹の皮で飢えをしのいだこともあるが、準備には時間がかかり、敵の追撃や包囲網の中で、それだけ時間をかけることも不可能となった。この時我々の最大の敵は日本軍と共に、直面する飢えをいかに解決するかという問題であった。

食べ物を口にできず、三日経つと猛烈な飢餓感を覚えるが、三日が過ぎると飢餓感が薄れて気力がなくなっていく。何とかこのような状態を克服しようと隊長の王郊明は崔用珍《チエヨンジン》（後の朝鮮人民軍上将）に二〇人ほどの部下をつけ、食糧工作のため、集落のある方面に派遣した。彼らが出発した後、我々は密林の中に身をひそめていたが、夜明けまでに帰る予定の崔用珍の小隊は帰ってこなかった。

夜明けに突然銃の発射音が響き渡り、味方の見張りから『敵だ！』という叫び声が上がった。我々の部隊の五〇メートル近くまで日本軍は接近していた。双方の激しい銃撃戦が交わされた。我々の部隊はその場所から撤退した。そのような局面を想定して、崔用珍たちの部隊とあらかじめ示し合わせていた場所に移動したのである。会合約束地点に着いて部隊の犠牲を調べてみると、一一名が行方不明になっており、五、六名が負傷していた。隊長も指に銃弾を受け人差し指をなくしていた。崔用珍たちの部隊は昼過ぎに帰ってきたが、食糧工作は失敗し、持ち帰った食糧はなかった。

部隊全員が希望を失い、深い沈黙の中に沈んでいた。これからどうすればよいのか考え、何か良い知恵があればと思ったが、対策が思い浮かばなかった。東北の早い夕闇が迫りつつあるとき、隊長が『周保中同志の新たなる指示に従い、今夜中にソ連領に入ろう』と提案した。誰もがその意見に積極的に賛意を示さなかったが、それ以外の対応策はなかった。部隊はウスリー河に向かって行軍を開始した。そして二日目の午前四時ごろ、ソ連領内に入った。そこはソ連領辺境の比金鎮だった。

我々が河を渡って上陸すると突然向こうのほうから銃の発射音が響き、ロシア語の叫び声がした。我々は『パルチザン！』と叫び返した。やがてソ連兵が姿を見せ、我々に武器を地上に置くよう指示した。それに従うと彼らは我々のところにやって来て、一人一人の身体検査をし、武器を所持していないことを確かめた後、私たちを彼らの兵営に連れて行った。

ソ連兵の兵営に入ると彼らはパンやジャガイモ、肉などを運んできて、自炊して食べるように指示した。隊長はソ連軍上尉（ソ連軍の階級では大尉の下、中尉の上）と何時間も話し合っていたが、我々はこの上尉――彼は中国名を海陸と呼ばれ、後々まで我々の部隊と行動を共にする――に連れられ、トラックに乗せられてハバロフスクの小さな兵営に運ばれた。トラックは厚いカバーで覆われ、外から我々が乗っていることが見られないようになっていたが、我々も外が見えない状態だった。ハバロフスクまでは約四時間かかったが、そこには中国語ができるソ連人もいて我々は安心した。」

彭旋魯の入ソ時の回想である。

この時期、抗日連軍の大量入ソの情報は日・満本軍も把握しており、その目的がどこにあるのかは判明しないまま、国境地帯の厳重封鎖の指示が出されていた。

満州国駐在東寧領事古屋克正が外務省に送った報告書に「一一月下旬三回に亘り二十数名の越境入蘇せる足跡を発見……将来も討伐積極化に伴ひ、反復を予想せらるる所なるか本件に関して一二月以降、関係日軍に於いて厳重封鎖警戒を実施しあり」（原文カタカナ）と書き記している。

この東満地域から「越境入蘇」したパルチザンたちは、小部隊に分散して活動していた第一路軍系の部隊であろう。

彭旋魯の部隊がソ連領に入ったのは一九四〇年一二月の半ばで、入ソした部隊の中では最も遅い部隊の一つだった。その時期すでに多くの部隊がビヤツコイで野営生活を送っていた。彭旋魯は初めて北野営に入ったときのことを次のように語っていた。

「ハバロフスクのソ連軍兵営に連れていかれ、そこで食事を与えられた後入浴したので、ずいぶん気持ちが落ち着いた。その時遊撃戦で着ていた衣服は全部ソ連軍軍服と取り換えられた。遊撃戦で密林の中を歩き回って、木々の枝に引っかかり、着ていた衣服はぼろのようになっていたので、ソ連軍も見かねて新しい軍服を出してくれたのだろう。新しい靴も出してくれた。それらを身に着けると、また戦うぞという元気が出てきた。

翌日、その兵営からトラックで二時間ほどある兵営に連れていかれた。トラックから降りて、出迎えてくれた人々を見て驚いた。6軍や7軍の多くの顔見知りの隊員たちがいたからだ。みな再会を喜び合った。そこにはすでに一〇〇人を超す隊員たちがいた。その時私たちが到着した兵営は北野営と呼ばれている兵営で、半掘式の兵営の中には二段ベッドがあり、ストーブは暖壁式のものでロシア人たちはそれをペーチカと呼んでいた。部屋の中は非常に暖かかった。収容される人員が増えて、それらの兵営に全員入れなくなり、とりあえずテントを張って収容した。我々がそこに到着したとき、そこの管理責任者は陳雷（元黒竜江省長李敏の連れ合い）同志であった」

北と南の野営の設立とソ連の策謀

国境を越えて退避してきたパルチザンたちを、ソ連軍はハバロフスク近郊の軍用地とウラジオストックから北西に自動車で三時間ほど行った国境に近いソ連軍駐屯地の二カ所に野営地を設けて収容した。北と南の野営は約六〇〇キロも離れていた。抗日連軍関係者はそれら二つの野営の北側に位置する野営を北野営と呼び、南側を南野営と呼んでいた。

北野営はハバロフスク東北約七〇キロのところにある寒村、ビヤツコイ村の黒竜江畔の近くであった。ソ連軍はここにいくつかの小屋を建て、テントを張って逃避してきた抗日連軍隊員を収容した。この野営には主に周保中の指揮する第二路軍系の兵士と李兆麟指揮下の第三路軍系の隊員たちが収容された。李在徳や金貞順、彭旋魯、李敏などが入所した野営である。

南野営はウラジオストックとヴォロシーロフ（ウスリースクの旧称）の中間にある寒村「ハマタン」のソ連軍駐屯地の近くにあった。そこには第一路軍系の生き残りの隊員たちと第二路軍系の第5軍指揮下の部隊が収容されていた。第5軍は周保中の指示で第一路軍支援のため東満で活動していたが、彼らも日本軍に追われ活動地に近い南野営に退避していた。延吉市で話を聞いた呂英俊、金善たちが収容された野営地である。

一九四〇年一一月、王新林から招聘状を受けとった人々のうち、魏拯民、楊靖宇を除いた人々は入ソした。周保中から招聘を受け、南野営からハバロフスクに赴いた第5軍長柴世栄はハバロフスクで再会した周保中に、南野営には魏拯民も楊靖宇も到着していないが、一路軍系幹部として安吉《アンギル》や徐哲《ソチヨル》（ともに北朝鮮建国後、閣僚）が退避して来ていることを伝えた。周は彼らを魏や楊の代理としてハバロフスクに呼び寄せる処置を取った。また、同時期、金日成が日本軍に追われ入ソしたが、身分を証明するものを何も持っていなかったため、ソ連軍に捕まって監禁されていることを知った周保中はソ連軍と交渉して彼を釈放させ、ハバロフスクに呼び寄せた。金日成がハバロフスクに向け出発したのは他の抗日連軍幹部より遅い、一九四一年一月二日であった、と周保中の日記に記されている。

一九四〇年一二月一〇日ごろから、抗日連軍幹部とソ連軍幹部の非公式的な会合が開かれた。非公式というのは、会議の主催者である中共中央の代表団がまだ到着していなかったからである。ハバロフスクに集まった抗日連軍幹部たちの最大の関心事は中共中央を代表して誰がやってくるのか、彼らはどのような提案と方針を示すのかという点に集中していた。そして誰もがこの困難な時期の解決案が提示されることを強く望んでいた。

周保中には誰よりその気持ちが強かった。満州省委と中共中央との連絡が途絶えた後、周保中が実質的に抗日連軍の指揮を執る立場に立たされるようになるが、日本軍の討伐戦の強化で抗日連軍の崩壊が始まり、周保中はそれに抗する重責を担いつつもあえいでいた。ハバロフスクに到着した後、周は連日のようにソ連軍に中共中央代表団の到着はいつになるのかと問い合わせていた。そして到着次第面談したいと伝えてくれるよう依頼した。ソ連軍はその申し入れを受けるたびに「到着はまだだ。しばらく待ってほしい」と明確な回答をしなかった。そのような回答が届くたびに周保中たちの焦りは強くなっていった。

一二月一六日、ソ連は抗日連軍幹部たちに、中共中央代表団は会議に参加できなくなった、と告げたが、なぜ来られなくなったかは一切説明がなかった。代表団の不参加通知に呆然としている抗日連軍幹部たちはやがて不参加の理由について問いただしたが、ソ連軍は我々にもわからないと答えるだけであった。そのソ連軍の返答を聞き抗日連軍幹部たちの胸中を去来したのは今後の展望についての不安と共に、ソ連軍の仕打ちに対する疑念と不信感だった。

抗日連軍幹部の脳裏には王新林が招聘状を出す時点で、本当に中共中央代表団はハバロフスクに来ると約束していたのか、という疑念が強まっていった。もし、ソ連が中共中央代表団抜きで、抗日連軍幹部と会議を開催しようとしているとすれば、それはどのような意図があって会議を開こうとしているのだろうかという疑問が新たに加わり、ソ連軍の出方、その提案に対する警戒心が強くなっていった。

いずれにしても、中共中央代表団が参加できないとしても、抗日連軍の今後をソ連軍と協議する必要がある。中共代表団不参加の通知を受け、抗日連軍幹部たちは連日会議を開き、中共代表団が参加しないという状況によって会議は当初と内容が違ったものになり、ここに集まった者たちで問題に対応しなければならなくなったことを確認して、ソ連側に「ここに集まった者たちとソ連軍幹部とで今後の方針、任務などの問題を明確にするため、準備会議を持ちたい」と提案し、ソ連軍もそれを受け入れた。

一二月下旬、抗日連軍幹部とソ連軍幹部の会議が持たれた。この会議を中国では第二次伯力（ハバロフスク）会議と呼んでいる。

この会議の中国側参加者は第一路軍系を代表して徐哲、安吉、そして一月になって金日成が参加した。第三路軍系を代表して金策、李兆麟、馮仲雲、第二路軍からは周保中、王郊明、季青、柴世栄、崔庸健であったと伝えられている。この顔ぶれを見て改めて抗日連軍と朝鮮民族のつながりの深さを感じた。金日成、徐哲、安吉、金策、崔庸健たちは北朝鮮建国後、政府の要職についている。

余談であるが、北京で金貞順に抗日連軍と朝鮮人幹部の問題を話し合っている時、

「ところで金日成と崔庸健、金策は東北での遊撃戦活動中に、何度も会って協議したことがあるのでしょうか」

と質問した。北朝鮮革命闘争史では崔庸健や金策はあたかも金日成の指揮下で、遊撃戦を展開していた配下のように記述されていたからである。金貞順はおかしな質問をするものだ、ともいうように頭を振りながら、

「東北にいたとき一度も会ったことはないよ。もともとの指揮系列が違うし合同での作戦もなかった。作戦地域が数百キロも離れていたからね。名前ぐらいは承知していたかもしれないが、会ったことは一度もなかった。一九四一年一月のハバロフスクで初めて顔を合わせたのだと思うよ」と語っていた。

同じ質問を李在徳にもした。彼女は崔庸健の教え子でもあり、同じ系列の遊撃隊で活動しており、個人的に崔庸健をよく承知していたから質問したのだが、李在徳も彼らはハバロフスクで、初めて顔を合わせたと断言していた。

『金日成回顧録』には崔庸健や金策と金日成が一九四一年以前に満州の地名を具体的に挙げ、そこで金日成が彼らに指示したと断言した「回顧」はないが、何となく彼らの名前を挙げ、あいまいに金日成の配下であるかのような印象を抱かせる記述になっている。

さて中ソの協議であるが、中共中央代表団が不参加のまま、第二次伯力会議は開催されることになった。王新林の通達に中共中央代表団の参加が謳われていたのは、抗日連軍幹部を集めるための、ソ連軍の口実であった。連絡が途絶えている中共代表団が参加するといえば、すべての抗日連軍幹部と部隊が集結すると知り抜いているソ連の策謀であった。

ソ連軍の狙いは一九三九年末の第一次伯力会議で問題になり、失敗した、中国共産党と抗日連軍組織の分離、抗日連軍部隊のソ連軍指揮下への移管の実現を期することと、崩壊前に抗日連軍を保全することにあった。満州における対日作戦遂行の一環として、抗日連軍部隊はソ連にとって十分利用価値の高い武装部隊であったからだ。

ソ連側と抗日連軍幹部との会議が開かれたが、最初から王新林と抗日連軍幹部たちとの激しいやりとりが続いた。抗日連軍幹部にはソ連軍に対する強い不信感があり、ソ連軍には何が何でもこの機会に、抗日連軍を自分の指揮下に置こうとする姿勢が強かったからであろう。

この時期の王新林の態度について北京で話を聞いた彭旋魯は、

「周保中から私が聞いたところによると、第一代目の王新林は非常に傲慢で、抗日連軍を馬鹿にするようなところがあり、彼の主張は道理もなかった。協議の場では口論になり、双方が感情的になっていったという」と語っていた。

第一代目の王新林の個人的性格に問題があったのは確かであろうが、彼の「道理のない主張」は彼個人の見解と主張ではなく、ソ連軍の主張であった。

一九四〇年一二月から翌年一月上旬まで会議は続き、統一指導機関の設置、党機関の再建、幹部の人選などが討議された。しかし意見の一致は見なかった。周保中の日記には「様々な原因により完全に実現しなかった」と書かれている。しかし具体的には何が実現せず、その原因は何であるかについての記述はない。その点について彭旋魯に質問した。

「その時、中国側とソ連側との間で、どのような問題で意見の対立が起きたのですか」

「王新林は抗日連軍の各部隊を極東ソ連軍の各軍区に分属させる提案をし、抗日連軍を完全にソ連軍指揮下の部隊にしようと目論んだ。それに対して周保中は激しく反論した」と答えた。

第一次伯力会議の時、ソ連軍が提案した議題を王新林が再び代弁し、形を変え再び議題に持ち出した、ということであろう。

「その王新林の主張を支持した中国側の幹部はいたのでしょうか?」

「いやいない。皆その道理のない主張に反対した。抗日連軍は中国共産党の指揮下で闘争する中国革命のための武装組織である、という原則を揺るがすことはできなかった」

と断固として誇らしげに、ソ連側の主張に同調する幹部は一人もいなかったと語っていた。第一次伯力会議のときの趙尚志のように、共産党組織指導部から外された幹部が、第二次伯力会議に参加していなかったこともあり、抗日連軍幹部の足並みはそろっていたのであろう。

この中国側の見解について『金日成回顧録　第8巻』は会議で抗日連軍幹部とソ連の主張を、

くどくどと述べているが、重要な事実関係が明確に違っている。まず金日成、安吉、徐哲の三人が、この会議に出席したことは認めているが、彼らは周保中から第一路軍残存幹部として会議に招集されたのではなく、朝鮮人民を代表した「朝鮮人民革命軍」指導部としてコミンテルンから招致され会議に出席したと述べている。ただおかしなことに「朝鮮人民革命軍」代表として出席したにもかかわらず金日成は「朝鮮人民革命軍」の状況と第一路軍の状況について会議で報告したという、辻褄が合わない記述もある。

ともあれ『回顧録』では会議が紛糾したとき、金日成は朝鮮の代表者として中・ソ両者の主張を調整し、ソ連、中国、朝鮮の革命勢力が協調して活動できる結果を導き出し、会議を前進させることに成功したと自賛している。そして今後の活動方針として大規模部隊による出撃よりも、小部隊での出撃が最良であるとの意見を主張し、参加者の賛同を受けたと自慢している。まるで第二次伯力会議は金日成が主役のような「回顧」である。

第二次伯力会議で周保中はソ連軍提案に激しく反論しているが、現実的には抗日連軍が独力で遊撃戦を展開することが不可能である事態は把握しており、何らかの妥協はせざるを得ない立場に追い詰められていた。妥協を強いられたとしても、手持ちの「切り札」抗日連軍の組織と戦闘力の強化を図ることにより、交渉を有利に運ぶことができると判断して、周はハバロフスク滞在中に、北野営に収容されていた配下の幹部に手紙を送り、北野営に臨時党委員会を設置し、その指導の下、遊撃戦に備え、訓練をすることを指示している。手紙を受け取った北野営では臨時党委員会を組織し、書記に姜信泰《カンシンテ》（北朝鮮建国後、朝鮮人民軍総参謀長）を選出して、その指揮下で軍事政治訓練がなされた。その訓練や政治学習について彭旋魯は、「北野営に集まった抗日連軍隊員たちは学習と訓練を行うことになった。訓練は射撃、戦術、銃剣術、スキーなどの日課を決めて行い、政治学習はソ連側が提供したソ連共産党史などの中から選んで学習した」と語っている。

ハバロフスクでは王新林と抗日連軍幹部たちの会議が続いていたが、対立は激化するばかりであった。ソ連軍は王新林の強硬な主張だけでは抗日連軍側を説得できないと考えたのか、一九四一年一月上旬、突然ソ連側の代表を更迭し、後任に極東ソ連軍情報部長のツワイゲル少将を任命した。秘密保持の必要から彼もまた、王新林を名乗った。ツワイゲルは初代王新林と違い、性格的に傲慢なところがなく、相手の意見にも耳を貸すという態度であったので、周保中との協議は進展を見た。

ツワイゲル少将は周保中が主張する、中国共産党の指導する抗日連軍の存在とその指導性の存続を認めたが、部隊の運用はソ連軍の承諾を前提にし、ソ連側の作戦には無条件の協力を承知させた。いわば形として周保中の主張を認め、部隊の運用では実質的にソ連軍の指揮、支配を認めさせたのである。

満州出撃のための訓練の強化――しかし出撃を阻まれ

中ソ間の妥協は成立したが、敗残して越境してきた抗日連軍とソ連軍とでは力関係で圧倒的にソ連軍側が有利な立場にあった。ソ連の支援なくして抗日連軍の生き延びる道はなかったからである。周保中は抗日連軍がソ連領内にとどまる限り、抗日連軍の完全な自主、指揮権の確立は望むべくもない現実を認識したうえで、妥協できる点は妥協した。そして満州に帰れば、そのようなソ連の干渉は排除できると考え、抗日連軍に対する党の指導という点を重要視し、そのことに固執した。

周保中はソ連側と協議を続けながら、満州での遊撃戦に備え、南北野営での党組織の整備と軍事訓練の一層の強化を指示した。満州での遊撃戦の継続にまだ望みを捨てていなかった。二月、三月と南北野営の指導のため周保中は忙しく働いた。三月五日から一一日の七日間、周保中は金策を同道し、南野営を訪れたとその日記には記述されている。そしてそこで党委員会の会議を主催した。

当時南野営では金日成が第一路軍系を代表していた。第一路軍長楊靖宇戦死後、政治委員魏拯民、政治部主任呉成崙（全光）、参謀長韓仁和など、金日成の上席の指揮官たちの行方は不明であり、同格の第1、第2方面軍の軍長は戦死していたからである。

ハバロフスクの会議では金日成は安吉、徐哲と三人で一路軍代表として参加していた。周保中は金日成の遊撃戦の成果を評価していたのであろう、彭旋魯は「ソ連軍側との会議の時、周保中は三路軍長たちと共に、金日成も連れて行った」と語っていた。

周保中が金策を伴って南野営に赴き、指導に当たっていた三月八日、魏拯民は雪にうずもれた密林の奥の小屋で病死した。そのことを周はもちろん、第一路軍幹部の誰もが知らなかった。

連絡員として魏拯民との連絡係をしていた呂英俊はその後、魏拯民の護衛兵から、その最後の瞬間を聞いている。
「魏拯民の死因は病死だった。一九四一年三月、少数の同志が彼の死亡を最後まで看取り、護衛兵が彼の遺体を埋葬した。その後、護衛兵たちはそこを出たのだが、魏の病死と埋葬を日本軍に密告した奴がいて、日本軍が魏拯民の埋葬場所を探し当てて掘り起し、遺体に銃弾を撃ち込み、あたかも魏拯民が日本軍の討伐戦で銃殺されたかのように発表した。銃弾を撃ち込んだ首の写真を撮って、それを証拠として発表したと聞いている。奴らは多分魏拯民の首にかかっていた多額の懸賞金が欲しかったのであろう」と語っていた。

第一路軍政治部主任呉成崙、この『アリランの歌』の主人公キム・サンの友人は魏拯民の病死よりも少し前、日本軍に包囲され、ソ連領に逃避できないまま日本軍に投降した。ロシア語が堪能で抗日連軍幹部では誰よりもソ連についてよく承知していた呉成崙は日本軍に投降した時点で、革命家としても輝きを失い、日本軍の討伐戦に協力させられ、中国解放後は八路軍に反革命分子として逮捕され、病死している。

第一路軍参謀長韓仁和は一九四一年三月一日、日本軍に包囲され、交戦中に逮捕・処刑された。周保中が南野営に赴く準備をしていた時期であるが、そのことを周保中は知る由もなかった。

周保中を迎え、三月五日から始まった南野営の会議で、周保中と金策は南満党組織の再建を提案し、南野営党委員会を設立した。書記に第5軍政治委員の季青を選出し、委員に柴世栄、金日成、金一が就任した。この時、会議に出席した隊員たちから周保中への要望として、一日も早く部隊を東満に返し、遊撃戦を再開できるようソ連側と協議してほしいとの強い要望が出された。

この要望は北野営でも出されていた。周保中はソ連軍関係者と協議し、その承諾を得て部隊を分散し、それぞれの遊撃活動区に送り込む準備を始めた。

南野営の幾組かの小部隊が、ソ連軍から武器弾薬、食糧を補給され満州で遊撃戦を展開すべく、再び越境したのは、周保中の日記によれば四月九日であった。北野営はまだ雪で覆われており、南野営からの出撃が一〇日ほど早かった。

余談であるが、私は二〇一一年三月末から四月初めにかけて、南野営の設立されていた地域と北野営が設立されていた場所を訪問した。南野営の地は日中の温度が数度となり、雪はすでに消えていた。ソ連領から見る中国領は春の日差しを浴び、褐色の雑木林と原野が広がっていた。しかし北野営があった場所は昼間でも零下を記録し、まだ雪の中に埋もれており、黒竜江は凍結したままであった。この気候の違いが南北の出撃日の差となった。

南野営の部隊の出発が数日遅れていたら、彼らの満州出撃はなかったであろう。南野営のパルチザンが出撃していった数日後の一九四一年四月一三日、日本とソ連との間に「日ソ中立条約」が締結され、お互いの領土に対する武力攻撃の停止が決議されたからだ。

北野営で出撃準備を進めていた彭旋魯は語る。

「三月末、一部の部隊が先発部隊として東北に向け出発していった。四月の初め、約一〇〇人の部隊がハバロフスクに向かった。ソ連軍の軍服からゲリラ戦用の服に着替え、武器、弾薬、食糧を受け取り、出撃の準備を整えた。野営地ではソ連軍幹部が女性遊撃隊員の出撃をやめるよう忠告した。その忠告を受け、ほとんどの女性隊員は野営地に残ったが、少数の女性同志は夫と共に戦場に出ることを願い、忠告を受け入れることを拒んだ。李在徳もそのような女性隊員の一人だった。

野営地では皆興奮していた。出発する準備を整えながら、お互いに勝利を誓い合い、戦った後の再会を願っていた。休養を十分にとっていたおかげで、皆元気いっぱいであった。しかし数日後、ハバロフスクに向かった一〇〇名あまりの同志が引き返してきた。野営地に残っていた同志たちは全員総出で彼らを出迎えたが、なぜ彼らが引き返してきたのか、その理由をただしたが、誰もその問いに答えられなかった。彼らの語るところによれば、ウスリー河を渡る準備をしていたところに、ソ連軍の将校がやって来て、ウスリー河は解氷の流氷のため危険だから、川を渡ることができない。引き返せと命令を伝えたという。それがソ連軍の口実であることは誰もが気付いていたが、なぜソ連軍が撤退の命令を出したのか、その本当の理由を知らなかった」

この時期、抗日連軍部隊にとっても大激変の時期であったが、世界情勢も激動していた。その波が抗日連軍の満州出撃活動に大きな影響を与えたのである。

当時、日本は米英列強と対立関係を強めながら、ドイツ、イタリアと提携し、反共反ソの立場を堅持していた。日本はドイツとの間に一九三六年、「防共協定」を締結し、イタリア、ドイツとの軍事同盟関係を強めるため、陸軍が主導し「三国同盟」の締結を画策していたが、外務省、海軍省などが反対し「三国同盟」の締結は延び延びになっていた。そのような時期、欧州ではドイツがポーランドへの侵攻を狙っていた。ドイツ軍がポーランドに侵攻したとき、ソ連がポーランド支援に回ることを阻止する策略としてヒトラーは、ソ連との間に「独ソ不可侵条約」を締結し、ソ連との一時的妥協を図った。一九三九年八月のことである。その年の五月、日本はソ連との間にノモンハンで、大規模な軍事衝突を起こし、ソ連とは激しい敵対関係を強めていた時期である。盟友ドイツのソ連との不可侵条約締結に日本の政治指導者は呆然狼狽し、世界情勢の趨勢が読めず、当時の日本の首相平沼騏一郎は国際情勢の「複雑怪奇」を理由に、総辞職するありさまであった。

ドイツはソ連との不可侵条約締結で、ソ連のポーランド支援体制を阻止したうえで、ポーランドに侵攻を開始し、ポーランドを支援する英仏との戦争に突入していった。日本はドイツの一時的勝利に幻惑され、日独伊の三国軍事同盟を締結した。さらに日本の南方進出を容易にするため、ドイツに倣い、満州などの背後を防衛する処置として、ソ連との間に一時的和平関係を保つため、「日ソ中立条約」の締結を画策した。そして一九四一年四月、時の日本帝国外務大臣松岡洋右が欧州を訪問した際、ソ連との間に協議がなされた。ソ連もバルカン諸国を占領したドイツの自国領土侵攻の危機を感じていたため、その協議に応じ、一九四一年四月一三日「日ソ中立条約」が締結された。

問題は「日ソ中立条約」の締結が、抗日連軍の満州への出撃に大きな影響を与えたことである。「日ソ中立条約」には双方の領土の保全、不可侵と戦時の中立の有効期間を五年とする内容が骨子になっているが、条約締結時に共同声明も出された。この共同声明が、抗日連軍のパルチザン出撃禁止と密接な関係にあった。その共同声明には日本とソ連だけでなく、双方はモンゴルと満州の領土の保全と不可侵を謳っていた。

「日ソ中立条約」の締結で、ソ連は満州への敵対行動をとれなくなったが、このような時期に、抗日連軍の各部隊が満州に出撃する準備を始めていたのである。ソ連は共同声明で満州の領土保全と不可侵を謳った直後に、抗日連軍部隊を満州に出撃させる処置が日ソ関係に及ぼす政治的影響を考慮し、抗日連軍部隊出撃の禁止処置を取った。

このソ連軍の出撃禁止処置がとられる数日前、南野営のパルチザンたちは小部隊に分割されて、雪の解けた原野の国境を密かに越え、満州に出撃していった。

金日成、満州へ最後の出撃

金日成が小部隊を率いて琿春付近から、ソ満国境を越え、満州に出撃していったのは四月九日である。「日ソ中立条約」締結のわずか四日前であった。この時の満州出撃時、金日成が周保中から与えられた任務は二つであった。一つは第一路軍の指導部を構成していた人々、特に魏拯民の生死の確認である。この時期になっても、周保中たちは彼の生死の確認が取れずにいた。魏拯民は三月中旬、すでに病死していたが、その消息は伝わっていなかった。もう一つの任務は指導部と連絡が取れないまま、密林の中で分散して戦っている第一路軍系遊撃隊隊員たちを収容し、ソ連領に連れ帰る任務であった。

金日成たちの出撃は日・満治安当局も把握しており、その報告書で散見できる。満州国牡丹江警察庁の報告書は「金日成、崔賢、安尚吉、柴世栄等有力匪団は本年初頭（一九四一年）までに全部入蘇『ウオロシーロフ』に於いて各種訓練を受け、四月以来新編成と新方針の下に随時入満しつつあり」（原文カタカナ）とほぼ正確に抗日連軍の出撃を報告している。

金日成は小部隊を率いて、与えられた二つの任務を遂行するため、東満地域で遊撃戦を展開しながら、残存していたパルチザンを収容していった。八月、金日成の小部隊に収容した生き残りのパルチザンから魏拯民の病死を聞き知り、満州での遊撃戦を打ち切って南野営に帰り、魏拯民の病死、呉成崙の行方不明、抗日連軍一路軍系の壊滅の報告書を周保中宛に書き送った。金宇鐘はこの金日成の報告書は一九九一年当時、中国に保管されていると話していた。南野営にいた金日成の小部隊以外の遊撃隊もその年の冬が訪れる前に帰って来た。

一九四一年八月、金日成は南野営に帰還した後、一九四五年九月まで一度もソ連領内から出撃したことはないと中国の資料や金善、呂英俊、彭旋魯、李在徳らは話していたが、北朝鮮現代革命史では一九四一年から朝鮮が解放される一九四五年まで、金日成は白頭山麓の朝鮮領内の密林を根拠地にして、遊撃活動をしていたことになっている。

『金日成回顧録　第8巻』では一九四一年四月の満州への出撃について「私が小部隊を率いて基地（南野営とは言っていない）を離れたのは一九四一年四月でした。私たち小部隊がしなければならない基本任務は東満一帯で残って闘争している小部隊と小グループと連携し、彼らに対する統一的指揮を保障することでありました」と述べているが、ここでは誰の指示で満州に出撃したのか明記されず、誰の「統一指揮の保障」なのかもあいまいに表現され、あたかも自分の判断と自身の「統一指揮」確立のための出撃であるかの印象を与える書き方であり、残存遊撃隊員をソ連領に連れて帰ることについても言及していない。

さらに不思議なのはこの時の出撃で最も重要な任務である魏拯民の生死確認については「我々はその時、魏拯民の行方も知ってみようとした」と、まるでついでに、魏拯民の消息を探したかのように回想している。

そうして八月、南野営に帰還したことについて「我々は国内（朝鮮国内を指す）と東北地方での小部隊活動を成果的に終え、八月、遠東（朝鮮では極東シベリアを遠東と呼んでいる）の臨時基地に帰ってきました」と回想している。

金日成がこの時期、朝鮮国内で活動したという事実はない。ソ連軍管理下にある南野営についても「臨時基地」とまるで自分たちの支配下の根拠地であるかのように書いている。

そして「一九四一年九月中旬ごろ私は前の小部隊活動の成果を固める目的で再び小部隊を率いて満州と国内に出ていきました」と事実に反する記述がある。これは金日成が一九四五年まで朝鮮領の白頭山山麓の密林で小部隊でのゲリラ戦を展開していたという「神話」を人々に信じ込ませるための「回顧」なのであろう。一九四一年一〇月から四二年二月にかけて、金日成は南野営に滞在していて、周保中の指示で「抗日連軍第一路軍略史」を書き、北野営の周保中に送った。第一路軍の政治委員魏拯民の死亡が確認されたその時点で、金日成が第一路軍系を代表して、第一路軍の活動歴を時系列的に著し、その活動の評価を書き残す任務を与えられたのである。

ただ、第一路軍の第1、第3方面軍系部隊については金日成が知らない内情、活動歴があり、「略史」を著す作業は、南野営に収容された第1方面軍や第3方面軍の生き残り隊員たちからの聞き取り作業を伴う、かなり困難な作業であっただろう。

例えば遊撃隊が設立された初期段階で、金日成が属していなかった琿春遊撃隊や和竜遊撃隊などの正確な隊員数、さらに武装状況を小銃四〇梃、拳銃一二梃などや太刀や火縄銃の数まで報告されており、その遊撃隊に在籍していなければ把握できない、細かい数字が「略史」には書き込まれている。それらは南野営に滞在していた第一路軍の遊撃隊生き残りの抗日連軍隊員から聞き取り調査をした結果であろう。

「小部隊」活動と指揮権をめぐる確執

満州への出撃については、北野営と南野営は違った状況の下にあった。

満州出撃のため北野営を出発した部隊は突然、引き返し命令を受け、野営に戻ってきた。引き返しの理由が判明しないため遊撃隊員たちは不安な日々を送っていた。ハバロフスクの極東ソ連軍司令部に呼び出された周保中、李兆麟、馮仲雲はソ連軍幹部から日ソ中立条約の締結の事実と、その結果としてのソ連領からの抗日連軍の出撃禁止処置について説明を受けた。その説明が終わったとき、周保中はいつまでの出撃停止処置なのかと問いただしている。出撃禁止処置が長期間にわたるのなら、抗日連軍がソ連にとどまる必要がないからである。

その問いにソ連側からは返答がなく、当分の間、教練を強化するのが最善であるという方針を示した。周保中たちはソ連側の説明と新方針を北野営に持ち帰り、全員に伝えた。その説明を聞いた時の抗連隊員たちの様子を彭旋魯は、「皆沈黙し重苦しい雰囲気だった」と語っている。

しばらくして隊員たちはてんでに発言した。我々はソ連に騙されているのではないか、という隊員。遊撃戦ができないのなら、ソ連にいる必要はないのではないか、と不満を述べる隊員。様々な意見が出されたが、結局指導部が示した「日ソ中立条約」が締結され、ソ連が日本に満州の領土保全を約束した以上、当面抗日連軍遊撃隊をソ連領から満州に出撃させないとする、ソ連の主張は苦々しい限りではあるが、道理があり、反対できないという意見の一致を見た。ただし、それは日ソの二国間の問題であって、中国解放の闘争を続ける抗日連軍はそのような立場に拘束されるものではない。当然戦いは継続すべきだという意見が大勢を占めた。しかし、現実としてソ連の援助なしに抗日闘争を続けられるのか、という最も重要なところでパルチザンたちは沈黙した。

彼らは春、夏、秋の満州の山野で身を隠し、ゲリラ戦を戦うことは可能であるが「野副討伐隊」が採用した冬季での「ダニ作戦」——雪原に残る足跡を執拗に追跡し、食糧の補給を絶って遊撃隊を崩壊させた日本軍との戦い——の経験から、冬季の遊撃戦が不可能に近いことを知っていた。何度も討論が繰り返され、結局ソ連軍の提示した野営における隊員たちの軍事、政治学習の強化を実施し、今後の出撃に備える準備をしようという結論になった。それと同時に、現在直ちにとはいかないが、満州で戦っている残存遊撃隊と連絡を取るため、ソ連が日本に抗議を受けず隠密裏に小部隊を満州に派遣できるよう、ソ連側と交渉することも決定した。

当分軍事訓練を続け、滞在が長期になることが予想されることから、部隊の自給自足体制を整備する作業に力がそそがれた。兵営の拡大、建設、さらに食糧の自給をめざし、畑作にも力を入れた。

当時のこれらの作業について李在徳は、

「私たち女性同志も男性同志を助けて、穴を掘ったり、小屋を建てたりするのを手伝いました。それはかなり苦しい作業でした。兵士たちの宿舎を完成させた後、本部やクラブを作り、パン焼き小屋を建設し、浴場を作り、食堂や馬小屋、野菜貯蔵庫、倉庫、託児所、それに病院も造りました」と語っている。

それらの建物で二〇一一年までに残っていたのは崩壊寸前とはいえ本部の建物だけである。それは本部の建物が他の建物より大きく、太い丸太造りの建物であったからであろう。

北野営地の生活環境が整えられる一方、周保中たちはソ連軍幹部と交渉を続けていた。それは全員集会で決定した、大規模な遊撃戦は展開できないとしても、少人数での部隊を満州に派遣することをソ連側に了承させるためである。満州にはまだソ連領に避難せず、日本軍相手に遊撃戦を展開している小部隊がいた。彼らとの連絡連携、そして保護が必要であったからである。ソ連は遊撃戦の再開には難色を示したが、偵察、連絡のため、少人数の部隊を満州に派遣することには賛成した。

周保中は日記で少人数のいくつかの部隊を満州に派遣するにあたり、その任務を、(一)まだ満州で戦っている東北各地の遊撃隊と連絡を取る、(二)満州内の日・満軍の動向と軍事施設の偵察、だと書き記している。この二つの任務の内、残存遊撃隊との接触、連絡は抗日連軍側の要求であったであろうが、日・満軍の動静、軍事基地の偵察は主にソ連軍側の要求であろう。

この二つの任務はソ連軍の要求と抗日連軍の要請の折衷案のようなものであるが、その派遣部隊の命令、指揮は誰が行ったのであろうか。抗日連軍残存部隊との接触連絡は周保中が指揮したであろうが、ソ連軍の要求の日・満軍の偵察活動の指揮は誰がとったのか。ソ連軍が偵察活動の要求を出した経過から考えれば、当然ソ連軍主導でなされたと考えられる。

彭旋魯と北京で会って話を聞いた時、その点について質問した。

「確かに王新林は抗日連軍をソ連軍の指揮下に置こうとした。その問題で周保中と激しく対立した。ソ連軍幹部は抗日連軍部隊をソ連軍偵察部隊として使う意図を露骨に見せていた。しかし、そのソ連軍の提案に抗日連軍指導部は全員反対を表明していたので、ソ連軍側はつけ入るすきがなかった」と説明し、それで妥協案の交渉になったという。交渉で「ソ連軍の要求する偵察活動は双方が必要だということで、周保中は偵察活動を承諾し、双方の合意の上で偵察活動は行われるようになった」と語っていたが、その偵察活動部隊の指揮権がどちら側にあったかについては明言しなかった。彭旋魯は自尊心から偵察活動の指揮権がソ連側にあることを話したくなかったのであろう。そして、「偵察活動に従事した部隊はごく少数で、多くの人々はソ連領内で訓練を受けていた」と締めくくった。

偵察活動部隊の設置については抗日連軍とソ連軍との間でぎりぎりの交渉が続いた。周保中はソ連軍が抗日部隊をソ連軍情報部の諜報部隊として使用したがっている事情を熟知していた。周は抗日連軍とソ連軍との関係で平等の関係など存在しないことも思い知らされていた。抗日連軍側は支援を受ける側として、常に弱者の立場に立たされていた。その弱者がかろうじてソ連軍に対し交渉カードとして使えたのが、ソ連軍の偵察要員として抗日連軍隊員を満州、朝鮮に派遣することを承諾するカードであった。周保中はその代わりに、残存パルチザンとの連絡、ソ連領へ退避、そして抗日連軍の中核部隊の温存や中国革命の部隊として訓練・支援することを要求し、妥協したのであろう。

ソ連軍が抗日連軍隊員を偵察要員として使用したがっていたのには、極東ソ連軍の偵察活動のつまずきが背景にあった。ソ連軍は日・満軍の脅威が増す状況の中で、満州と朝鮮の軍事状況の把握を的確にする必要から、独自の軍事偵察・工作要員養成に乗り出していた。ドイツ軍によるソ連侵攻の危機と、極東での日本軍との交戦の危機が増大する中、満州、朝鮮に対する軍事偵察活動は強化されたが、ソ連軍が送り込んだ偵察要員はことごとく日本側によって逮捕されていた。

極東ソ連軍に送られてきた偵察要員は、モスクワ近郊に設置されたソ連軍最高司令部直属のソ連軍偵察学校の卒業生たちであった。極東情勢の緊迫化につれ、朝鮮、満州に送り込む偵察要員の必要性が強まり、ソ連軍は中国系、朝鮮系ソ連人を徴用し、偵察学校で訓練して極東に送り込んだ。

私がタシケントで話を聞いた兪成哲もこの学校の卒業生である。兪は一九四二年一二月、偵察学校を卒業し、朝鮮系ソ連人一二人と共に、極東ソ連軍に配属された。彼らの一年前に卒業した朝鮮系ソ連人六人も極東ソ連軍に送られたが、朴吉男《パクキルナム》（北朝鮮建国後、朝鮮人民軍に参加。朝鮮人民軍中将、工兵局長）を除いた五人が潜入工作途上で犠牲になっていた。

タシケントの暑い夏、狭いアパートの一室で中央アジア名物の西瓜をぱくつきながら一九四二年当時の偵察活動について話をしている時、兪成哲は満州、朝鮮に送られたソ連軍の偵察活動の失敗の原因について次のように語っていた。

「在ソ中国人や朝鮮人はソ連で生まれ、そこで教育を受けた人たちなので、外見は中国人、朝鮮人だが、中身はソ連人だった。ソ連軍偵察局では送り込んだ偵察要員が、ことごとく逮捕された事実にショクを受け、その原因調査をしている。そこで出された結論は偵察要員が現地の事情に疎く、言葉も現地人と違っていることが、正体露見の最大の要因と分析した。特に朝鮮に潜入した偵察要員は一言も日本語が理解できないので、治安当局から誰何されるとすぐに正体がばれた。そのような事情が判明したため、朝鮮での偵察活動要員になっていた私たちは極東に配置された後、ニコスウスリンスクの軍施設で、六カ月間の促成日本語教育を受けた」

偵察活動の失敗の原因をこのように語っていた兪成哲が、突然「ゲンキガイイデスネ。わかるかね。こんな日本語を習ったんだよ」という。

「ゲンキガイイデスネ」と朝鮮語での会話中に突然日本語で話しかけられ、私はびっくりして、一瞬「元気がいいですね」とは私のことを言っているのかと戸惑っていると、私たちと一緒に話を聞いていた兪成哲夫人、金玉龍が、連れ合いの日本語に笑い出した。そして、「それは元気でなく天気でしょう」と修正した。

金玉龍はピョンヤン生まれで旧制の平壌高女を卒業しており、私と会ったとき「日本語は忘れました」と言っていたが、時々口を突いて出てくる日本語は非常に綺麗で正確な日本語を使う。植民地朝鮮で日本が朝鮮のエリートたちにどのような教育をしてきたのかを、一瞬垣間見るような思いがした。

満州、朝鮮での偵察活動の失敗から、極東ソ連軍は朝鮮・中国系のソ連人より、現地を熟知した抗日連軍隊員を偵察要員に使うことが偵察任務をより正確にでき、そして成功の確率が高いと考えた。このような事情から抗日連軍隊員の中から偵察要員が選抜され、極東ソ連軍情報局に所属するようになっていく。

偵察要員は抗日連軍幹部の指揮や命令を受けない。命令は極東ソ連軍情報局から出され、その指示に従って行動し報告書を提出した。

南野営に退避し、そこで一時訓練を受けながら生活していた呂英俊は、偵察要員に選抜されるようになった後の活動について以下のように答えた。

「その偵察活動を抗日連軍では小部隊活動と呼んでいるのですか」

「そうだ」

「その小部隊活動の指示は誰が出していたのですか」

「ソ連軍からの指示だ」

「活動後の報告は誰にしたのですか」

「それはソ連軍情報局の担当将校だった」

「周保中や他の抗日連軍幹部に報告することはあったのですか」

「いや、それは全然なかった」と語っていた。

この偵察活動は一グループが三、四人で、多くても一〇人程度で行動した。そのようなグループが「一五グループあった」と彭旋魯は話していたが、呂英俊の話によれば、それより多かったようで、二〇〇人前後の偵察要員がいたという。初期には任務が終われば南北の野営地に帰っていたが、第88旅団成立後、彼らは分離され、生活の場所も他のソ連軍管理地に移された。待遇も抗日連軍隊員より良かったが、任務は常に命がけであった。

一九四二年以降の彼らの活動を中国も北朝鮮も「小部隊」活動と呼んでいるが、彼らの行動は極東ソ連軍の偵察部隊として、ソ連軍から指示された軍事行動である。北朝鮮が彼らの活動を「朝鮮人民革命軍」の小部隊活動と強弁しているのはソ連軍情報局が朝鮮国境地帯での日本軍の偵察活動に、これらの地域に明るい抗日連軍の朝鮮人パルチザンを使用したからである。呉白竜、白鶴林《ベクハクリム》（後の朝鮮人民軍次帥）、池柄学《チビョンハク》（後の朝鮮人民軍大将）なども初期のソ連軍偵察要員として朝鮮国内に潜入し「小部隊」活動を行っている。ソ連軍偵察要員として活動した抗日パルチザンの氏名の全ては判明していない。秘密工作に従事し密林や日本軍軍事施設内で犠牲になった人々も多いからである。

独ソ戦勃発――野営地は興奮に包まれた

一九四一年六月二三日。北野営にソ連軍高級将校がやって来て、抗日連軍隊員全員を集め、重大な報告があると告げた。突然の全員招集に何事かと緊張しているパルチザンたちにソ連軍将校は、

「昨日、ドイツ・ファシストたちは突然ソ連領に進攻を開始した」

と告げた。独ソ戦の勃発である。その場にいた抗日隊員たちは騒然となった。彼らを静かにさせ

た後、ソ連軍高級将校は演説を続けた。

ドイツと日本は軍事同盟関係にある。日ソ中立条約は締結されているが、ドイツがソ連との不可侵条約を簡単に反古にしたのと同様、日本もこれに倣い、ソ連への進攻がいつ開始されるかわからない。当分厳重な警戒態勢を敷き、そして、いつでも日本軍と戦闘状態に入れるよう訓練を強化してほしい」と締めくくった。

この突然のニュースに野営地のパルチザンたちは驚きながらも、誰しもが直感的にそのニュースを「希望」として受け取った。日ソ中立条約の締結で、いつ満州の地で戦えるかわからない展望のない日々を送っていた隊員隊にとって、この事態はソ連軍と「同盟関係」のもと、満州で戦える自分たちにとって有利な情勢と映ったのである。そしてそのような情勢下で、戦えば勝利できるという希望であった。

ソ連軍高級将校が退席した後、抗日連軍隊員たちの全員集会が開かれ、この事態に自分たちは何ができるのか、どうするのが最善の処置なのか、討論が繰り広げられた。そうして馮仲雲の提案で、全野営パルチザンたちの決意としてスターリンにソ連軍と共に戦う宣誓書を送り、いつでも戦場に赴く決意を伝えることを決定をした。

この「宣誓書」は極東ソ連軍司令部を通じてスターリンのもとに送られた。それに対し六月二七日、極東軍司令部からツワイゲル少将（王新林）が返書を携え野営地にやってきた。周保中の日記には「夜七時、ソ連軍少将とその幕僚同志たちが、私の宿舎を訪れ、極東ソ連軍総司令官は私たちの意図を完全に了解して満足していた」と記されている。

六月二四日から、兵営は非常警戒態勢に入り、訓練が強化された。七月に入ると野営のパルチザンたち全員がパラシュート降下訓練を受けるよう指示された。パルチザンたちはハバロフスク郊外にあるソ連軍のパラシュート降下訓練所に連れていかれ、一カ月間の訓練を受けた。

すでにこの時点で、抗日連軍部隊は満州で抗日戦を展開する遊撃部隊、また満州解放のための中国共産党の野戦部隊という位置付けは形態として存在するだけで、実質的にはソ連軍部隊の一部のように扱われていた。それはパラシュート降下訓練の目的にもよく表れている。パラシュート降下訓練は抗日連軍部隊のように、満州で民衆に基盤を置いて遊撃戦を展開する部隊に必要な戦闘訓練ではない。抗日部隊には飛行場もなければ航空機も保有していない。パラシュート降下訓練の目的は日本軍に対するソ連軍の奇襲作戦と共同の作戦を想定し、地上戦で戦うソ連軍の後方を攪乱する目的で敵地に降下し、日本軍の基地や補給路を襲撃する部隊として訓練されたのである。抗日部隊を完全にソ連軍に組み入れるための軍事訓練であったといってよい。

この訓練は全員が参加したが、その時、隊員たちはソ連軍の軍服姿で訓練を行い、臨時にソ連軍の階級章を付けていた。それは抗日連軍の隊員たちがソ連軍将兵として位置付けられていく過程であったともいえる。抗日連軍隊員たちの中にはそのようにソ連軍の一部隊のように扱われていくことに、抵抗感を持つ人たちもいたが、目前に日本軍の進攻が迫っているという緊迫感の前に、共同の敵にともに戦うのだという大義名分を受け入れざるを得なかった。

降下訓練は一週目が地上での基本動作、二週目からは降下塔を使った落下訓練、そして最後に飛行機からの降下訓練である。彭旋魯は降下塔からの訓練や航空機からの降下には最初は非常な

恐怖を感じたと語っていた。特に女性隊員は恐怖心により強く体が震えたという。李在徳は、

「降下塔に登って下を見ると地上の人が豆粒みたいに小さく見え、ずいぶん高い。ここから飛び降りるのかと思うと全身が震え、最初は怖くてなかなか飛び降りられなかった。しかし同志たちが次々に飛び降りていくので、私も目をつぶり死ぬ思いで、飛び降りたもんだよ」

と当時を回想しながら、会見時、その時の恐怖心を楽しんでいるように笑っていた。


ソ連軍教官のマウエアル大尉は教え方が非常に親切で、熱心だったと彭旋魯は語っている。最初の飛行機からの降下訓練では約二〇人の隊員たちが飛行機に乗り込んだが、彼らの顔は緊張でこわばっていた。彼ら全員が飛行機に搭乗したのはおろか、近くで飛行機を見たのも初めてだった。教官が彼らの緊張感を解くため、冗談を言ったりして励まし、全員無事に空中から降下させた。彭旋魯は、「訓練が終わった後、兵営に戻っても皆興奮していた。誰もがどんな状態で空中に飛び出し、着地した時の自分の気持ちを声高にしゃべっていた。このような空中降下訓練が約一〇回行われた」と言っていた。


このパラシュート降下訓練後、引き続き様々な訓練が行われた。爆破訓練、対化学戦訓練、対戦車戦訓練、スキー行軍訓練などである。いずれも遊撃戦で必要な訓練でなく、大規模な野戦に備えての訓練であった。また女性隊員たちを主にして無線通信訓練が実施された。南北野営が統合された後、無線班が組織され、約三〇人の女性隊員が無線班に配置された。それらの人々について李在徳は、

「無線班の朝鮮人女性隊員は九名だった。金正淑、金伯文、李敏、張景淑《チャンギョンスク》、朴景玉《パクギョンオク》、金玉順《キムオクスン》、李《イ》

英淑《ヨンスク》、王玉環《ワンオクハン》、私だった」

「その金正淑というのは金日成夫人ですか」

「そう。彼女のことですよ」

彼女たちはほとんど抗日連軍幹部の夫人たちだった。

金正日の誕生——女性隊員の結婚と出産

ソ連領に退避してきた抗日連軍部隊には数十名の女性隊員がいた。彼女の多くはソ連領に退避する前は未婚だったが、満州での抗日連軍時代、すでに結婚している女性たちもいた。金貞順（金伯文）は一九三七年、李在徳は一九三九年、金善は一九四〇年に結婚している。金貞順にパルチザンたちの結婚について話を聞いた時、

「女性パルチザンの結婚は抗日連軍では奨励されていたのですか」

「いいえ。遊撃戦当時、隊員同士の結婚は原則禁じられていました。というよりも、結婚は遊撃戦の障害になるという理由から禁じられていたのですが、正当な理由があって、指導部の許可を貰えば結婚できました」

「好きになったから、どうしても結婚したいということで、許可をもらえたのですか」

「うーうん、それはだめですね。結婚が革命戦遂行に障害にならないかどうかが最大の許可基準で、好きかどうかでは許可されない」

「するとなかなか許可は出なかったのですね」

「そうです。一般の隊員には革命戦遂行の障害になるという理由で許可されませんでした。そんなことから結婚が許可されたのはほとんど幹部たちだった」

若い人たちの集団である。抗日連軍部隊で恋愛行動が禁止され、部隊の規律を維持しようとしたことは理解できるが、幹部だけが結婚できるという「革命規律」の不自然さはまぬがれない。男女の恋愛感情が「革命規律」で縛られているのは部隊内に、命令・秩序が厳しく存在した時期であろう。

李在徳、金貞順たち朝鮮人女性は中国人幹部と結婚したが、朝鮮人男性パルチザンで中国人女性と結婚した幹部も多い。兪成哲は「金京石《キムギョンソク》、崔庸健、金大弘《キムテホン》、河漢成《ハハンソン》などの夫人は中国人だった。金京石夫人は朝鮮語を使えなかったが、他の女性たちはみな朝鮮語が上手だった。特に崔庸健夫人は朝鮮語が上手で、崔庸健の朝鮮語より上手だと評判だった」と朝鮮人抗日連軍幹部夫人の評価をしていた。

激しい遊撃戦の時期に結婚した女性の中には妊娠し出産する女性もいたが、妊娠しても流産する事例が多く、また出産しても育てることができず、死亡する子供たちがほとんどであった。金貞順も最初の子供を死亡させており、李在徳も一度流産し、その後に生まれた子供は死亡するという悲劇を味わっている。

日本軍の追及が激しくなり、小部隊のゲリラ戦を余儀なくされ、さらに追い詰められて部隊が崩壊寸前になれば、結婚の「許可」を司令部からもらう「革命規律」は崩れていく。金善は一九四〇年一〇月ごろ、第一路軍部隊が部隊として体をなさなくなりつつある時期、好意を抱いてい

た隊員と結婚したという。その時の状況を金善は、

「私たちは日本軍に追われ、ソ連領まで退避しましたが、逃避行軍のとき、ソ連領に入る前、好き合っていた隊員と私は結婚しました。私だけでなく他の女性隊員もこの時期結婚しました。金日成と金正淑の結婚もこの時期です」と語っている。

結婚した女性パルチザンたちは南北の野営に逃避し、激しい遊撃戦の厳しい環境から解放され、一九四一年後半から一九四二年前半にかけて南北の野営で何人かの子供を出産した。

南野営での女性パルチザンの出産について金善は、

「南野営には約一〇人の女性隊員がいましたが、そのうち子供を産んだのは四名です。私と金正淑、金明花《キムミョンファ》、金明淑《キムミョンスク》です」

「その金正淑というのは金日成夫人ですね」

「そうです。金日成が第6師の指揮官をしている当時から、第6師には三人のジョンスク（朝鮮語読みだと貞淑も正淑も同音）がいました。その三人を区別するのに、私たちは紫のジョンスク、花のジョンスク、黒のジョンスクと呼んでいました。紫のジョンスクは紫色が好きで、花のジョンスクは花が好きだったので、そのように呼ばれており、黒のジョンスクは髪の色が黒々としており、瞳も黒かったから、そう呼ばれました。この黒のジョンスクが金日成夫人で、彼女も南野営で出産しました」

金善は出産時、南野営には産婦人科の病院もなく医師もいないので、南野営から自動車で一時間ほど行った町の病院で出産したと語っているが、病院名も町の名前も覚えていないという。

「他の女性もその病院で出産したのですか」

「そうですよ。全員その病院で出産した。出産後四〇日間は赤ちゃんと一緒に、その病院で暮らしましたが、その後私たちは野営地に返されました。赤ちゃんはソ連人が託児所に入れると言って連れて行った。部隊での訓練や活動の障害になるということで、その処置がとられたの」と語っている。

この時期、北野営でも女性パルチザンが出産している。李在徳、金貞順、それに周保中夫人の王一知たちである。金貞順は出産時の状況を
「私は北野営に行ってから出産したのですが、その場所は北野営近くのソ連軍の病院です。ソ連人の医師が生まれた子供に、ソ連軍の有名な将軍にちなんだ名を付けてくれました。上の子は女の子でソーニャ、その後生まれた子も同じ病院で出産し、やはりリックという名を付けてくれました。ソ連で生まれた子は皆、そのようなソ連名で呼んでいました。金日成の子の金正日はユーラ、後に生まれた弟の金平日はシューラと呼ばれていましたよ」と語っている。

生まれた子供たちは北野営で託児所に預けられ、母親とは切り離されて生活していた。一九四二年八月、南野営から金日成たちが北野営に移ってきた時期、幹部たちの宿舎もまだ建てられていなかった。そのため夫婦も別居しており、女性パルチザンは彼女たちの兵営で共同生活を送っていた。李在徳は当時を回想して、

「一九四二年九月ごろ、私たちの訓練はドイツの対ソ戦開始、そして、日本軍がいつ侵攻してくるかわからない緊張した状況下で非常に厳しくなっていました。朝早くから夜遅くまで、びっし

りの日課に追いまくられるようになっていました。私たち母性隊員も育児のための特別優遇処置は取られていず、指導部が私たち母性隊員に割いてくれた時間は授乳のための、わずか一〇分程度の時間だけでした。私と正淑は訓練が終わると小高い丘の上にある兵営のすぐ下に建てられていた託児所まで、懸命に駆け下り、子供たちにお乳を与えたものです。

夜は昼間の訓練でくたくたに疲れていましたが、兵営で就床した後、夜半に起き、闇の中を兵営から出て、託児所に行き子供にお乳を与えました。私が疲れて眠りこけている時は正淑が私を起してくれ、彼女が起きられないときは私が彼女を揺り起し、いつも二人で託児所まで行きました。

当時、私は体が丈夫でお乳の出も多かったのですが、正淑は体が痩せていて背も小さく、お乳の出が少なかった。そのため正日は空腹で泣くこともありました。それで私が正日を受け取り、胸に抱いて私のお乳をあげたことが、何度もありましたよ」と語っていた。

第88特別旅団が解散する一九四五年九月まで、旅団では二十数名の子供たちが誕生し、育っていた。

金善は、金正日が南野営の近くの町の病院で生まれたと証言している。

李在徳は一九四二年八月ごろ、北野営で金正日に乳をあげたと証言している。それは南北の野営を統合するため、南野営が廃絶され、そこにいたパルチザンたちが北野営に移ってきた後の時期である。しかし、北朝鮮現代史では金正日は朝鮮領白頭山山麓の「朝鮮人民革命軍」の秘密基地で生まれ、そこで育ったと主張してきた。

李在徳の金正日に北野営で乳をあげたという証言は私が日本で初めて紹介し、追いかけるように、韓国の報道各社が李在徳にインタビューをして報道した。この事態に北朝鮮当局は慌てて事態の収拾に乗り出した。李在徳の証言は北朝鮮が捏造した金正日白頭山密林野営誕生説を否定することになるからである。それは北朝鮮が「朝鮮革命の正統な継承者」として祭り上げてきた金正日の拠り所を否定することでもあった。

そこで抗日連軍時代を回顧したいという口実で、李在徳をピョンヤンに招待し、手厚くもてなして様々な贈り物をしたのち、北野営時代乳をあげた赤ん坊は金正日ではなく、他のパルチザンの子供の勘違いではないかと説得した。李在徳は自分の勘違いではない、と自説を曲げなかったが、北京に帰った後、北野営時代の回想をしなくなっただけでなく、訪れる韓国の報道陣を一切受け入れなくなった。

この話は私が一九九五年、北朝鮮の飢饉と飢餓者の続出の報道に接し、その実態を知るため中朝国境地帯を取材した帰路、北京を訪れたとき、かつて李在徳を紹介してくれた李英皓が伝えてくれた。

二〇一一年春、私がハバロフスクで一緒に取材活動をしたKBSのディレクターは、二〇一〇年秋、北京を訪れたとき、まだ生存していた李在徳に会見を申し入れたが、長男だという男性から老齢を理由に会見を拒絶されたという。

ところで金日成は自分の長男の誕生地についてどのように「回顧」しているのであろうか。

一九九八年六月『金日成回顧録　第８巻』が刊行されるまで、金日成自身が金正日の誕生地について語った記録は見当たらないが、この『回顧録』で金正日の誕生について「自らの口」で語っている。そこでは「金正日は一九四二年二月一六日夜明け前、白頭密林で生まれました」と「回顧」している。ただ、この「回顧」は本当に金日成執筆の回顧であるのか、ゴーストライターの書いたものかははっきりしない。なぜなら、このくだりの「回顧録」が書かれたのは金日成が死亡した、二、三年ほど後のことであるからだ。『回顧録』を本人死亡後、他人が書いた事例など聞いたことがない。本人が回顧して記述したからこそ、回顧録なのである。他人が残された資料などを整理し、推測を交えて書いた著作を回顧録とは言わない。

いずれにしても、この『金日成回顧録　第8巻』で、金正日の誕生地は「白頭密林」ということになっている。

ハバロフスクのホテルに置いてあった「ハバロフスクの案内」書には金正日がビヤツコイで生まれたと説明されていた。日本でも金正日はビヤツコイで生まれたとする北朝鮮関係書籍は多い。しかし私はすでに一九九一年当時、金善や呂英俊の証言をもとに、金正日は南野営の近くの町の病院で生まれたと主張してきた。そのことも北朝鮮当局と朝鮮総連が私を「偉大なる金日成主席の革命事績を汚す売国奴」と呼ぶ要因の一つになっている。革命の聖地で金正日が誕生したという捏造された「歴史的事実」を覆されたくなかったからであろう。その捏造の「歴史的事実」を呆れたことに、父親である金日成が『回顧録』で追認している。

金正日生誕の地の発見と北朝鮮による隠蔽工作

金善は「金正日は南野営から自動車で一時間ほど行った町の病院で生まれた」と言っていたが、その町や病院名は知らなかった。その金正日の誕生地は南野営の地名が判明すればほぼ確定できる。

彭施魯も金善も呂英俊も南野営は「ハマタン」というソ連軍駐屯地のある寒村にあったと証言していた。中国で出版された『東北抗日連軍闘争史』にも「南野営の位置はウラジオストックとウスリースクの間にある小さな鉄道駅舎の近くにあった。当地の人はそこをハマタン（中国語原文：当地人称「蛤螞塘」）と呼んでいる。そこはもともとソ連軍の駐屯地で、山と森があるだけで人はほとんど住んでいない」と説明されている。

二〇年前の一九九一年、ハバロフスクを訪れ、ビヤツコイの旅団本部を探しに出かけたとき、通訳兼案内役の梁元植に、できれば南野営も訪ねたいと希望を述べた。梁はハマタンなんて地名聞いたことがないと言いながら地図にあたってくれたが、探し出せなかったことと、当時、その地域はまだ外国人立ち入り禁止地区であったため、訪問するのをあきらめた経緯がある。

その後、日本に帰ってきてから、ソ連邦沿海州の地図で「ハマタン」という地名やシベリア鉄道の小さな駅舎があるという説明から「ハマタン駅」を探したが見当たらなかった。「ハマタン」は地図に載らないほど小さな寒村なのだろうと思っていた。ところが理由は全く違ったところにあった。

二〇一一年一〇月、KBSの予備取材班が南野営取材のため、ウラジオストックを訪れ、現地の朝鮮人に協力を依頼したところ、ウラジオストック在住の朝鮮人の大学教師で南野営の金日成関係資料を集めていた崔元俊（仮名）が、南野営の設立地はラズドリノエという村で、ハマタンはソ連人が使用した地名でなく、朝鮮人が勝手につけた「俗称」だという。そして「ハマタン」というのは朝鮮語の「ハン・マダン（われらの広場）」がなまって使われたのだと解説した。ラズドリノエにいた朝鮮人がその村を「ハマタン」と称していたので、朝鮮人抗日連軍兵士も、そのように呼んでいたのが、『闘争史』などでそのまま使われたのだろうという解釈である。

「ハマタン」だけでなく、沿海州には朝鮮人が使った地名がそのまま残っている場所が多々ある。李朝時代から帝政ロシア沿海州に移住した朝鮮人は多く、朝鮮人たちだけの集落も珍しくなかった。彼らは自分たちの移住地を朝鮮語で呼んだ。そんな地名として現存している地名の一つにハサンがある。豆満江河口の朝・ロ国境のロシア側の国境都市ハサンは朝鮮語の「下山―ハサン」が、そのまま地名として残っているという。なるほど、いくらロシアの地図で地名を探しても、鉄道駅を探しても、ハマタンは探し出せないはずであった。『闘争史』に言う「当地人称」の「当地人」とは朝鮮人のことだったということであろう。

ラズドリノエが『闘争史』にも書かれ、金善たちが語っていた「ハマタン」である動かぬ証拠もある。『闘争史』では「ハマタン」がウラジオストックとウスリースクの間にある軍駐屯地と説明している。ソ連時代、軍駐屯地は「軍事機密」とされ公開されなかったが、現在はほぼ公開されている。ハバロフスクにある「軍事博物館」に展示してあったソ連・ロシア軍駐屯地地図ではウスリースクとウラジオストックの間にあるソ連軍駐屯地はラズドリノエだけである。

三月の末、KBS取材班一行とともに、ウラジオストックからラズドリノエに向かって車を走らせた。すでに雪は解け、山野は褐色の森林や雑草で覆われ、風は冷たいが春の日差しを浴びてうららかである。道路工事のため、いたるところに道路の舗装がはがされて、自動車の流れが渋滞する悪路を四時間も走ったであろう。丘陵地帯に広大な軍事基地が広がり、小さな集落が点在している。

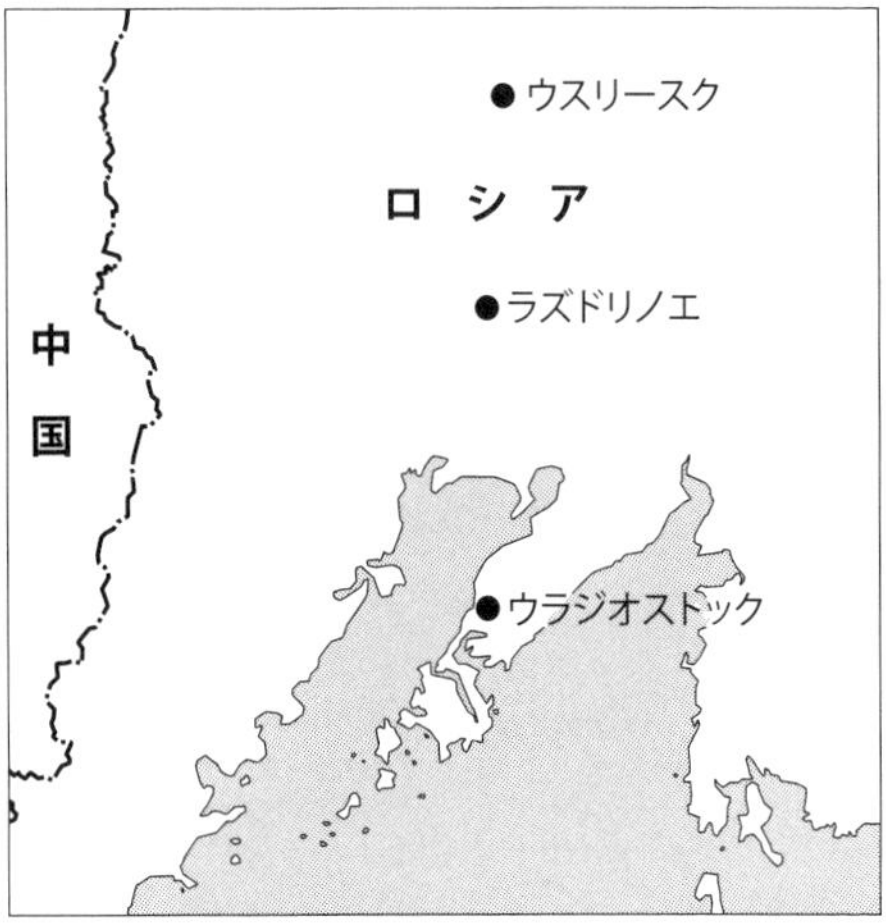

ウラジオストック近郊図

案内兼通訳のソ連在住韓国人ペク・ヒョングが幹線道路に沿って走るシベリア鉄道の小さな駅舎を指さし、「あれがラズドリノエの鉄道駅です」という。周保中の『東北抗日遊撃日記』によれば、金日成たち南野営の抗日連軍幹部たちが、周保中からの呼び出しを受け、何度もこの駅からハバロフスクに向かったが、金日成が最初にこの駅からハバロフスクに向け出発したのは一九四一年一月二日であると記されている。ハバロフスクからラズドリノエはシベリア鉄道の列車で約一四時間。金日成たちが乗り降りした当時の駅舎はすでに建て替えられてなくなり、今は小さなコンクリート建ての建造物になっているが、小さな駅舎であることには変わりがない。

鉄道駅から数分自動車で走ったところに、韓国人牧師が運営するキリスト教教会がある。一九九五年ごろから、現地民（主にロシア人）に布教のため韓国から赴任して来て、活動されている。ＫＢＳの予備取材班は昨年の一〇月、すでにここを訪れ、牧師と信者やその友人のロシア人の老人たちから、様々な話を取材しており、私が教会を訪れたときも老人たちが訪れてきた。彼らによれば、ラズドリノエの軍用地に朝鮮人、中国人たちの部隊がいたこと、彼らの兵営はソ連軍の軍用地内に建てられていたが、ソ連軍の兵舎と違って、お粗末な木造兵舎であったこと。ちなみにラズドリノエの旧ソ連時代の兵営は一九〇三年、帝政ロシアが極東に侵略の勢力を拡張し、兵力の増強を図っていた時期に建設された堅固で立派な二階建て煉瓦づくりの兵営で、それらの建物は現在も残って使用されている。

村の老人は、南野営の木造の兵営は一五年ほど前まで、二棟が廃屋として、その残骸が残っていたが、現在は撤去され何もない。しかし金正日がその地の近くで誕生したことは一九七〇年代初頭まで、彼の出生証明が村役場に残っていたことから間違いないという。そして、一九七〇年代の初めに、北朝鮮から役人がやってきて、ソ連政府の役人の手助けを受け、昔の住民票などの調査をしていたが、何人かの出生証明書を押収し持ち去っていった。小さな村のことである。持ち去られた出生者の名前も当時村では噂になったが、その意味するところがよくわからず、様々な噂話が流れたという。

タシケントで兪成哲に話を聞いたとき、南野営の村の役場か病院には金正日の出生証明書が残っているはずだとの話をしていたが、それはすでに北朝鮮当局により回収されていたのだった。

延吉市で南野営での出産の事実を語っていた金善は、自分だけでなく出産した四人の女性隊員は「ハマタン」から自動車で一時間半ほど行った町の病院で出産した、と語っていた。「ハマタン」から自動車で一時間半の病院のある町と言えばウスリースク以外にない。金正日はウスリースクの病院で生まれ、南野営があったラズドリノエの村役場に出生登録がなされたのであろう。

この老人たちの話を聞いて疑問がなかったわけではない。彼らは一九七〇年代の初め頃に、北朝鮮の役人が出生登録記録を回収していったと語っているが、そのような早い時期から、金正日誕生地隠蔽工作が行われていたのかという疑問である。牧師夫妻からロシア人の老人と一緒に朝鮮式の昼食――米の御飯に、もやしのスープ、キムチなど――のご馳走にあずかり、教会を後にして、南野営があったという跡地を歩き回ったが、南野営を示す跡は何もなかった。歩き回りながら、頭の中では七〇年代初期に隠蔽工作が行われたという老人たちの話に、まさかそんな早くから何ゆえという疑問が渦巻いていたが、KBSの取材班からある話を聞き、突然、頭の中で何かがはじけた。そして、その意味するところを察知し、強い嫌悪感が押し寄せてきた。

歴史の捏造、隠蔽のための大規模な工作

ラズドリノエの老人たちは七〇年代の初めごろ、北朝鮮当局者が村を訪れ、金正日の出生証明書などを回収していったというが、実はこの時期、北朝鮮当局は第88旅団関係の資料を大々的に回収する作業を隠密裏に、それも大規模に展開していたのだ。

KBS取材班のディレクターが第88旅団の朝鮮人隊員としては最も階級が高かった、李東華軍

医少佐（一九五六年の北朝鮮の政変でソ連派が粛清された時、ソ連に亡命。亡命時の階級は朝鮮人民軍少将）の子息がモスクワに生存していることを知り訪ねた。彼は幼児期、第88旅団の託児所で金正日たちと一緒に遊んだという。彼に取材班が昔の資料の提供を要請したところ、一九七〇年代初めに彼の家庭や、第88旅団勤務のソ連人将校などの家庭を北朝鮮当局者が訪ね歩き、北朝鮮の歴史博物館に展示するのでという名目で写真、資料など、すべての関係物件を買い取っていったという。

二〇一一年の春、ハバロフスクの「軍事博物館」を訪ね、館内を見学したときにも同様の話を聞いた。

博物館には極東地区の帝政ロシア、ソ連時代の軍事関係写真が大々的に展示してあった。シベリア出兵時の日本軍と戦うパルチザン部隊、張鼓峰事件、ノモンハン事件、ソ連の対日参戦宣言後、満州に進撃するソ連軍部隊などの写真が、時代ごとに区切って展示してある。

しかし、一九四五年八月のソ連軍の北朝鮮進攻作戦の写真は一枚もない。北朝鮮各地に上陸したソ連軍の図解入りの地図が展示してあるだけである。案内の説明員に北朝鮮進攻時の写真はないのかと質問したところ、七〇年代初め、北朝鮮当局者がソ連の役人と一緒にやってきて、北朝鮮の歴史博物館に展示するので貸し出してほしい、とすべての写真を持ち去っていった後、いまだに返却されていないという返事である。この返事を聞いたとき、写真の原板などはソ連側にあるだろうに、なぜそれを焼き増しするなどして、展示しないのかという疑問を抱いたが、それはソ連の対北朝鮮政策と何らかの関連があるのだろうと推測した。

いずれにしろ一九七〇年代初め、北朝鮮は国を挙げて、第88旅団関連資料の隠蔽工作を図っていた事実関係が続々と出てきた。「なぜこの時期に？」という疑問に思い当たったのが、当時金正日が金日成の世襲の後継者としてその足場を固めつつあった時期と関連した隠蔽工作だという推測である。

金正日が金日成の後継者として党機関で正式に決定されたのは、一九七二年一二月の朝鮮労働党中央委員会第五期第六次全員会議の席上である。この決定は権力の世襲批判を恐れ公表されず、北朝鮮の政府、党の暗黙の了解事項として八〇年代まで伏せられていた。

しかしこの決定がなされた後、北朝鮮当局はあらゆる手段を用いて、金正日の権力基盤の強化と、その国家指導者としての虚像の宣伝に全精力を注ぎ込んだ。金正日がソ連軍駐屯地のラズドリノエの南野営近くのソ連の病院で誕生したことや、三歳一〇カ月まで、ビヤツコイの第88旅団兵営で育ったという事実は金正日の偶像化にマイナスになると隠蔽工作がなされた。そして父親金日成の革命事績で捏造された一九四一年から一九四五年まで、白頭山山麓の密林で小部隊による抗日戦を展開していたという虚構の歴史と結び付け、金正日が白頭山山麓の抗日部隊の密営で誕生したという「神話」を偽造することで、金日成の後継者としての正統性を強調する歴史隠蔽、捏造工作が国を挙げて展開されたのであろう。

しかしこのような歴史隠蔽や捏造がいつまでもまかりとおると北朝鮮当事者は考えていたのであろうか。確かに第88旅団成立時から八〇年代にかけて、中国もソ連も第88旅団については一切口をつぐみ、だんまりを決め込んでいた。第88旅団成立とその運営で「国際共産主義運動」の理念や友誼がいかに欺瞞に満ちたものであるかを示す醜い確執があったため、その事実を明らかにすることは国際共産主義の汚点になると考えたからであろう。そのため北朝鮮の歴史捏造、隠蔽工作はある程度成果を上げ、北朝鮮の人々や朝鮮総連系の人々を欺くことができた。しかしこの捏造、隠蔽工作は中・ソ両国が真実を語り始めれば、たちまち破綻する脆弱さを内包していた。

やがてその危惧は現実化した。それは中国から始まった。一九八〇年代の後半になって中国は「改革開放政策」を押し進めた。その過程で中国政府は政権の安定強化を目的に、中国政治の要である、中国共産党の「闘争史」などの「正当性」を強調する「党史」関連の公開、著述を積極的に展開し、「愛国教育」として推進した。「改革開放政策」が推進され、政治の世界に「雑音」が入り込んでも、中国共産党の支配をゆるぎないものにするためであった。

東北三省の共産党史編纂作業も進展し、東北抗日連軍の歴史にも光が当てられた。公的権威を背景に、最初に刊行されたのが一九八七年一二月に発刊された『東北抗日連軍史料』上・下巻である。この書は鄧小平が書名を揮毫している。この書には抗日連軍関係の資料と周保中や呂英俊などの抗日連軍時代の隊員たちの多くの回想手記が掲載された。そして金日成や金策、崔庸健が北野営で周保中に提出した部隊活動報告書なども公開された。ただ彼らの名前は前述したように「政治的配慮」から消されているか、伏せ字にされており、誰がその報告書を著述したのか判明しない工作がなされ、資料の部隊編成などでも彼らの名前は「XXX」と伏せ字になっている。「史料」でなく正式の「党史」「抗日連軍闘争史」を著すとなると、いつまでも「XXX」ではその真実性に、疑問符を投げかけるということなのであろう、その氏名を明示する必要に迫られ、中国共産党は北朝鮮に氏名を公開することを通告し了承を得た。その役割を担ったのが、『東北抗日連軍闘争史』の執筆責任者であった、黒竜江省中国共産党革命博物館の金宇鐘所長だった。一九九一年、金宇鐘にインタビューをしたとき、「昨年、金日成主席にお目にかかり、抗日連軍時代の主席の活動を公開することを伝え了承を得た」と語っていた。

このような経過を経て、一九九一年三月、『東北抗日連軍闘争史』が、同年七月に周保中の『東北抗日遊撃日記』が金日成たちの実名入りで刊行された。ただこれらの書では北朝鮮に一定の配慮をしたのであろう、金日成の言動など、ある程度伏せた形跡がある。例えば第88旅団の約四年間の金日成たちの活動報告書を中国は保有しているが、それらはいまだに公開されていない。

抗日連軍の歴史が公的に語られるようになり、それまで「党の秘密」ということで過去を語らなかった抗日連軍の生き残りの隊員たちが、新聞や雑誌で当時の回想記を書くようになった。北野営で金正日に乳を与えたという李在徳の回想記などがその一例である。

中国での抗日関連資料の多くが公開されたことで、北朝鮮はそれまでの隠蔽・捏造の「歴史」を訂正・修正する必要に迫られ、それまでの北朝鮮の主張と整合性を持たせるため、「歴史」を再度、捏造する工作を始めた。その最大の作業が『金日成回顧録』全八巻なのであろう。しかし、そこでも金正日は「白頭密林」で誕生したとする捏造した「回顧」がなされている。

歴史の証言者によれば、金正日は紛れもなく極東ソ連領ウスリースクの街の病院で生まれ、第88旅団の兵営で育った。

第二章
第88旅団の成立

抗日連軍の正規ソ連軍への編入

一九四一年一二月八日、日本軍はハワイの米太平洋艦隊を奇襲攻撃し、日米は開戦した。そのニュースに接した抗日連軍隊員たちは、自分たちが戦場に赴く時期がさらに近づいてきたと思い訓練に励んだ。

周保中たち指導部は南北に分離している抗日連軍部隊を統合し、統一した部隊とすることと、それを指導する党組織の設立を考えていた。抗日連軍部隊の統一は満州で独自にばらばらに分散して戦っている、残存抗日連軍部隊への指揮系統を確立する上からも必要であった。この時期、日本軍の圧力が比較的弱かった北満では、第三路軍系のパルチザンが周保中たちとは少し距離を置き、独力で抗日戦を展開していて、周保中たちの指揮は受けていなかった。抗日連軍部隊の統一的指導の必要性が高まっていた。

一九四二年五月一八日、周保中は北野営党委員会全体会議の拡大会を開催した。そこで日本軍の満州支配は強化されており、日本軍を敗退させずして、東北人民の解放はありえず、その戦いは長期になるであろう。その長い戦いに備えて部隊と党の統一指導が必要であることを訴え、賛同を得た。その会議の決定を南野営に伝え、南野営の抗日隊員を呼び寄せることになった。南野営にいた抗日パルチザンたちを追々北野営に移行させた。彼らは一九四二年五月末から八月にかけて、北野営に移って来た。『東北抗日連軍闘争史』によれば金日成が北野営に移って来たのは一九四二年六月一九日と記されている。

そして時を同じくして、ハバロフスクの通訳学校を卒業したソ連人一二名が中国語実習のため北野営にやってきた。彼らは自分たちでテントを張って生活した。一〇日ほど後、実習生の状況を視察に来た王新林は通訳学校の生徒たちが、中国人の中に入らないで、彼らだけの集団生活をしていることを批判し、抗日連軍隊員たちとの混住を命じた。王新林はそれが中国語の実習を実りあるものにすると同時に、ソ連軍と抗日連軍との連携を強めることになると説明した。それ以降、通訳学校の生徒たちは抗日連軍隊員たちと混住して生活することになった。このことは抗日連軍隊員たちに好意を持って受け入れられた。この通訳学校実習生たちはこの後、全員が成立したばかりの、第88旅団の通訳として配属されることになる。

彼らについて彭旋魯は北京で話を聞いた時、「通訳学校卒業生たちは旅団に配置された時、少尉に任官し、ソ連軍幹部と抗日連軍幹部の通訳、ソ連軍からの指示通達文の通訳などをした。彼らの名はカオバチ、クーゲン、スミアクール、コロシノフ、シロノワたちであった」と語っていた。後日録音テープを再聴取していた時、シロノワという名にどこかで聞いた記憶がよみがえってきた。しばらく記憶をさぐっていて「あ！　ビヤツコイで聞いた名だ」と思い出した。ビヤツコイを訪問したとき、第88旅団で金日成一家と近所の将校宿舎に住んでいたと話していた、クラヴジャ・ワシリエヴナ・シロノワ夫人を訪ねて話を聞いた時、彼女の亡くなった夫の名が周保中の通訳官スチェパン・ニコライヴィッチ・シロノワという氏名であることを思い出したのだ。

一九四二年七月一六日、周保中は王新林との話し合いで、南北野営を統一し、一つの旅団に改編することで合意した。この旅団の改編はソ連側が意図していた抗日連軍を完全掌握する目的にかなっていたため、ソ連はこの提案に賛成し、その実現に手を貸した。この合意後、周保中は正式に全隊員に向け、国際共産主義精神に基づき、抗日連軍部隊をソ連軍の組織と制度に改編することを告げた。中国側の資料によれば、周保中と王新林との間で、旅団設立に関し合意された内容は四点であったと述べられている。それらは、

(一)　目的：東北抗日遊撃運動の軍事・政治幹部を養成する。
(二)　任務：直接戦争が東北に及んだ時、旅団は積極的な遊撃活動を展開する。
(三)　中国共産党組織の独立活動の保障。
(四)　旅団長以下の幹部は抗日連軍幹部を再任する。

という内容になっているが、中国側の述べている条件以外の合意もなされたと考えられる。その「合意」ついてはソ連軍側の資料が公開されていないので、正確には判明していないが、第88旅団にソ連軍軍人を配置し、ソ連共産党の部隊内組織作りの合意（ソ連軍司令部の指揮・命令権の明

記）などではなかったか。なぜなら第88旅団成立時、多くのソ連軍将校がこの旅団の幹部として配置され、ソ連軍司令部の指示を部隊に与えているからである。

周保中と王新林が協議で合意に達した後、極東ソ連軍司令官の指示に従い、旅団の編成を協議するため、極東ソ連軍からは楊林（シャマールキン少佐。彼は後に第88旅団のソ連軍側参謀長に就任）が野営地に赴き、周保中の指示を受けた崔庸健と協議を重ね、共同で旅団設立の作業を開始した。協議の末、旅団の構成を四歩兵大隊（中国語では「営」）と旅団本部直属の無線大隊、迫撃砲大隊とした。一九四四年に自動砲大隊が増設されるまで、この部隊構成で旅団は運営された。歩兵大隊の指揮下に二個中隊（中国語では「連」）を所属させ、その下に二個小隊（中国語では「班」）という部隊構成である。それらの部隊の長には抗日連軍幹部が、その副長にはソ連軍将校が配置されるという仕組みになった。

設立当時の旅団の主要幹部は兪成哲の記憶によれば、次頁右のような配置図になる。しかし黒竜江省革命博物館に掲示してあった配置図はこれとは違い次頁左のようになっている。中国の組織図ではソ連系軍人は排除してある。これは第88旅団を取りまく、当時の政治情勢や、中ソ対立の政治的思惑、歴史認識の違いが表れている結果なのであろう。

この配置図で判明するように、第一大隊が第一路軍系、第二と第四大隊が第二路軍系、そして第三大隊が第三路軍系となっている。日本軍との戦闘で比較的損傷が少なく、兵力が温存された周保中指揮下の部隊が二つの大隊を掌握する、周にとって極めて有利な幹部配置であった。旅団発足と同時になされた中国共産党旅団党委員会の発足でも、その責任者として周保中が就任し、

参謀長　崔石泉（崔庸健）
副旅長　張寿籛（李兆麟）
政　治
旅　長　周保中

- 〃　〃　季青
- 第四〃　〃　柴世栄
- 〃　〃　〃　金策
- 第三〃　〃　許亨植
- 〃　〃　姜信泰
- 第二〃　〃　王効明
- 政治副営長　安吉
- 第一教導営営長　金日成

黒竜江省革命博物館に展示されていた旅団配置図

参謀長
シャマールキン少佐
副旅団長
シリンスキー少佐
旅団長
周保中
旅団政治委員
李兆麟
旅団政治部主任
セーロキン少佐
後勤部長
キアン少佐

- 副大隊長　オストリコフ中尉
- 第四大隊長　柴世栄
- 政治委員　季青
- 副大隊長　サボジニク中尉
- 第三大隊長　許亨植（戦死判明後、王効明）
- 政治委員　金策
- 副大隊長　クシャーチン少尉
- 第二大隊長　王効明
- 政治委員　姜信泰
- 副大隊長　マリツェフ少尉
- 第一大隊長　金日成
- 政治委員　安吉

兪成哲が記憶していた旅団配置図

党書記に第二路軍で周保中と辛苦をともにしてきた雲南軍官学校の同級生崔庸健が就任した。これで周保中は旅団の軍と党を完全に掌握したことになる。

旅団の基幹をなす、歩兵大隊の人員は約一五〇人で、通常の歩兵部隊なら中隊規模の兵力である。この歩兵大隊のうち、金日成が指揮した第一大隊には漢族の隊員もいたが、その大半が朝鮮人の隊員たちであった。彭旋魯に金日成が指揮する第一大隊に、なぜ朝鮮人の隊員が多かったのかと質問すると、

「大隊は抗日連軍の設立以降の編成を中心に構成されていた。金日成の第一大隊は朝鮮族が多く住んでいる東満地方を基盤にした第一路軍系の部隊で、軍長の楊靖宇も政治委員の魏拯民も戦死や病死し、残った幹部もほとんど戦死、投降し、第一路軍の最後の部隊編成の時、比較的多くソ連領に逃避した金日成指揮下の第二方面軍を中核に第一大隊が編成された。それで金日成が第一大隊の指揮官になり、一路軍系列の隊員はほぼ、その指揮下に組み入れられた。第一路軍はもともと朝鮮族出身者が多かったので、彼の大隊は朝鮮族出身者が多くなった。ただ第二路軍や第三路軍にも、朝鮮族出身者はいたが、彼らは第一大隊に編入されていない」と語っていた。

一九四二年八月一日、旅団は設立日を迎えた。その日、旅団成立祝賀大会が開かれ、極東ソ連軍司令官アパナセンコ大将と王新林が、野営地を訪れ隊員を閲兵した。そして隊員たちを前にして、新設旅団を「極東ソ連軍第88特別狙撃旅団」と命名すると宣告した。

その日、アパナセンコ大将の閲兵を受けた隊員たちは新たにソ連軍軍服に身を固め、新しい階級章を肩につけていた。周保中、李兆麟が少佐（このすぐ後に周保中は中佐に昇進）、大隊長は大尉、

大隊の参謀長と政治委員は大尉か上尉などの階級が与えられた。当初、旅団に編入された抗日連軍のパルチザンは六〇〇名を超えなかったという。

旅団編入から外された隊員たち

旅団が成立したとき、ソ連領に逃避してきた隊員たち全員が旅団に編入され、旅団所属の兵員になったのではなかった。旅団とは別の部隊に「配属」された隊員たちがいた。その配属先の一つは、中国の歴史資料や北朝鮮の「現代史」で一九四二年以降の「小部隊活動」と呼ばれている、ソ連軍情報局の偵察活動を任務とする部隊。もう一つは国営農場であった。

延辺朝鮮族自治州の首都延吉市で、自らのパルチザン活動時代の回顧をしてくれた金善は入ソ当時、南野営で部隊生活を送っていたが、旅団成立時、旅団には編入されず、他の「任務」に就くよう命令を受けた。その時のことを次のように述べた。

「南野営では入ソした隊員たちとともに、軍事訓練を受けたり、政治学習をしたりして約二年間を過ごしました。その間、子供を出産し、その子の死亡も知らされましたが、旅団成立の時、私は旅団に編入されずハバロフスク近くの国営農場に配置されました。一九四二年の冬になる前だったと思います。南野営から、女性六名と負傷した男性隊員一名が国営農場に送られました。北野営からも送られて来て、その人数は約二〇人だったと思います。男たちは負傷者と満州国軍からの逃亡者たちでした。我々は日本軍が降伏する年まで、農場員として働きました」

旅団が設立され、抗日連軍がソ連軍に模様替えする時、正規軍隊のお荷物になる人たちを切り捨てようとしたのであろう。今後の戦闘部隊要員として任務に耐えられそうにない女性隊員、負傷し身体的に不自由な隊員、思想的異分子を部隊から排除し、労働力不足に悩んでいた国営農場の労働者として彼らを送り出したのだ。

ソ連軍情報局の偵察要員として旅団編入から外され、「小部隊」活動の任務に就かされた隊員たちには過酷な任務が待っていた。

延吉市で話を聞いた呂英俊に、なぜソ連軍の偵察要員になったのか、その経緯が知りたくて質問したことがある。

「一つお尋ねしたいのですが、旅団が成立した時、ソ連軍の偵察要員になったのは何か理由があったのですか？　例えば志願したとか」

志願したのかという質問に、呂英俊は鋭く反応した。

「馬鹿を言ってはいけない。死と隣り合わせの偵察要員に誰が志願したいと思うのかね。祖国の解放と革命のために戦うのならいざ知らず、ソ連軍のために、死ぬかもわからない任務に志願したいと考える隊員は一人もいないよ」

「すると偵察要員に選抜された人々には何か特別の基準、例えば偵察兵としての素質だとか、特技のようなものがあっての選抜だったのでしょうか」

「そのような素質や特技とは関係はなかった。基準があったとすれば、周保中にしろ、金日成にしろ、自分の部隊を編成するとき、自分たちの子飼いの部下たちを集め、部隊を編成していったことだな。子飼いの配下は長い間、苦楽を共にした同志だから、指揮官に忠実な部下になる。彼らを配下に置くのは当然といえば当然だが、それに該当しない隊員が排除された。

私は金日成と同系列の第一路軍系列の2軍に属していたが、彼の指揮する6師とは別の4師で活動しており、金日成の部隊とはほとんど一緒に戦ったことがない。第一路軍が崩壊する前、私が最後に属した部隊は第3方面軍では軍長の陳翰章は戦死し、有力な幹部も全員戦死。我々の部隊員は指揮官がいない敗残の兵で、ばらばらの状態だった。集団として力がなかったんだな。それで外されたようなものだよ。私も一緒に新設される旅団に連れて行ってほしいと何度も頼み込んだが、周保中も金日成もソ連軍の偵察任務は最も重要な任務だから、名誉だと思ってその任務を遂行しなければならない、と言うんだ。その時、ソ連側は厳しく偵察要員の提供を迫ってくる。抗日連軍幹部としては隊員の中から、誰かを提供しなければならない。それで、放駒《はなれごま》のような抗日連軍隊員から多く選抜されてしまった。

選抜される直前、幹部から呼び出しを受け『反日闘争と東北の解放のために偵察任務は最重要任務だ。その名誉ある任務を同志は受けるか』と言われれば中国共産党員として、その任務は嫌です、とは言えない。ただ任務を遂行します、としか言えないだろう。それで偵察活動に従事する部隊に入れられたんだよ」

「偵察活動の小部隊活動をした後、再び旅団に帰った人はいましたか」

「旅団成立以前は野営に戻った同志もいたが、旅団成立後はいない」

「南野営にいた隊員で偵察活動に従事した人は多かったのですか」

「いやそんなに多くなかった」と語っていた。

抗日連軍を中国共産党が指導する部隊とする形態を保持する取引として、ソ連軍の強い要求を受け偵察要員を送り出す時、抗日連軍幹部は過去の抗日活動で一緒に苦楽を共にした配下の部下ではなく自分たちの指揮外の部隊の隊員を送り出し、自らの勢力の温存、育成を図った。それは成立したばかりの寄り集まりの旅団内で、自らの勢力をどのように保っていくかという、旅団内政治の力関係とかかわりがあったからである。

中共中央との連絡をめぐるソ連の策謀

旅団設立約一カ月後の九月一三日。周保中は旅団内党組織とは別に、全東北の党員を指導する、中国共産党東北局の設立をめざし会議を招集した。

これはソ連領内に退避せず、まだ満州の地で抗日闘争を続けている抗日部隊に対し、党の統一的指導を確立する必要があると考えたからである。

この会議で周保中は中共東北局党組織特別支局（東北党委員会）を設立する提案をして、承諾を得た。しかし、この党組織設立は中共中央の承認を得ることなく、周保中の主導で行われたという極めて異例な決定であった。この決定に賛同するにあたり、幹部たちは党中央の指示、承諾なしにこのような決定をしてもよいのかどうかと悩み抜いている。

本来共産党組織の指導原則から言えば、党中央の指示、承諾なしに党組織を作るなどの行為は「分派行動」になり「反党反革命行為」として断罪される。周保中もその危険性は十分に認識していた。そのため何度も延安の中共中央指導部と連絡を取ろうと努力をしている。

周保中たち抗日連軍幹部たちだけが、そのような努力をしたのではなく、中央指導部も、東北の党組織と連絡を取ろうと数度にわたり満州に密使を送った。しかし双方から送り出された密使はことごとく日本の治安当局に逮捕され、連絡は長期にわたり取れないままであった。

周保中は自分の連絡要員を送るだけでなく、ソ連に何度も延安に連絡を取ってくれるように周旋要請をしている。

このような周保中の努力について彭旋魯は、

「馮仲雲に聞いた話だが、馮仲雲も周保中も何度もソ連軍を通じて、中国共産党指導部があった延安と連絡を取ってくれるよう依頼したが、してくれなかったと言っていた」

「なぜ連絡を取ってくれなかったのですか」

「うーん、その答えは難しいね。連絡を取れなかった原因がどこにあったのか判明していないところがあってね。後刻、解放後、延安の指導部と話し合って判明したことはソ連が延安に人を送っていないということだけでね。なぜ連絡員を派遣しなかったのか判明していない。延安に人を送ろうとしたが送るのが困難なので送れなかったのか、初めから送るつもりがなかったのかどうかもわからない。それともほかに理由があったのか、それもわかっていない。ソ連が黙して語らないからだ。

ただ人を送れないとしても、当時延安にはソ連国営タス通信社の特派員が常駐していて、ソ連共産党とこの駐在記者との間には無線での交信など連絡が保たれていたから、連絡しようとすればその方法はあったと考えられる。しかし、それもなかったという。ただこのタス通信の特派員と中共中央の指導部との関係が険悪で、ほとんど断絶状態であったという事情もあって、連絡があっても、この特派員が取り次がなかったということも考えられる。それで、連絡したのか、しなかったのかも判明していないんだ」

「しかし、ソ連が延安に全然連絡するつもりはなかった、という事態も考えられるのでしょう」

「まあな……。しかしそれは憶測になるので断言できない」

「もし連絡を取ろうとしなかったのなら、なぜソ連は抗日連軍側の連絡要請を無視したのでしょうか？　ソ連側の意図はどこにあったのでしょう。先生のご意見を聞かせていただけませんか」

私の質問に彭旋魯退役少将はしばらく考えていたが、

「これはどこまでも私の個人的な推測にすぎないが」と断った後、

「スターリンとしては旅団と中共中央の連絡が確立すれば、旅団は中共中央の指導を受け、自分の自由にはならなくなる。万が一、日本と戦争勃発となったとき、旅団をソ連軍の作戦に全面的に使用できない事態も予想される。問題が複雑になるので、わざと旅団成立の事実を隠し、中共中央に連絡を取らなかったのではないか。……重ねて言うが、これはどこまでも私の個人的な推測で証拠があるのではない。ただ、そのように考えると辻褄が合う」と語っていた。

ソ連が中共中央との連絡を取ってくれないと知って、周保中は自分で何とか連絡を取ろうと努力した。抗日連軍部隊で唯一中共中央と接点を持つ人物——王鵬を新疆経由で延安に送ろうと、ソ連側に新疆までの移送の手配を依頼したが、ソ連側はその依頼も言を左右にして握りつぶしてしまった。

周保中が王鵬を延安に送ろうと考えたのは長い間連絡が途絶えていた中共中央から、一九四〇年秋、第二路軍司令部に到着した唯一の人物が王鵬だったからである。この延安からの密使、王鵬に最初の接触をしたのは彭旋魯が指揮していた小部隊である。その時のことを彼は、

「一九四〇年の秋、私の指揮する部隊は富錦、同江地域の沼地で、遊撃活動を展開していた。その時一人の男が大急ぎで私たちの部隊に近づいて来るのを発見した。我々は敵ではないかと警戒したが、周囲には彼以外誰もいない。それで彼を部隊に迎え入れた。彼は自分が王鵬という者だと名乗り、延安から密使として派遣されてきた者であるという。そして指揮官に会いたいと要請した。私は彼が党中央の密使であるならば、それを証明する指示書や彼の身分を明かす証明書などを所持しているはずだから、それらの証拠物件の提出を求めた。彼は途中で何度も満州軍警の検問に引っかかり、調べられていたので、指示書や身分証明書を所持していることの危険を察知し、すべての書類は処分したと語った。彼は満州に到着した後、抗日連軍側と連絡を取ろうと各地を訪ね歩いて、新聞紙上に遊撃戦が行われたと報じられた場所を探し、抗日連軍部隊の発見に努め、ここまで来たと話した。

私たちは最初、彼の話が信じられなかった。敵が潜入工作員を送り込んできたのではないかと疑ったのだよ。しかし彼が潜入工作員だという証拠もない。彼の話を我々だけでは判断しかねて、護衛兵を数人付け、彼を周保中のもとに送った。周保中は彼といろいろ話し合った末、王鵬が延安からの密使だと信じた。信じるに足りる根拠があったのだろう。周保中は入ソ時にも、彼を連れて入ソし、北野営に留め置いた。その延安からの密使、王鵬を再び密使として延安に送ろうと

したが、それもソ連側の協力が得られず、延安とは連絡が取れないままであった」と語っている。
中華人民共和国が成立した後、明らかになった事実は中共中央から、何度も密使が送られていたという事実である。一九四二年にはすでに崩壊している、中国共産党満州省委の再建のため、延安で東北の共産党組織を指揮する「東北党幹部団」が結成され延安を出発。しかし彼らは中国共産党が実効支配している「普察翼辺区」まで到着したが、そこで日本軍の攻撃を受け、立ち往生し前進できず、東北には入ることができなかった。この期間、王鵬だけが唯一連絡任務を果たしたのである。

周保中たちは入ソ以来、中共中央と連絡が取れないままであったが、北野営に抗日連軍の部隊が駐屯していると知り、必死の思いで訪ねてきたソ連極東地区に滞在する中国共産党の幹部たちがいた。劉亜楼と蘆東生の二人もそうである。彼らは一九三九年、八路軍の師長を務めていた時、党中央の指示で、ソ連のフルンゼ軍事学院に留学していた。日中戦争の激化で国境が封鎖され、中国に帰る道が途絶えたためソ連に留まっていたが、抗日連軍のソ連領滞在を知り、一九四二年夏、彼らは困難な道のりを踏破して北野営を訪ねてきた。最初、周保中は彼らが党中央から来た連絡員と勘違いして、大喜びで彼らを迎え入れたが、話を聞いてみると彼らも延安に帰る道がなくなり、何とか帰還する方法がないかと相談のため、北野営を訪ねてきたという事情が判明し、周保中はいたく失望した。

北野営を訪ねてきた彼らの話によれば、彼ら以外にも八路軍からソ連留学を命じられた人々がいて、帰路を絶たれ、ソ連軍に勤務している人たちもいるということであった。

このような党中央と連絡が取れない状況の中で、周保中は自らの責任で東北党委員会を設立する決意を固めた。一九四二年四月、幹部党員たちに「党組織の徹底的改組並びに集中指導」という方針を提示し、以前に存在した満州省委の吉東、北満、南満の党組織を統一して、中共東北局にすることを提案した。この周保中の提案は王新林の支持を得た。王新林はこの提案が、周保中の独断でないことを証明するために、モスクワに滞在しているコミンテルン中共代表団の承認を受けるよう助言している。周保中は彼の提案が分派活動だと非難されることを恐れ、王新林の助言を受け入れ、ソ連の支援でコミンテルン中共代表団の承認を受けた。

王新林―ソ連側の狙いは中共中央と切り離され孤立している状況下で、周保中が「正当な手続き」を経て「東北局」を掌握すれば、抗日連軍をより完全にソ連が掌握できるということで、中共東北局委員会の成立に援助の手を差し伸べたのであろう。

一九四二年九月一三日、中共東北局委員会が成立した。この時、旅団党委員会と東北党委員会は兄弟関係であると規定されている。

この日の中共東北局委員会会議で、執行委員が選出された。執行委員に周保中、李兆麟、崔庸健、金日成、金京石、彭旋魯、王明貴、金策、王効明、安吉、季青を選出し、候補委員に周保中夫人王一知、沈泰山を選出した。

それにしても一三名の委員・候補委員の内、実に六人が朝鮮族出身者である。さらにその翌日の執行委員会では党書記に崔庸健、副書記に金日成と金京石（北朝鮮建国後、人民軍大将）が選出されている。いかに旅団内の朝鮮族出身者の影響力が強かったかが窺い知れる。

この大会で委員に選出された人々の内、金策、季青、王効明、安吉は小部隊を率いて、野営地から満州に出撃中であり、大会には出席していない。彼らの参加なしに大会が強行されたこと。そうして委員、候補委員の内、過半数の七人が周保中の第二路軍から選出され、絶対多数を占めたこと。このことは当然第一路軍系、第三路軍系の隊員たちの反感を買ったであろう。特に第三路軍系列の遊撃隊員の多くは入ソせず、まだ北満で遊撃戦を展開中であったから、その反感は強かった。このような旅団内不協和音を抱えながら、中共東北局は成立した。

東北委員会の成立で第88旅団は形式的には中国共産党の指導する軍事組織の形態を保ったが、旅団の運用の要である、部隊の指揮・命令は旅団編成時からソ連軍側にあって、旅団が周保中指揮のもと、満州の解放のため、独自で部隊を展開し作戦行動をとれる余地はなかった。ましてや、朝鮮族出身の隊員たちの個人的思いがどのようなものであったかは別にして、旅団が朝鮮解放の闘いを視野に入れることはなかった。

旅団の指揮・運用で、その指揮権がソ連軍にあることは再三言及してきたが、その指揮権運用を徹底させるため、軍律の統制権もソ連軍が掌握していた。ソ連軍では部隊内の軍律を保つため、部隊内に内務部が設置され、命令違反者、規律違反者の監視が徹底されているが、その内務部が第88旅団内にも設置され、ソ連軍幹部が直接掌握していた。内務部の監視下で周保中たちが独自に動ける余地はほとんどなく、勝手な行動をした隊員たちは幹部であろうとも、即座に逮捕され収監された。

旅団内務部――部隊内秘密警察の設置と隊員の処分

ソ連軍内部にはどの部隊にも、内務部――部隊内の秘密警察が設置されている。部隊での命令違反、規律違反、反革命分子、犯罪者の摘発機関である。第88旅団にもこの内務部が設置された。内務部長はアノルーブル少佐だった。内務部は部隊内の指揮系列での命令に従うことのない、上級機関直属の部署である。旅団内での調査は旅団長や大隊長に何らの許可を取ることなく、隊員を呼び出し調査を遂行できる権限を持っていた。

抗日連軍隊員たちは旅団が成立したとき、この内務部が各部隊内に設置されても、抗日連軍部隊ではこのような組織が存在していなかったので、この組織がどのような任務を持っているか気付かなかった。

彭旋魯は内務部の設置と任務について、

「彼らが何をしようとし、何を問題にしようとしているのか、私たちは最初わからなかった。しかし旅団成立後、しばらくして気付いたのであるが、私たちの部隊に配属されているソ連人軍人が、彼らを非常に警戒していることである。しかし、私たちは彼らがなぜ内務部をそれほど警戒しているのかも理解できなかった。

私の大隊で通訳をしていたクーゲン中尉が、その後、内務部に移動になった。彼は内務部で第二大隊を担当していたらしく、私たちとよく雑談していた。時には私に『お茶でも飲んで行けよ』と内務部の自分の執務室に呼び入れ、いろんな世間話をした。最初、その世間話はたんなるうわさ話や、日常の出来事の些細な話なので、何の意味もない雑談だと思っていた。それに彼は私との会話を記録するようなそぶりも見せなかったので、私は気にも留めていなかった。しかし後刻それらの話が隊員一人一人の調査カードに記入され、記録に取られていることを偶然の機会に知って、愕然とした」と語っていた。

内務部は隊員一人一人の行動、思想的傾向を記録に取っていただけでなく逮捕のために何度か出動している。

一九四三年秋、二人の隊員が部隊を脱走する事件が発生した。この二人はもともと抗日連軍の隊員ではなく、満州国軍出身者だった。一九四二年六月、満州国軍の一連隊で、日本人指揮官黄谷成男中尉の横暴に耐えかね、数人の満州国軍兵士が共謀し、黄谷中尉を殺害してソ連領に逃亡した。この満州国軍兵士は成立したばかりの、第88旅団に配置されたが、訓練の厳しさに嫌気がさして、部隊からの逃亡を図ったのである。内務部が調査に乗り出し、彼らは国境にたどり着く前にソ連国境警備隊に逮捕され、北野営に送り返されてきた。彼らは故郷が恋しくなり、帰りたかっただけだ、と許しを乞うたが軍事裁判での判決は死刑だった。刑の執行は旅団兵士全員の目前で、脱走した隊員の末路を全員に認識させる見せしめとして公開銃殺が執行された。

一九四三年冬、「上官謀殺未遂容疑」で副小隊長の趙西林が「反革命分子」として一年の強制労働の刑を受けた。彼の容疑、「上官謀殺未遂」と罪名はおどろおどろしいが、その内容はきわめて単純でたわいのない事件であった。趙西林は妻の金玉坤が妊娠したことを知って、妻に栄養のある食べ物を与えようと食堂に忍び込み、ジャガイモ数個を盗み出した。それを見ていた隊員が趙を告発した。

告発を受け、旅団長周保中と副旅団長李兆麟が趙西林を呼び出し、その行為を厳しく批判した。張はその批判に不満があったのか「あいつら殺してやる」と隊員の前で口走ったのを内務部員が聞きこみ、彼は直ちに逮捕され、ハバロフスク軍区からソ連軍中佐がやって来て裁かれた。彼に一年の刑が言い渡され、国営農場での強制労働が宣告された。以降趙西林の消息を知る者はいない。

旅団の大幹部である大隊長や大隊政治委員も罪に問われている。抗日連軍第5軍の軍長を務め、旅団成立後は第四大隊隊長に任じられた柴世栄とその大隊政治委員季青が「反革命スパイ罪」で逮捕され、シベリアの収容所に送られた。この二人の大幹部は周保中の最も信頼していた第二路軍の幹部で「反革命スパイ罪」を犯すなど考えられない罪状だった。柴世栄と季青は一九四三年九月、突然ハバロフスクの司令部に呼び出され、そこで内務部の告発により「反革命スパイ罪」で裁かれ、シベリアの収容所送りになったが、その消息は一九五五年まで判明しなかった。

彭旋魯はこの事件について、「きわめて奇怪な事件で、その容疑もあいまいなままだった」と語っている。公式に罪状として挙げられていたのは季青が、無線機を私有で保有していて、それで外部と連絡を取ろうとしていたということ。柴世栄の方は入ソした彼の部隊の一人が日本軍により潜入させられた特務で、部隊内で「反革命行動」をとっていたが、柴がそれを見逃していたので、彼が日本軍特務機関とつながりがある、とみなされたというものである。

彼らの審問には中国人は一人も立ち会わせてもらえず、すべてソ連軍人が支配する内務部で処理された。周保中は当然逮捕の理由、審問の結果を問いただしたが、ソ連軍側は「彼らは日本軍の特務である」と答えただけである。信頼する部下の罪状を信じず、周保中は何度もソ連側に問い合わせ、激しく抗議をしたが、ソ連側からは「日本の特務機関とつながりがあるスパイである」という回答以上の答えは得られなかった。

この事件の経過について、中国に残された資料はおおよそ以上のような説明をしているが、ソ連側からの資料の公開がないため、真相は明らかではない。一九四四年初頭、旅団内にこの事件の罪状が知らされたとき、真相が判明していないため、旅団内でいろいろなうわさが飛び交ったが、隊員の受けたショックは大きかった。大隊長とその政治委員が簡単に逮捕され、スパイ罪で流刑を受けたという事態が隊員たちに与えた心理的重圧は強烈だった。

北京で抗日連軍の話を聞いた李在徳も金貞順もこの事件について語っていたが、その罪状は抗日連軍時代、一時日本軍を欺くため、柴世栄が偽装投降した事件があり、その経過が疑われたのではないか、という推測をしていた。それらの話を聞いても、この逮捕理由について私は納得できず、彭旋魯にこの事件の「真相」について質問した。彭旋魯はソ連当局の説明を「柴世栄と季青が東北で偵察活動をしていた時、日本軍の情報収集を行っていたが、彼らは季青の弟を情報提供者として使っていた。季青の弟は日本軍のための情報活動もしていた二重スパイだった。季青が再び入ソするとき、季青の弟は自分の手下を一人部隊に潜り込ませたが、ソ連軍に摘発され自白したので、ソ連は彼をスパイとして断罪したが、彼を使っていた柴世栄と季青を共犯者として逮捕し、シベリア送りにしたと説明した」と述べた。

彭旋魯はそのようなソ連側の説明を信じていないようだった。当時の中国での共産党の活動や遊撃戦では逆スパイを使うことや、敵側の潜入工作員を利用する虚々実々の活動は日常的に行われており、そのような、いわば「些細」な問題で旅団の大幹部をシベリア送りにするだろうかという疑問は残る。周保中は柴世栄たちの釈放を強くソ連軍に要求していた。彼らが「反革命分子」「日本軍特務機関のスパイ」だったのが事実であれば、周保中が彼らの釈放要請を執拗にする行動を取ることもなかったであろう。

周保中の彼ら二人に対する釈放要請は実に執拗なものだった。逮捕時も、たびたびソ連側に釈放要請をしているが、日本の敗戦時、旅団が解散になり満州への出撃が行われる直前にも、ソ連側に釈放を要請している。ソ連側はその要請を無視し、釈放は実現しなかったが、その後、国内で共産党が国民党との内戦を制し、新中国が成立すると、周保中は中国共産党中央と中国政府外交部を動かし、正式に外交手段に訴え、彼らの釈放を要求した。この執拗な釈放要請の裏には何か特別に周保中しか知らない裏の事情があったのではないか。

延吉市で呂英俊からソ連軍情報局の情報戦の回想を聞いている時、たまたま柴世栄と季青の事件の話題に話が及んだ。

「柴世栄や季青はなぜ逮捕されたのですか」と質問した。呂英俊の返事は明瞭だった。

「柴世栄の逮捕は命令違反だよ」と断言した。

「柴世栄はソ連軍の同意を受け、一九四三年に東北部に出撃していったが、その時の任務は残存パルチザンたちとの連絡と収容、日本軍の動静の偵察、地域の共産党員との連絡だった。彼らの作戦行動中に、ソ連軍は彼らの部隊に帰還命令を出した。柴世栄は政治委員の季青と協議の上、無線で周保中に指示を仰いだ。周はまだ残っている中国共産党員たちとの連絡網完成の任務を終えてから、帰還するよう命じたんだ。柴は周の指示に従って行動し、ソ連軍の帰還命令指示を無視した。それがソ連軍司令部の逆鱗に触れ、その命令違反が原因でシベリア送りになったと聞いている」

「季青の弟を逆スパイとして利用し、それがばれてスパイ罪に問われたと聞きましたが」

「そんなこともあったかもしれない。しかし当時の情報戦ではそんなこと普通のことで特に重大な罪になることではない。ただ、それらを罪状に仕立て上げ、罪に問うことは可能だがね」

その説明を聞き、漠然としていた逮捕監禁の背景と周保中の執拗な釈放要請がなぜなされたのかが理解できた。ソ連軍は第88旅団を自国軍指揮下の部隊として、旅団幹部の独自行動を命令違反だと断固取り締まる処置を取る態度に出た。それは周保中の旅団指揮権に対する権限を制約する手段として使われた。ソ連軍の命令に従わなかった柴世栄たちを内務部に命じて、スパイ容疑で逮捕し、シベリア送りにすることで、旅団を支配しているのがソ連軍であることを強烈に示した。第88旅団が中国共産党の指導する軍隊という形式すら形骸化され、旅団の指揮が誰によって行われるかを旅団内に知らしめる目的があったのであろう。

ただ柴世栄の「命令違反」には、周保中がソ連軍に知られたくない裏があるように思える。それは周保中がソ連軍の指示を無視してまで「任務」の遂行を指示したのと関連があるようだ。周保中は柴世栄たちの小部隊に与えた任務は残存遊撃隊との連絡、日本軍部隊の動静の偵察、そして中国共産党員との連絡網の完成であったと呂英俊は語っていた。この中国共産党員との連絡網の完成は周保中が主導して、中国共産党東北局を設立したことと関係があるのだろう。

柴世栄や季青という第5軍の軍長、政治委員を満州に送ったのは、東北に散らばって残存している党員たちも、納得できる大幹部をオルグとして派遣し、彼らを一つに結合させ、できればその組織を通じて中共中央との連絡を成功させたいという周保中の意図があったのではなかったか。その意図をソ連側が察知し、中共中央との連絡を妨害する目的で、柴成栄たちを逮捕し、周保中の意図をくじいたとすれば「事件」の背景は理解できる。

柴世栄たちが旅団長の周保中の指示でソ連軍の命令に従わなかったのは、形式的には罪に問える問題ではない。形式的には旅団の指揮権は周保中旅団長にあり、旅団長の命令に従った柴世栄は命令違反には当たらない。そのためソ連軍は別の罪状「スパイ罪」をでっち上げ、彼らをシベリア送りにしたため、ソ連軍の意図を察知した周保中は執拗にソ連当局に彼らの釈放を要請したのだろう。

周保中は一九五五年、中国共産党中央と中華人民共和国外交部を通じて再び柴たちの釈放をソ連に要求した。ソ連は中国との同盟関係に配慮し、その年、季青と彼と同時に逮捕された数人の抗日連軍兵士を釈放したが、釈放された中に柴世栄の姿はなかった。その数人の釈放者の内には第5軍の幹部だった朝鮮族出身の韓潤浩《ハンユンホ》もいた。

彭旋魯は一九五五年、釈放されて帰ってきた季青と北京で再会し、話を聞いたという。

「北京で季青と会ったが、体はガリガリに痩せて、ぼろぼろの感じだった。逮捕されスパイとして審問されたが、日本の特務機関と連絡を取っていたということで何の証拠もないのにスパイと断罪され、シベリアの収容所に送られたと語っていた。その時以来、柴世栄とは別々になり、それ以来会っていないと話していた。柴世栄はシベリアの収容所で死亡したのだろう」と語っていた。

旅団の内務部がソ連軍司令部の直属の機関として完全に機能しており、旅団の中国人幹部の手に及ばない存在であったことは、隊員たちが簡単にスパイ罪や「反革命行為」で処罰された事例からも明らかであるが、それはまた第88旅団が、旅団長周保中の指揮下の独立した部隊ではなく、ソ連軍の指揮、統制下に存在していたという一つの明白な証でもある。

しかし、抗日連軍の隊員たちは第88旅団が完全にソ連軍の統制下にあり中国共産党の指導する武装組織ではないとする、ソ連側の主張に頷《がん》ぜず、あくまでも中国共産党指導下の武装組織だという主張をする。それゆえに、この旅団を独自に「教導旅団」と呼んだ。ソ連軍による軍事訓練の支援を受けている、中国共産党の指導する軍隊という意味なのであろう。

北京で金貞順に話を聞いている時、彼女は「自分たちは教導旅団の隊員だから、身分は学生である」と語っていたが、タシケントで兪成哲にその点について彼の意見を聞くとこう言った。

「第88旅団はソ連軍総参謀部直属の特殊部隊として存在していた。その隊員たちの身分はソ連軍の戦闘員だよ」

「すると下士官以下の隊員たちにも、階級があって隊員たちは全員その階級章を付けていたのですか」

「そうだ。兵士たちは、兵士、上等兵、下士官は下士、中士、上士、特務長（准尉）で将校は小、中、上、大尉、そして佐官だった。旅団内ではソ連軍の軍服にその階級章を付けて生活していた」

「女性隊員たちも皆、その階級章を付けていたのですか」

「そうだよ。君が話を聞いたという、金貞順は確か中士（軍曹）の階級章を付けていたと記憶しているが……」

「その階級は周保中たち旅団の幹部が与えたのですか」

「周保中の申告に基づき、ソ連軍が与えたと思うよ」

「その階級章授与に抗日連軍の隊員たちから、意見や不満はなかったのですか」

「いいや。それがいろいろと意見や不満が多くてね。彼らにとって、どの階級が与えられるかということは大問題だったらしく、多くの不満者がいた。仲間と比較して、あいつは上士なのに、おれは何ゆえ中士なのだとか、あいつは将校なのに俺はなぜ下士官なのだ、という不満が多かったな。それにパルチザン時代、自分が上位だったのに、旅団では下位になっていると感情的になる隊員もいた。例えば金益絃《キムイクヒヨン》（北朝鮮建国後、朝鮮人民軍次帥）とか趙正哲《チヨジヨンチヨル》（北朝鮮建国後、朝鮮人民軍大将）なんかは下士官待遇なので、ずいぶん不満を持っていた」

「その不満は指揮権とか名誉とか待遇が違うという類のことによるのですか」

「その全部だよ。ソ連軍では将校と兵士では待遇がずいぶん違った。軍から配給される食料品、物品、給与にも差が出たからね」

「ソ連当局から給与をもらっていたのですか」

「当然だろう。ソ連軍の軍人なのだから。将校はひと月一二〇ルーブルぐらいの金額だがね」

「それでどのくらいの物が買えるのですか」

「大した金額ではないね。鶏の一〇羽ほどが買える金額だよ」

兪成哲は第88旅団が中国共産党の指導する部隊という形式だけは残っていたが、実質的には完全にソ連軍の支配下にあった旅団だという。

独立性を保って壊滅した第三路軍

第88旅団の成立時、第一路軍、第二路軍系の抗日部隊の多くは入ソし、第88旅団に統合されていく。しかし北満では第三路軍系の部隊の大半が、ソ連領に退避せず、遊撃戦を展開していた。第三路軍系の指導部、李兆麟や馮仲雲、金策がソ連領に退避し、第88旅団の成立に協力している時、この行動に疑問を持った第三路軍の隊員たちは許亨植の指揮下で、抗日戦を展開していた。

許亨植は一九〇九年、朝鮮の慶尚北部で生まれ、父親の中国移住に伴い朝鮮を離れ、一九二九年ごろにはハルビン近郊で生活していた。一九三〇年、許亨植は中国共産党に入党、一九三三年、趙尚志とともに珠河反日遊撃隊を組織し、以降北満で抗日遊撃戦を展開していた。一九四〇年、第三路軍系幹部の李兆麟、馮仲雲、金策などが入ソした後もソ連には赴かず、北満に残っていた第三路軍系のパルチザンを指揮し、第三路軍長として遊撃戦を展開した。

一九四二年七月から八月にかけて、第88旅団を立ち上げる準備をした時、周保中は旅団の第三大隊の隊長席を空席にし、許亨植をその隊長に任命。第三路軍系列の隊員で入ソしていたパルチザンをその部隊に編入する処置を取った。そうして許亨植ときわめて親しかった金策を、許亨植を入ソさせ、旅団に加入するよう説得させる目的で北満に返した。

金策が北満に潜入した数日後の一九四二年八月二日、許亨植は護衛兵数名を連れ、指揮下の遊撃隊の指導に赴いた帰路、北安省慶城県青風嶺で日本軍と遭遇、激しい銃撃戦となった。許亨植の脚に日本軍の銃弾が当たり、歩行困難な状況に陥った。許は部下たちに本隊に帰る指示を与え、自分一人がそこに陣取り、部下の退去を援護して射撃を続けた。彼らの退去を見届けた後、日本軍の銃弾を全身に浴びて戦死した。時に許亨植は三三歳であった。入ソ説得に北満に帰った金策とは会えぬままだった。

許亨植戦死前後の第三路軍の状況について、黒河駐在の日本帝国領事広岡任は次のように報告している。

「許亨植射殺前の状況：北満党軍は昭和一四年（一九三九年）以来、間断なき日満軍警の徹底的討匪工作と検挙、弾圧、帰順、逃亡等に起因し、抗連各支隊は勿論、組織網は殆ど壊滅状態に陥り、最高幹部級たる張寿籛（李兆麟）をはじめ、馮仲雲、張光迪、李景陰、辺風祥、王明貴等は昭和一五年末期より相次いで入「ソ」し、帰満せる北満党は金策、許亨植を唯一の統率者として……」（原文カタカナ綴り、句読点筆者）と報告。許亨植が壊滅状態の遊撃隊を率いて奮闘したとある。

北満に帰った金策は刎頸《ふんけい》の友である、許亨植の戦死の知らせに慟哭した。そして許亨植の死後の北満党と第三路軍は自分が再建し、指導しなければならないと悲壮な決意を固めた。彼は旅団から北満に帰る時、持参していた無線機を使い、ソ連軍と周保中に旅団に残留している第三路軍系の隊員たちを北満に返してくれるよう打電した。そして第三路軍指揮下の部隊で比較的まとまって遊撃戦を繰り広げていた朴吉松《バクキルソン》の第12支隊と接触し、朴と会見、今後の方針を協議した。朴吉松が指揮する第12支隊の隊員はその時点で数十名が残存していた。

朴吉松は許亨植と意見を同じくしており、ソ連軍指揮下に入ることに強い警戒心と不満を抱いていたようである。

北京で彭旋魯に許亨植の交戦と戦死について話を聞いた時、「三路軍幹部たちは周保中の方針に反対していたのですか」と質問したことがある。その質問に彭旋魯は、「第三路軍幹部たちは周保中の方針に賛成していた」とだけ述べ、詳しい話は避けた。確かに李兆麟や馮仲雲は賛成していたが、許亨植や朴吉松は不信感を抱いていた。

許亨植戦死の四カ月後、一九四三年一月、第三路軍第12支隊の朴吉松は日本軍との激しい交戦の末、日本軍の捕虜になり、日満軍警の厳しい取り調べを受け、多くの供述をしている。その供述について前記黒河駐在日本帝国領事広岡任は外務省に多くの報告書を送っている。その報告書では朴吉松が周保中やソ連軍に強い不満を抱いていたことがうかがえる。そこには、

「『ソ』匪（第三路軍で既に入ソした）の帰満方を要請せるに拘わらず、（ソ連軍が）之に応せず、武装諜者等に利用し居るは全く北満党を無視せる暴挙にして、北満党、軍を必然的自滅に導入するものなりとソ連極東軍王新林に対し不満の念を抱持しあり」と報告されており、さらに、

「昭和一七年（一九四二年）旧九月一一日、鉄驪《てつり》県安邦河上流に於いて朴（吉松）が金策と面会せる際、王新林より金策にあてたる秘密指示私信に『金策、許亨植、朴吉松は必ず入ソせよ』と指令ありたるも、両者討議の結果ソ連極東軍よりの直接領導は党原則を無視したるものなり、との不満及当時の在満各級党軍は入ソに反対しありしを以て入ソせず」と報告している。

許亨植も朴吉松も、ソ連軍の指示を受ける抗日連軍のあり方に中国共産党の独自性を侵す行為として、強い不満と疑念を抱いていたのであろう。

朴吉松は多くの供述を残した後、処刑された。朴吉松について同じ三路軍に在籍していて、部隊活動も一緒だったこともあり、よく知っていたという金貞順は、彼が日本軍に逮捕・処刑されたのを知っているのか否か知りたく思い、北京で話を聞いた時に尋ねると、「朴吉松が戦死したという知らせが届いたので、彼の連れ合いで、すでにソ連に入っていた金玉順はその後崔光（朝鮮人民軍元帥）と結婚した」と話していた。朴吉松の死を「処刑」ではなく「戦死」と語っていた。

朴吉松が逮捕され処刑されていた時期、金策は北満で遊撃戦を指揮し戦っていた。第三路軍系の隊員たちを北満に返してくれるように打電した連絡は周保中から無視され、逆に金策は直ちに部下を引率して入ソするよう指示が出た。

金策がその指示に従わないことを知ったソ連軍と周保中は金策に場所と日時を指定し、そこで協議しようと提案した。そして、その場所に小部隊を派遣した。その場所に姿を現した金策を力ずくでソ連に連れ帰ろうとしたが、金策の抵抗でそれもままならず、その後も金策は一人で第三路軍残党を指揮し、北満で奮闘した。

このような金策の行動はソ連軍や周保中たちの反感を買ったであろう。周保中からの再三の入ソ要請に応じ、独力で戦っていた金策が日・満軍の圧力に耐えかね、残存部隊のソ連領撤退を開始したのは一九四三年一〇月ごろからである。金策は残存部隊の入ソを見届け、一九四四年一月、入ソし、旅団に合流した。その後、旅団内で第三路軍系列の隊員を指揮する大隊長の地位には就任できず、金日成の第一大隊の政治委員に「降格」されている。

金策の入ソで第三路軍部隊もほぼ入ソしたが、一部の遊撃隊はまだ残存し、北満で遊撃戦を展開していた。彭旋魯は、「彼らの遊撃隊の中には一九四四年になってソ連領に入って来た小部隊もいた」と語っていた。

このようにして一九三〇年代初期から満州で展開されていた組織的な抗日遊撃戦は、第三路軍の壊滅とともにその終焉を迎えた。

第三章

ソ連軍に組み込まれた隊員たちの生活

猛訓練に明け暮れたソ連軍兵営生活

第88旅団は特殊部隊である。この部隊の作戦行動は日本軍の後方に降下し、パルチザン活動を展開したり、日・満軍の補給路を破壊し、戦略地点を爆破したりするなど様々な特殊任務が想定されていた。その任務を遂行できる特殊な訓練が厳しく続けられた。射撃、銃剣術など通常の部隊訓練に加え、爆破、落下傘降下、スキー行軍などの訓練が目白押しであった。

李在徳、金貞順、彭旋魯は部隊訓練の厳しさについては異口同音の回想をしていたが、そんな訓練の中でも特につらかったというパラシュート降下訓練とスキー行軍について、時には涙をためて、時には笑いながら語っていた。それらの訓練はよほどの強い思いがあったからであろう。

彭旋魯はスキー訓練について、雪が降る厳寒の間、繰り返し行われたという。使用していたスキー用具は元大工だった抗日連軍の隊員の手製のもので、彼が指導し、隊員たちが山から柳の木を切りだしてきて、その木の板でスキーを製造した。ストックは柔軟性があるブドウの木を使って作った。そのような手製のスキーであったが、実用には十分に耐えた。

隊員隊のスキーに対する関心には強いものがあった。それは抗日連軍時代、日・満軍に追われて苦しい雪中行軍を強いられた苦い思い出を誰しもが体験しており、もし当時スキーがあり、それを使いこなせたら、もっと楽に行軍できたのではないかという思いが強くあったからだ。

雪中行軍訓練では六〇キロや一〇〇キロに及ぶ雪中スキー行軍があり、誰もが苦労した。極東ソ連領の冬季は気温が零下三〇度から時には四〇度にもなる厳寒である。そのような寒い時期の訓練で最大の敵は凍傷で、その危険を冒して訓練は続けられた。

兪成哲はそのようなスキーでの雪中行軍訓練について、

「旅団では大隊別の競争で、スキー行軍練習を行い、各大隊に成績を競わせた。第一大隊の金日成はスキーが下手で、長距離の行軍になると落伍しそうになってね。大隊長が落伍したのでは他の大隊に負けてしまうので、中隊長の崔勇進《チエヨンジン》（副総理・朝鮮人民軍大将）は金日成が落伍しないように引っ張って懸命に働いたこともあったな」と語っている。

パラシュートと訓練は前述したように旅団成立前から始められていたが、旅団成立後も定期的に訓練が行われた。そんな降下訓練で一人の朝鮮人隊員のパラシュートが開かず、地上に激突して死亡した。その時の光景を彭旋魯は、

「双城子（ヴォロシーロフ［ウスリースクの旧称］）付近のパラシュート降下訓練場での訓練中だった。午後の四時ごろ航空機から隊員たちが次々に飛び降りるのを見ていたら、そのうちの一人の

隊員のパラシュートがなかなか開かない。最初は高度な降下技術を自慢するつもりでしばらくパラシュートを開かないで急速に降下しているのかなと思っていたが、どんどん降下しても開かない。地上にいた人たちは皆危ないと思っている時、パラシュートが開いたのでホッとしていたが、それが半分しか開かないまま隊員は地上に激突してしまった。地上の全員が駆け出し、その場まで行ったが、すでに救急車が到着しており、彼は死んでいた」と語っている。訓練中にこのような事故で死亡する例はほとんどなかったという。

ビヤツコイの雑木林の中に建てられた四基の墓の一つはパラシュート降下訓練で死亡した隊員の墓であるのかもしれない。

ソ連軍偵察局将校・兪成哲の旅団編入

極東ソ連軍司令部から第88旅団配属を命じられた兪成哲がビヤツコイの旅団本部を訪れ、部隊編入申告を崔庸健にしたのは一九四三年九月のことである。すでに旅団が結成され、一年以上が経過していた。この時期、兪成哲以外にもソ連系朝鮮人が数名、旅団に編入されていた。兪成哲のソ連偵察学校の一年先輩の朴吉男もその時期旅団に配置された。これらの人員の増員は旅団の戦力増強が目的であったのだろう。

旅団成立後、原住少数民族のナナイ族の若者なども隊員として徴兵されている。ナナイ族はツングース系の少数民族で、ソ連での全民族人口が一万人ほどの少数民族であるが、彼らの集落がビヤツコイの近くにあったことや、彼らの同系統の少数民族が、黒竜江省松花江流域に中国の少数民族として居住しており、ナナイ族を訓練して、その地域での作戦に利用できるという目論見からソ連軍司令部はナナイ族の若者を第88旅団に徴兵し配属した。

兪成哲は、申告後直ちに第一大隊の通訳員として配属された。旅団での公用語は中国語とロシア語であるが、朝鮮人隊員の中にはロシア語はもちろん、中国語も十分でない隊員たちがいた。そのため兪成哲はロシア語―朝鮮語通訳として配属されたのである。

兪成哲は一九一七年、ソ連沿海州の朝鮮人農家で生まれた。一九三七年、スターリンによる朝鮮人敵性民族視政策で、沿海州の朝鮮民族全員が中央アジアの砂漠地帯に強制移住させられたとき、兪成哲はウラジオストックで発行されていた朝鮮語新聞「先鋒」――のちにアルマトイに移転させられた後「レーニン・キチ」(「レーニンの旗」)に改題し、ソ連邦崩壊後は「高麗新聞」となる――新聞社に在職中だった。

カザフ共和国に送られた兪成哲は自分たちが敵性民族でなく、ソ連邦に忠誠を示している証として、ソ連軍への入隊志願書を当局に提出した。ソ連軍入隊志願が受け入れられ、送られたのが、考えてもいなかったソ連軍最高司令部直属の偵察学校だった。偵察学校には中国人、ドイツ人、朝鮮人など、主にソ連邦内で「敵性民族」として抑圧された、ソ連国籍の少数民族の若者が入学した。兪成哲は朝鮮人学生としては第二期入学で、同期の朝鮮人学生は一六名だった。一期生は朴吉男たち六名がいたという。

「偵察学校に入学した朝鮮人は何人ほどなのでしょうか」

「さあ……、私の期と朴吉男の期の人数しかわかっていない。この学校のすべての事項については外部で話せば、それだけで処刑されるという秘密主義を守っていたからね。一期上の朴吉男の同期に六人の朝鮮人がいたというのも、彼と旅団で一緒になってから判明したことだ。

私の同期の生徒たちは私も含め、偵察学校入学を希望していたのではなく、赤軍入隊の志願書が処理され、そこで選考された結果、偵察学校に送られたのだ。偵察学校入学当初、そこで何を学び、どのような任務に就く軍人になるのか皆目わかっていなかった。そのうち追々学校の性格を知るようになるのだが、私たち同期の一六名のうち、六名は三〇歳近くの年齢の人たちで、私たち若者と違い、社会の事情にも通じていたので、偵察学校卒業生の過酷な任務を承知していたのだろう、それでむざむざ死ぬのは馬鹿らしいと考え、何とか退学させられるようにしようと知恵を絞った。

彼らは退学するため策を練り、必死で勉強に打ち込んでいるふりをした。夜の一時、二時まで学習し、訓練も懸命にやっているように見せかけたが、成績はいつも落第点で、無線技術にしろ、爆破技術にしろ、いつまでたっても上達しない。それで熱心で努力はしているが、能力がないとみなされ退学することを目論んでいた。彼らは目論見のように退学処分を受けたが、その処分は彼らが予想したよりも、きわめて過酷なもので、全員強制労働所送りになり、そして全員一年以内に死亡した」

「全員死亡ですか？　またどうして……」

「詳しい事情は判明していないが、偵察学校の秘密が露呈するのを恐れたソ連軍によって、強制収容所内で謀殺されたと推測されている」

「まさかそんな……」

「全員が一年以内に死亡しているという事実は謀殺以外の結論は出ないよ。全員が病死ということは考えられないからね」

私にはまさかそこまでやるか、という思いがあったが、スターリンの粛清の暗黒の時代を生き延びてきた兪成哲の表情は自分の判断に対するゆるぎない確信にあふれていた。

「偵察学校に残った一〇人の朝鮮人たちは卒業後全員極東に送られ、そこでさらに日本語などの教育を受けた後、半数の五人が朝鮮領土内潜入を命じられた。全員ソ連共産党員でソ連邦に対する忠誠心が強い人たちであった」

「彼らはどこから命令を受けて朝鮮に潜入したのですか」

「ソ連軍偵察局からだ。この機関はソ連赤軍総参謀部直属の機関だ。命令を受けて潜入した五人は全員、朝鮮国内で射殺されたり、逮捕されたりしてしまった。逮捕された者の一人が、日本軍に寝返りさせられ、強制されて日本軍の偽情報を無線で送信させられていた。彼はその後一九五〇年の朝鮮戦争時、ソウルに侵攻した朝鮮人民軍に逮捕され、ピョンヤンに送られてきたので、会ったことがあるが……朝鮮に潜入して生き残ったのは彼だけであったようだ」

と語っていたが、何か古典的なスパイ小説を読んでいるような気分になった。

兪成哲の最初の偵察任務は満州であった。

「偵察任務は三、四名の小人数で行うのだが、金成国《キムソングク》（兪の偵察学校同期。後に旅団編入を経て朝鮮人民軍中将）たちと満州で行った偵察活動もひどいものだった。日・満軍の警戒が厳しく、人里には出られず、山の中を歩き回って、山の上から双眼鏡で道路上の移動物や軍隊の動き、施設などを偵察し、記録して、また山の中に隠れるというような偵察活動だった。人里に出られないので、持参していた食糧の補給ができなくなり、山菜や木の実を探し、時にはカエル、ヘビなどの小動物を捕まえて飢えをしのぐことになる。木の実を食べた後、誰もがひどい便秘になる。何日も糞が出なくて苦しいもんだよ。糞は出そうで肛門の出口のところで詰まって出てこない。それで仲間同士で、木の小枝で詰まっている糞をほじくり出し、排便するんだ。金成国たちとよく、そんな昔話をしては笑いこけたものだ……」

当時を思い出し苦笑いしながら語っていたが、昔の仲間の話をするとき、言葉がしばらく途絶えた。旅団や朝鮮人民軍当時の同僚たちのことを思い出したからだろう。そしてその思い出は一九八八年、ピョンヤンを訪問したときの苦い思い出と重なった。

一九八八年五月、兪成哲は北朝鮮政府の招待を受け、亡命後初めてピョンヤンを訪問した。当時韓国政府の対共産国政策が対決路線から柔軟路線に変わり、ソ連に対して積極的な「北方政策」を展開していた。特にソ連に在住する朝鮮人工作に力を入れ、彼らの有力者を韓国に招待する工作を推進していた。北朝鮮政府も、このような韓国の「北方政策」に対抗し、朝鮮系ソ連人に対する工作を強めた。しかし、過去の粛清騒動の後遺症が響き、在ソ朝鮮人たちには北朝鮮に対する不信感が強く、韓国側に後れを取っていた。

そこで、北朝鮮政府はかつてソ連に追放した北朝鮮要人の機嫌を取って、北朝鮮への支持を獲得しようと工作を始めた。タシケントの兪成哲のアパートに、モスクワ駐在北朝鮮大使館武官キム・ジョンチョル少将がわざわざ訪ねてきて「作戦局長閣下、ぜひ我が国を訪問され、その後の我が国の発展についてご覧ください」と昔の職名を持ち出しての勧誘であった。

北朝鮮の過去の過酷な仕打ちに嫌悪感が残っている兪成哲は招待を断ろうと思ったが、ピョンヤン生まれの夫人金玉龍が、ピョンヤンと聞いてなつかしそうな表情をし、行きたいという。それも、もっともだという思い、また、自分の青春のすべてであったピョンヤンを再び見てみたいという思いもあり、その招待を受け入れた。

同行した招待者は元労働党部長朴永彬《パクヨンビン》夫妻、元労働党軍事委員李春百《イチヨンペク》夫妻、元人民軍海軍司令官李世鎬《イセホ》夫妻、などであった。彼ら一行は一九八八年五月三日にピョンヤンに到着して、北朝鮮政府の歓待を受けた。兪成哲はピョンヤンで昔の旅団時代の仲間たちと再会できるだろうと期待し、彼らの何人かと連絡を取ってくれるよう依頼した。例えば国防相呉振宇（朝鮮人民軍元帥）、労働赤衛隊総司令官全文燮《チョンムンソプ》（朝鮮人民軍大将）、万景台革命学院院長金竜淵《キムリョンヨン》（朝鮮人民軍大将）たちである。しかし彼らからは何の返答もなかった。

万景台革命学院を訪問したとき、たまたま出会った院長の金竜淵は「私の顔を見るなり、そっぽを向いてしまった」と兪成哲はその時を回想して、不愉快さを隠さなかった。そして「ただ一人だけだな。昔の仲間で笑顔で話しかけてきたのは。革命博物館を訪問したとき、館長の黄順姫《ファンスンヒ》（柳京元《ユギヨンウオン》戦車師団長夫人、ともに第88旅団出身）が懐かしそうに話しかけてきた。しばらく話して帰るときに、彼女はソ連に帰国する前に、金日成を讃える文を新聞に発表していくように執拗に勧めていたが……」

と語っていた。そんなこともあって、ピョンヤン滞在中は不快さが募り、滞在予定期間前にソ連に引き上げてしまったという。そのピョンヤン滞在中の不快感を思い出したのか、時々言葉が途切れた。

ソ連偵察局での兪成哲の最後の任務になる偵察活動は、一九四三年六月に命令された。その時の命令は朝鮮の元山に潜入して、工作活動を行えという指示であった。その指示によれば、現地を偵察して帰ってくるのでなく、そこに定着して工作活動を行えという発令である。連絡に必要な無線機、日本紙幣などを受け取り、朝鮮国境に向かって出発した。豆満江を無事渡り、朝鮮に潜入して無線で朝鮮潜入成功の報告を行い、元山目指して山中を進んでいる時、そこで現地の農民二人に出会った。農民といろいろ話し合い情報を得ようとしていると、彼らはたちまち兪成哲を朝鮮系ソ連人だと見破り、この周辺は日本軍や警察の監視体制が厳しいから、すぐに引き返したほうがよいと警告した。

兪成哲は農民の警告を聞き呆然とした。単なる農民でさえ、自分を簡単にソ連系朝鮮人だと見破った。ましてや警官や憲兵が、見破れないはずがないと考えると任務遂行の自信が無くなった。そこで引き返すべきだと判断し、満州領にいったん入った後、大回りをしてソ連領に帰り、司令部に出頭した。

司令官イブレフ大佐は兪成哲の任務不遂行の報告に激怒した。朝鮮潜入成功の無線連絡を受けた後、モスクワには兪成哲朝鮮潜入成功の報告をすでにあげていたからである。大佐は任務不遂行、命令違反で兪成哲を逮捕させ、監禁し審問にかけた。審問を担当したソ連軍中佐に、兪成哲は任務を遂行できなかった理由について詳しく述べ、名誉回復のために、ドイツ軍との苛烈な戦場、東部戦線の最前線への配置を強く要請した。その後審問が続き、判決は東部戦線への送還ではなく、少尉の階級を剝奪して第88旅団に配置するという命令だった。

第88旅団に編入された兪成哲の仕事は「通訳」であった。

「私の日常的な仕事はロシア語で出される日課表の朝鮮語訳であった。第88旅団は中国人、朝鮮人、ロシア人の混成旅団だったから、旅団に日課表はロシア語で指示され、それを各大隊で中国語に翻訳されていた。ただ金日成の大隊には朝鮮人が多く、中国語を知らない隊員隊もいたので、それを朝鮮語に翻訳した。

指示された日課によれば、大隊の日程は七時起床、八時朝食、九時半から訓練、一一時昼食、昼食後二時半まで昼寝の時間で、午後は政治学習というのが基本日程だった」

旅団内の学習——ロシア語習得に猛勉強した金日成

兪成哲は旅団では日課として、政治学習を行っていたという。当然それは共産主義思想の徹底を目指した思想教育であろう。どのような政治教育が行われていたのかの興味があって、その内容を聞いたことがある。基本はソ連で刊行されていた「マルクス・レーニン主義の基礎」「ソ連共産党史」などで、それに加えて、中国共産党関連の文献も学習した。中国国内の政治情勢の把握のため中国共産党、中国関連の資料は周保中たちがソ連当局に執拗に要請し、ソ連から「新華日報」などの新聞が提供されていた。また一九三八年と一九四〇年に延安で出版された毛沢東の著作『持久戦論』と『新民主主義論』なども教材に使われたという。

「新華日報」は一九三七年七月、北京郊外の蘆溝橋で日中両国の軍事衝突を契機に日中戦争が勃発したとき、危機感を強めた国民党政府と中国共産党は一九三七年九月「抗日民族統一戦線」を成立させ、共同で日本軍と交戦する協定を結んだ。その「抗日民族統一戦線」の刊行物として「新華日報」が発刊されていた。周保中たちは抗日連軍時代から、この新聞に目を通していたであろう。


彭旋魯は「毛沢東の論文は入手すれば、最優先教材として幹部も隊員も学習した。その中には『持久戦論』もあった。この学習はみな熱心だった。金日成も崔庸健も積極的に参加し、討論に加わっていた」と語っている。

『持久戦論』は一九三八年五月、延安に滞在中の毛沢東が、その地で組織された中国共産党幹部の「抗日戦争研究会」で講演した内容をまとめた著作である。その趣旨は小国が大国と戦うには短期決戦でなく、ゲリラ戦で粘り強く長期にわたり戦わなければならないというものであった。第88旅団の幹部がこの『持久戦論』の勉強に熱心だったのは、彼らの抗日戦の理論的拠り所になるからである。


兪成哲に「政治学習の教師は誰がなったのですか」と聞いた。

「旅団の幹部たちが教鞭をとっていた。金策や安吉などがよく教えていた。第一大隊では徐哲や林春秋も教壇に立っていたな」

「何語で教えていたのですか」

「旅団の公用語は中国語だから、当然中国語で教えていた」

　李在徳や金貞順も同様の回想をしていた。

　金貞順は、当時隊員のなかには文字を知らない人たちがいたので、識字の学習もしたという。その識字学習は漢字の習得だった。

「朝鮮文字を教えることはなかったのですか」

　その質問に金貞順は断固とした調子で「メイヨウ（ない）」と答えた。そして、

「東満出身の朝鮮人隊員はお互い同士の会話に朝鮮語で話すことがあったが、朝鮮語、朝鮮文字を教えられるということはありませんでした」と語った後、

「ロシア語の勉強はずいぶんしましたよ」と語った。

「ロシア語の学習もあったのですか？」

「ええありましたよ。隊員たちは熱心にロシア語を習っていました。幹部の中では金日成が一番熱心でした。夜遅くまで単語を覚え、朝早くから発音と会話の練習していました。それは熱心なものでした。

　私が夫（李兆麟副旅団長）に、あなたも金日成のようにロシア語を習ったらどうですか、と聞いたら、夫は『我々は永遠にここにいるわけではない。いつか中国に帰る。中国に帰るその志を大切にすればいい』と言って私の進言をはねつけてしまったことがありました」と語っていた。

　私はその質問時も、朝鮮についての「学習」にこだわった。それは『朝鮮全史』などではこの時期、金日成の部隊は朝鮮についての学習を熱心にしていたと記述されていたからである。しか

し、兪成哲も金貞順も、そして李在徳も金日成の部隊で朝鮮についての「学習」はなかったと明確に否定した。第88旅団が中国共産党の指導する部隊であり、このような性格の部隊内で、朝鮮人隊員だけを集めて、組織的に朝鮮についての学習を行える環境はなかったであろう。もしそのような行為があれば、分派活動、民族的偏向だとする糾弾を受ける恐れは十分にあった。ただ金日成個人が朝鮮について興味を持ち、個人的に勉強していたということはあったようだ。

兪成哲は旅団に配置された後のある日の出来事を次のように語った。

「私は通訳として旅団に配置されたが、実際にする仕事はあまりなく、司令部から送られてくる日課のスケージュル表の翻訳程度だったので、金日成に頼まれ、ロシア語の資料を翻訳したことがある。金日成から、朝鮮の経済、朝鮮の地理についての参考書はないかと聞かれたので、調べてみようと答えた。政治部主任のセーロキン少佐に会ったとき、第一大隊長が朝鮮の地理などに関する参考書があるかどうか聞いていたと伝えた。一週間ほどして、セーロキン少佐が私を呼んでいるというので行ってみると、薄い本を一冊取出し、これしかないがと渡してくれた。ソ連で出版された朝鮮地理の本で確か『朝鮮地理通鑑』という題名の本だった。それを訳して、金日成に渡したことがある。金日成がその本を熱心に読んでいるのを見て、金日成は朝鮮解放のことを考えているのだなと思った」

「それはいつ頃のことですか」

「確か一九四三年の秋だったと記憶しているが……」

その時期『朝鮮全史　第20巻』によれば、金日成は朝鮮人民革命軍幹部たちを前に「朝鮮人革命家は朝鮮をよく知らなければならない」という「歴史的な演説」をしたと記述されている。これは兪成哲が訳し、金日成に渡したという朝鮮地理に関する小冊子と何か関連があるのだろうか。

北朝鮮で刊行された北朝鮮現代史で、第88旅団時代について記述した歴史書は金日成の『回顧録　第8巻』が刊行された一九九八年まで皆無であった。金日成は『回顧録』で、第88旅団での訓練、政治学習について「回顧」している。そこは自分たちは「朝鮮人民革命軍」のソ連での基地で隊員たちを教育した、と説明し、その「基地」を「第88軍官学校」とか「第88野営学校」と名付け、あたかも「朝鮮人民革命軍」の幹部養成の軍官学校であったかのように書き記している。そして「第88軍官学校」での「政治学習」について『回顧録　第8巻』は、「我々はロシア語の教材を朝鮮語に翻訳した後、我々の実情に合わせ講義録を再び製作し、政治学習を担当する教員に分け与えた」と「回顧」している。

第88旅団の金日成の第一大隊にはロシア語―朝鮮語の翻訳ができる隊員は一九四三年九月から隊員になった兪成哲しかいない。その兪がロシア語を朝鮮語に翻訳したのは一九四三年の秋からだったと回想している。兪成哲が第一大隊に着任する以前から旅団の政治学習は行われており、それまで金日成は誰にロシア語の「教材」を翻訳させたというのだ。兪成哲着任以後もロシア語の朝鮮に関する小冊子を翻訳したのは『朝鮮地理通鑑』だけである。翻訳しようにも旅団には朝鮮に関する書籍がそれ以外になかったからだ。

兪成哲、金貞順、李在徳は朝鮮語による政治学習はなかったと証言しており、金日成の「回顧」とは明らかに矛盾している。第一大隊には漢族の隊員もおり、朝鮮語で授業をすれば、彼らは当然理解できない。その授業の間、漢族の隊員を他の部隊に追い出したとでもいうのであろうか。そんなことが可能なはずがない。当時の第88旅団の置かれていた状況や政治学習の実態から考えても、金日成のいう朝鮮語の教材による、朝鮮についての組織的政治学習というのは明らかな「作り話」である。それは『朝鮮全史』などで強調された、一九四一年から一九四五年まで「朝鮮人民革命軍」の「白頭山密営での政治学習」との整合性を保つため「捏造」されたと考えれば辻褄が合う。

兪成哲の回想で気になった発言があった。それは、金日成が朝鮮解放のことを考えているのだなと思った、という発言である。

「金日成は朝鮮解放のことを考えているのだなと思ったとのことですが、旅団にいたとき、金日成と朝鮮解放や独立について、何か話されたことはありますか」

「いいや。そのような問題で特に話すことはなかったが、旅団に配置された後しばらくした時期、金日成と雑談をしていたら、第一大隊の朝鮮人隊員の一人を指さし、彼らは今、たんなる兵士だが、朝鮮に帰ればゼネラル（将軍）になる者たちだ。兪ガイ（ガイとはソ連系朝鮮人が「さん」とか「君」とか「貴下」の意味で使っていた用語）も、朝鮮に帰れば、ゼネラルになれるよ、というんだ。

私はその時、金日成は何を言っているんだ。中国共産党に入って、ソ連軍に勤務しながら、どうして朝鮮のゼネラルになれるんだと思っておかしかったが、金日成はいつの日か、朝鮮の独立を達成すると思っていたのかねえ。その時は金日成の話が大変奇異に聞こえた。それはそうだろう。彼の引率する第一大隊の人数は約一五〇人程度で、彼の子飼いの朝鮮人隊員はそのうちせいぜい七〇人程度だったから、そのような夢のような話をされたら驚くよ。旅団内では朝鮮独立の話や、革命が話題になることもなかったから、なおさら奇異に思ったんだ……」

と兪成哲は語っていたが、それはソ連生まれで、ソ連で育ち、そこで教育を受け、ソ連の生活になじんだ兪成哲の思考であって、金日成たちのような朝鮮生まれで、朝鮮独立の志を多くの人が抱いていた、東満地方の朝鮮人たちとは朝鮮の独立という思いでは大きな意識の差があったのだろう。

旅団の休日と日常生活

第88旅団も正規のソ連軍である以上、ソ連の軍隊の基準に従って、休日が実施されていた。兪成哲に旅団の休日について話を聞いた時、

「休日は原則として一週間に一日、訓練や学習を休む。その日は旅団内でスポーツをしたり、運動会を開催したり、河で魚を取ったり、水泳ぎをした」と語っている。金日成の『回顧録』には朝鮮現代史の真実を解明するのにはどうでもよい話である、アムール河での金正淑の水泳訓練の話が長々と回想されている。

「兵士たちは基地の外に遊びに出かけることはできなかったのですか」

「特別の任務以外で、隊員が基地から外に出ることはなかった。ただ下士官連中の中には任務にかこつけて、ナナイ族の村にこっそり出かけていく連中がいた」

前述したように、旅団本部から一〇キロほど行ったところに、中ソ国境地帯に散在する少数民族、ナナイ族の集落があった。そして、ナナイ族の若者も旅団に徴兵されていた。ナナイ族の村に下士官連中がこっそり出かけていった理由について、

「我々の部隊は戦闘部隊の扱いだ。ソ連軍は戦闘部隊には黒パン、カンヅメなどの食糧を多く配給していた。それを全部食べきれないので、取っておいて、食料不足で腹を空かせているナナイ族の村に、それらの食糧を持って出かけて行った。ナナイ族の村は貧しかったからね。大歓迎されたようだ。それを機会にナナイの女たちを口説いたんだ」

「ナナイ族の女性たちと仲良くなった隊員たちはいましたか」

「いつの時代でも、その面にかけては豪の者たちがいるからね。全学中《チヨンハクチユン》という特務長がいた。なかなかの偉丈夫でいい男だった。彼はよく夜中に外出していた。特務長というのは小隊長より階級は下だが、隊務全般の事柄の決定権があって、小隊長よりよほど実権があり、隊務にかこつけて外出していたんだ」

「そんな男女の交際で、ナナイの娘と結婚した隊員はいたのですか」

「それはいない。ナナイの村に出かけていくのは私的な秘密の行動だし、規律違反だから、公言できることではないからね」

第88旅団成立以降旅団内での結婚は非常に少ない。陳雷と結婚した李敏などごく少数である。

彭旋魯に旅団生活で結婚をしたいと思ったことはなかったかと聞いたことがある。

「それはあったよ。しかし結婚する相手がいない。女性隊員は数が少なく、未婚者はさらに少な

い」

「ソ連人の女性は周りにはいなかったのですか。ソ連女性との結婚は考えなかったのですか」

「うーん。旅団にもソ連女性は配属されていたが、ソ連人との結婚は考えなかったな。ソ連側は隊員、特に幹部隊員たちとソ連女性の結婚を奨励していたがね……」

「え？　奨励ですか？　どうして……」

「さあ……、多分そうなれば旅団の中国人幹部たちが、ソ連に忠誠を誓うようになると考えていたのではないのかね」

「奨励されていても結婚しなかったのですか」

「そう。誰もソ連に留まるつもりはなかったし、いずれ中国に帰るのにソ連人の女性を連れて帰還できないと思っていたからだ」と語っていた。


異民族集団である第88旅団では隊員たちは各民族名でお互いを呼び合っていたのか知りたくて兪成哲に、

「第88旅団はロシア人、中国人、朝鮮人、それにナナイ族の隊員で構成されており、民族構成が大変複雑ですが、名前を呼ぶときは何語で呼び合っていたのですか」と質問した。

「ロシア人やナナイはロシア語読み、抗日連軍出身者と満州国軍出身者は中国語発音で呼んでいた」

「すると朝鮮人、例えば金日成は何と呼ばれていたのですか」

「彼は中国音式にチン・リー・チョンと呼ばれていた」

「すると隊員たちはチン・リー・チョン大尉と呼んでいたのですか」

「いいや、ソ連軍人はチン・リー・チョン大尉と呼んだが、抗日連軍出身者は大尉ではなくチン・リー・チョン営長と呼んでいた。大隊長は中国語では営長だから。崔庸健はツイ・シー・チュエン政治指導員と呼ばれていた。ツイ・シー・チュエンは崔庸健が使った偽名の崔石泉を中国語読みにした呼び方だ。隊員は中国人も朝鮮人も皆、中国語発音で名を呼び合っていた」

「朝鮮人に中国人が朝鮮語発音での呼び方はなかったのですか」

「それはなかった。親しいもの同士でも中国語音の呼び方をしていた。朝鮮人同士では朝鮮語での呼びかけをする者はいたが……」

「そうですか……。兪先生は何と呼ばれていたのですか」

「私はロシア語読みでもユだからユガイと金日成は呼んでいた」

「兪ガイですか？　そのガイとは名前ですか」

「いや、名前でなく、朝鮮系ソ連人は金家の人、李家の人という意味で金ガイ、李ガイを使っていた。我々が朝鮮系ソ連人の仲間を朴ガイ、李ガイと呼びあっているのをパルチザンたちが、そのまま使っていたんだ。その時は彼らがガイと呼ぶのが気にならなかったが、かなり悪意ある呼び方だったようだ。日本の敗戦後ピョンヤンに行ってわかったのだが、『ガイ』という単語はピョンヤンあたりでは犬のことを指す俗語なんだ。そのことを知ってから私は絶対、ガイとは呼ばせなくなった」

ガイは朝鮮の黄海道、平安道などの地方で犬を指す方言として使用されていた。また地方によっては「奴」という意味の俗語としても使われている。このような蔑視を表す用語を朝鮮人パルチザン出身隊員たちが朝鮮系ソ連人に使った心情にはロシア語を話し、ソ連軍軍人に取り入り、ソ連軍の威力を背景に何かと横柄な振る舞いの多かった彼らに対する隠然たる反感があったからであろう。

　日本の敗戦後、北朝鮮を占領したソ連軍の占領政策遂行に、重要な役割を担った朝鮮系ソ連人の最高指導者に、許哥誼（ホ・ガイ）がいる。ソ連の地方地域共産党書記として働いていた人物が、朝鮮に派遣され、北朝鮮の共産党組織――朝鮮労働党の設立、活動に従事し、やがて朝鮮労働党副委員長、北朝鮮副首相の座に就くことになる。

　ソ連在住時代にはアレクセイ・イヴァノヴィッチ・ホ（許）というようなソ連式の氏名を名乗っていたが、朝鮮で政府、党の重要ポストで活動するとなると、ソ連式の氏名は名乗れないので改名し、それまでソ連系朝鮮人から呼ばれていた許ガイに漢字をあてはめ、許哥誼《ホガイ》と改名した。沿海州生まれの許にはガイが犬を表す方言―俗語だとは全く知らなかったであろう。占領軍であるソ連軍と一体になって、横柄にふるまうソ連系朝鮮人に対する北朝鮮の人々の反感もあって、ガイが犬を表す方言―俗語だと忠告し、そのような「改名」をやめさせる人はいなかったのだろう。それを知ったとき、許哥誼はすでに一国の副首相の役職に就任しており、再度の「改名」はままならなかったのかもしれない。

ソ連軍情報局で敵情偵察任務に使われた隊員たち

第88旅団成立以降、入ソしたパルチザンが、満州の地で遊撃戦を展開する作戦行動は満州の各地で残存し、孤立して遊撃戦を戦っているパルチザンの収容、連絡のために出撃する小部隊はいたが、それも一九四三年末から一九四四年初頭に金策が指揮していた第三路軍系のパルチザンが、ソ連領に撤退してきた後、なくなった。

パルチザンの活動を回顧した李在徳、金貞順、彭旋魯、兪成哲は旅団に在籍している間、日本の敗戦まで一度も満州に出撃したことはないという。そして金日成、崔庸健、金正淑も満州にも朝鮮にも出撃していないという。

彼ら第88旅団に在籍したパルチザンたちのほとんどは満州に出撃することはなかったが、日本の敗戦の日まで数多く満州や朝鮮に出撃していた元パルチザンたちはいた。極東ソ連軍情報局に身柄を移された抗日隊員たちである。彼らはソ連軍の命令を受け、頻繁に国境を越え満州、朝鮮領に出かけて行った。このソ連軍情報局に移された偵察要員は兪成哲たちのような正規の偵察学校卒業生たちとは別の秘密基地に身柄を移され、正規の偵察要員と一緒になることはなかった。

この極東ソ連軍情報局の偵察要員に、朝鮮人パルチザンも使用された。極東ソ連軍の仮想敵軍は満州駐屯の関東軍と満州国軍、そして朝鮮に駐屯する日本軍第19師団と第20師団で編成された朝鮮軍である。第19師団は羅南、第20師団は京城・竜山に駐屯しており、第19師団は一九三八年七月、沿海州と中・朝国境に近い張鼓峰で、ソ連軍と大規模な武力衝突を引き起こし、ソ連軍の近代兵器を駆使した大規模軍事行動の前に敗退している。

　この朝鮮軍や朝鮮情勢の偵察のため、朝鮮に詳しい朝鮮人パルチザンが投入された。それらの人々は二〇名前後に達している。これら偵察要員出身者に呉白竜（朝鮮人民軍大将）、白鶴林（朝鮮人民軍次帥）、池柄学（朝鮮人民軍上将）、石山《ソクサン》（副首相一九七〇年粛清）、金昌奉《キムチャンボン》（上将、一九六七年粛清）たちがおり、そのほかに呂英俊たちのように中国に残った人たちがいる。彼らの多くは朝鮮への潜入を命じられた。北朝鮮現代革命史では金日成指揮下の小部隊が、この時期、金日成の指示に従い、朝鮮で秘密工作を遂行していたと事実が捏造されているが、これはソ連軍情報局に組み入れられた抗日連軍の偵察要員による偵察行動を金日成の「朝鮮での秘密の政治工作」にすり替えた作り話である。

　呂英俊に偵察要員になった後の体験を延辺で聞いたが、それは想像を絶する体験談であった。呂英俊が偵察要員に選ばれたのは抗日連軍隊員の中では最も早く、彼が一九四〇年一〇月、入ソした直後だった。ソ連軍管理下で、ソ連軍の教官から地図の見方、写真撮影技術、図の描き方、各種軍事施設の見分け方、報告書の書き方などの訓練を受けた後、最初の偵察任務が与えられた。それは金日成たちが東満に魏拯民の生死確認任務を帯びて出撃していったのと同時期、一九四一年三月末だった。出撃した場所は東寧県老黒山付近。任務は日本軍軍事施設工事の進展状況の確認並びに周辺の道路、橋梁の偵察であった。

　最初の任務はごく簡単なもので、短期間の日時で任務は完了。その時の任務は選抜された抗日隊員の偵察員としての適性の有無を見極めるのが目的であったのだろう、一九四一年四月末、再度の偵察任務に出撃。その時の任務は東寧県内の日本軍トーチカの状況の偵察である。抗連時代からの戦友である朴長春《パクチャンチュン》とペアを組み出発した。

その任務は鉄条網を破ってトーチカ近くに接近しなければならない、非常に困難な任務だった。トーチカ付近には深い対戦車壕が掘ってあり、その壕を渡るとき、触ると音がする仕掛けの吊り板が仕掛けられていたので、接近には細心の注意が必要だった。それにトーチカの見取り図、写真撮影だけでなく、トーチカのコンクリートの一部をはがして持ち帰るよう指示されていた。トーチカの強度を確認するのに必要であったようだ。音を殺してトーチカのコンクリート片をはがす時の緊張。見張りの日本兵の目を掠《かす》めて、退却が無事終わったときは緊張感が緩み、その場にうずくまって、しばらく身動きもできないほどだった。ソ連領に無事帰還したときは心身ともにくたくたに疲れていた。

呂英俊たち偵察要員は抗日連軍の隊員たちとは分離され、彼らだけでの生活を強いられていた。偵察要員の活動は前線の日本軍の情報収集活動で、ソ連軍の対日本戦を想定した偵察活動であり、抗日連軍の活動とは無関係な活動である。そして彼らが苦労して入手した情報は抗日連軍幹部にもたらされることはなく、直接ソ連軍情報局の幹部に報告された。

「我々は抗日連軍の隊員とは切り離され、ソ連軍が提供してくれた家屋で共同生活を送った。そこには飯炊きのソ連軍差し回しの女性がいて、我々の食事や洗濯をしてくれたので生活の心配はないが、その家屋からの外出は禁じられていて軟禁状態だった。満州や朝鮮に出かける任務に就くときも、ソ連軍情報局の将校が直接その家屋に出向いて来て、我々に任務を与えた」

呂英俊は一九四二年に二回、そして一九四三年にも偵察任務を指示されたが、その時は潜入時に日本軍に発見された。日本軍の追跡をかわし、時には銃撃戦を繰り広げながら、密林の中を逃避したが、同僚の偵察要員一人が銃弾に当たり戦死した。

生命の危険が常に身近にある偵察任務を呂英俊がやり遂げた思いは一体なんだったのだろうか。何に対する「忠誠心」だったのか。また任務遂行についての恐怖はなかったのか。なぜ偵察任務を拒否できなかったのか、という疑問を彼から話を聞いている時ぶつけてみた。

「偵察活動に出るとき、恐怖心はなかったのですか」

「それは怖いと思ったよ。いつ死ぬかわからない場所に派遣されるのだから。出発直前は同僚たちの顔は怖いほど緊張していた。もちろん自分の顔もそうであっただろう」

「偵察任務に出かけて行った隊員に犠牲者は多くいましたか」

「ああ、多くの同志が犠牲になった。いつどこで犠牲になったのかも我々には知らされないまま……彼らがどこで死んだのかを知っているのはソ連軍情報局だけだよ」

「そのような危険で怖いと思う任務に、なぜ拒否せず、出撃していったのですか」

「それは……それまでの環境、抗日連軍での人間関係で拒否できる状況にはなかったということ。それに日本軍や満州軍に親兄弟を殺された憎しみかな……いやそれだけではないな。自尊心、抗日パルチザンとして戦ってきたという誇りが心の支えではなかったのかな……」と語っていた。

呂英俊は偵察活動の適性があると判断されたのであろう、その後日本軍が無条件降伏するまで、ソ連軍情報局の偵察要員として何度も満州に出撃している。一九四四年秋には関東軍が兵器、兵員、軍事資材を大量に運びだし、関東軍が弱体化している状況を詳しく偵察してソ連軍情報部に報告している。関東軍はこのころ、南方戦線での消耗戦で大量の兵器兵員を失っている日本軍の補充に、武器弾薬だけでなく、その精鋭部隊も引き抜かれ、弱体化していたが、ソ連軍はその実態を呂英俊たちの偵察活動で承知していた。

呂英俊のように偵察活動に適しているパルチザンもいたが、この任務に適していない人々もいた。朴成哲（北朝鮮国家副主席）もそのようなパルチザンの一人であったようだ。呂英俊の話によれば、朴成哲は一九四二年春、ソ連軍偵察要員として日本軍の軍事施設の偵察のため、国境を越えて出撃していった。彼の任務は一週間ほどで終わる任務であるにもかかわらず、秋まで帰ってこず、その間、非常に重要な報告を無線で何度も送ってきた。

その情報の重要性にかんがみ、ソ連軍情報局は直ちに別の偵察要員を派遣し、確認に乗り出したが、朴成哲が送電してきた事実は確認できなかった。朴成哲は事実無根の報告を送っていたのである。さも重要であるかのような報告を送ることで、その場に無事にとどまっておれると考えたのであろう。ソ連に帰れば、再び危険な任務を命じられるという恐怖心が、そのような虚偽の報告をさせたのだ。それに、どうしてソ連軍のために命を失う危険を冒さなければならないのかという疑問も強くあったのだろう。虚偽報告の事実が発覚したため、朴成哲は帰任後、厳しく糾弾され、罰として指揮官から兵士に降格された後、第88旅団に戻された。さすがにこれを恥じた朴成哲は阿片を飲んで、自殺未遂事件を引き起こしたという。

偵察・工作活動で十分に成果を上げた朝鮮人偵察要員もいる。朝鮮での秘密の工作活動、つまり北部朝鮮社会で活動する有力人士をソ連軍の協力者に仕立てるため、そのような人物をソ連領に連れ帰る任務に就いた呉白竜は、その工作活動で成果を上げた。ソ連軍はその朝鮮人の社会的地位や職務の重要性に着目し、朝鮮国内の協力者として、その人物を訓練した。この有力者を連れ帰った呉白竜はその秘密を保持するため、一時中央アジアの朝鮮人コルホーズ（協同農場）に隔離されたと呂英俊は語っていた。

話は遡るが、一九八九年、ソ連作家同盟の招待でタシケントを訪問したとき、現地の人が、第二次世界大戦中に、呉白竜が一時、この地にいたという話を聞いたことがある。当時、虚構の金日成パルチザン伝説を信じていた私は何を馬鹿な話をしているのだ。呉白竜はその時期、満州で金日成指揮下の朝鮮人民革命軍パルチザンとして、白頭山山麓の朝鮮領の密林でゲリラ戦を戦っており、中央アジアの砂漠の中の、人も通わない農場なぞに来るはずがないと思ってその話を頭から信じなかった。しかし、その中央アジアで聞いた話は真実であった。呂英俊は呉白竜の中央アジア移送について、

「ソ連当局は呉白竜をそのまま偵察要員に置いておくと、他の同僚に朝鮮から連れて来た人物について話す危険があり、また偵察要員として朝鮮に送れば、日本軍に捕まったとき、拷問を受ければ自白する危険があると判断した。工作員として重要な人物に仕立て上げる人物の秘密を隠すため、呉白竜をしばらく隔離することになって、中央アジアの砂漠の真ん中の朝鮮人農場に送ったのだ」という。当時朝鮮人協同農場は外部と遮断され、完全に隔離された場所だった。

このような話は北朝鮮で発行された朝鮮現代革命史や、パルチザンたちの自伝には何一つ書か

れていない。呉白竜も朝鮮国内での秘密政治工作に従事していたことは書いているが、それは金日成の指揮する「朝鮮人民革命軍」の一員として、秘密工作に従事したとして書かれており、ソ連軍偵察要員であった事実については一言も触れていない。

第四章

独・日の敗色と旅団の参戦準備

ドイツの降伏に意気上がるパルチザンたち

一九四五年、日本軍の敗色が強まる中、旅団の訓練は厳しさを増してきた。その訓練内容は以前の訓練と際立って違ってきた。すべての訓練がソ連軍の正規部隊として、ソ連軍の作戦をどのように遂行するかという訓練であり、満州でパルチザン活動を想定した訓練はなくなっていた。正規戦を戦える部隊としての訓練は、近代的大規模兵力による軍事行動の作戦遂行能力の向上であり、指揮官も近代戦を戦えるよう訓練された。そのためモスクワから教官が派遣されてきた。その教官たちは遊撃戦・特殊戦の専門家でなく、独ソ戦の前線で厳しい戦闘体験を積み重ねてきた陸軍の将校たちであった。

そのような訓練の日々を送る旅団の隊員のもとに、ソ連軍のベルリン占領、ヒトラー政権の崩壊、ドイツの無条件降伏のニュースがもたらされた。一九四五年五月一日のことである。その日

を思い出し彭旋魯は、

「ドイツ降伏の報道を聞き、隊員たちは歓声を上げ、喜びあった。ドイツの降伏は日本の敗北の日が近いことを一層実感させた。それはまた我々の部隊の出動が近いということだと皆が感じていた。旅団の隊員たちの意識は高揚していた」と語っている。

旅団の隊員たちは一九四五年二月、クリミア半島の保養地ヤルタで米・英・露の三国首脳会談——ヤルタ会談が行われたことは承知していたが、そこでソ連が千島・南樺太のソ連領帰属を条件に、対日参戦の密約が交わされたことは知らなかった。ただその後の極東ソ連軍の状況の変化から、対日参戦の近いことは感じていた。彭旋魯は、

「一九四五年四月五日、ソ連外相モロトフが、日ソ中立条約の延長をしないと声明を出した時から、旅団の隊員たちは対日戦が近いと確信していた。六月になると極東ソ連軍が増強され、東部戦線から兵員や武器がシベリアに送られてきていることを旅団のソ連人軍人たちから聞いて、皆いよいよ対日戦の開始が近いと思っていた」と述べた。

「旅団幹部には極東ソ連軍司令部から、開戦の日時は知らされていたのですか」

「旅団長の周保中には六月ごろに開戦が間近であると知らされていたと後刻話を聞いたが、その時は開戦日時は厳秘だったので、隊員に知らされることはなかった」

周保中にソ連軍司令部は対日戦の正確な日時まで知らせていないが、周保中の日記によれば、六月二日、極東ソ連軍司令官プルカーエフから、八月ごろの開戦が示唆され、協力要請があったという。

旅団ではソ連軍司令部の指示により、既に五月下旬、周保中と王新林の協議で、第88旅団が東北に進攻した後、一〇万人の中国人部隊を組織して、日本軍と戦うためのプランの作成が進められるようになった。旅団の戦闘予定地域は東北三省と内蒙古であった。周保中はその指示に従い六―一〇万の軍隊の建軍計画とその部隊の展開作戦計画を作成した。この時点では朝鮮は作戦地域に含まれておらず、金日成も東北三省に派遣される計画だった。

一九四五年七月、対日開戦を直前に控え、にわかに極東ソ連軍の部隊再編がなされた。新たにソ連極東軍総司令部が組織され、その指揮下に各方面軍が置かれることになり、第88旅団は第二方面軍の指揮下に入った。これにより一〇万人建軍計画は立ち消えになった。これはスターリンの指示でなされたという。

七月になると旅団内に様々な変化が起きてきた。まず旅団の隊員の待遇が目に見えてよくなってきた。毎月支給される将校たちの食事代という名目の給料が月二〇〇ルーブルから、二五〇ルーブルに引き上げられた。と同時に支給されていた給料から差し引かれていた食事代が無料になり、それまでは配給がほとんどなされていなかった、バターや卵、砂糖が配給されるようになった。当初、朝鮮人や中国人の隊員たちはそれが何を意味するのか分からなかったが、待遇が良くなったと単純に喜んでいた。

ソ連人の隊員から、その変化がどのような意味を持つのか聞かされた。ソ連人の軍人たちはその処遇の変化は部隊が戦時編成に組み込まれ、第二戦線部隊として支給される標準に従って食糧などが支給されていると説明した。そのことを知って隊員たちの気持ちはさらに高揚した。彭旋魯は「隊員の誰もが明日開戦かと待ち遠しい気持ちで溢れかえっていた」と語っていた。

朝鮮進攻のための「朝鮮工作団」の設立

七月下旬。旅団本部にソ連極東軍軍事委員レーアノフ中将が訪れ、旅団の幹部たちを集め、半日ほどの会議を開いた。この会議でレーアノフ中将はソ連軍の対日戦の開始日時を知らせ旅団に戦闘任務について指示するため、旅団本部を訪れたと彭旋魯は語っている。

この時レーアノフ中将はソ連軍所持の満州の軍用地図、日本軍・満州軍の軍事関係情報を旅団にもたらした。旅団幹部はこれらの情報をもとに満州での「反攻作戦計画」を立案したと周保中の日記には書かれているが、それが具体的にはどのようなものであったのかは判明していない。

レーアノフ中将は第88旅団の満州での作戦計画と同時に、それまで旅団内で問題にされていなかった重要な作戦計画を指示した。それはソ連軍の朝鮮進攻作戦に旅団が協力するようにとの指示である。全面的な対日参戦を想定したソ連軍の作戦計画が練られる過程で朝鮮への進攻作戦も立案された。その朝鮮進攻作戦に利用できるソ連軍の手持ちの資源として第88旅団の朝鮮人隊員たちが注目された。そして、彼らをソ連軍の朝鮮進攻作戦に投入する計画が周保中に示された。この指示を受け周保中は中国共産党東北局委員会を開催し、党を二分して、中国と朝鮮を担当する組織を作ることにした。

中国東北を担当する党組織は「遼吉黒臨時党委員会」と呼ばれ、委員に周保中、馮仲雲、李兆麟、蘆東生、姜信泰、金光俠《キムガンソプ》、王郊明、彭旋魯、王明貴、王一知、などが選出された。この委員の中に中国共産党東北局の委員だった崔庸健、金策、金日成、安吉の名がない。彼らは東北局を二分した、もう一つの組織に入ったのであろう。

この事実――中国共産党東北局が二分され、朝鮮を作戦地域とする組織が分離して、創立されたこと――は旅団内の朝鮮人隊員たちを選抜し、ソ連軍の朝鮮進攻作戦に参加させる準備に入ったことを意味し、旅団の朝鮮人隊員たちにとっても、抗日連軍の歴史から見ても、また北朝鮮現代史にとっても実に歴史的な分岐点であったにもかかわらず、中国の第88旅団関連の資料にはこの朝鮮関係の党組織の名称、責任者、委員の名前など一切が公表されていない。中国の資料ばかりか、北朝鮮、ソ連からも一切の資料の公開や説明はない。金日成の『回顧録』にもこの事実には一切触れられていない。

北京を再訪した一九九一年秋、この事実についての重要性を確認するため、彭旋魯に面会したとき、いくつかの質問をした。「遼吉黒臨時委員会」の委員に選出された彭旋魯であれば、もう一つの党組織の任務と委員たちについて、その間の事情は十分に承知していると考えたからである。しかし、わたしの質問に彭旋魯は慎重に回答しながら、明確な事実関係の説明を避けた。

例えば組織されたもう一つの党委員会の名称について尋ねると「さあ、私の記憶に残っていないんだよ」と歯切れが悪い。

「その組織の責任者は誰でした。金日成でしたか」

「たぶんそうなのだろうが、私はその会議に出席していないので、よくわからない」

「どのような討議がなされ、何が決定されたのですか」

「うーん。前にも言ったが、私はその会議の参加者じゃないので、討議された内容も決定事項もよく知らないんだよ」

というような返事である。伝聞でも、個人的な意見でもと質問したが結果は同じである。古参の中国共産党幹部党員である彭旋魯は友党である朝鮮労働党と重要な関係にある事柄なので、推測で勝手な話はできないという姿勢に終始し、ほとんど事実関係を聞き出すことはできなかった。公表されている周保中の『東北抗日遊軍日記』にも「遼吉黒臨時党委員会」関連の記述やもう一つの党組織についての記述はない。刊行前に削除されたのであろう。

北京では金日成たち朝鮮人幹部で構成された中国共産党東北局の組織についてはわからないままであった。

彭旋魯に話を聞いた後、ハルビンを訪れ、黒竜江省中国共産党歴史研究所の金宇鐘所長にインタビューをした時、「もう一つの党組織」について未発表の周保中日記に詳しく述べられていると聞き、その党組織に関する事実関係が、私の調査では不明のままになるのか、とかなり落ち込んでいたので興奮した。そして、周保中の日記を読んだという金宇鐘に矢継ぎ早に、その内容について質問した。

「中共東北局の中に造られた、もう一つの組織は何と呼ばれていたのですか」

「それは『朝鮮工作団』と名付けられた」

「『朝鮮工作団』……。それは単に『朝鮮工作団』というのですか、正式には中共東北局朝鮮工作団と呼んだのですか」

この質問に金宇鐘はしばらく考えていたが、

「正式の名称がそのような呼び方だったのか、今、正確に記憶していないが中国共産党の朝鮮工作委員会として組織され、内部で『朝鮮工作団』と呼ばれたのは確かだね」という答えだった。

金宇鐘の記憶が正確であるとするなら、抗日連軍の朝鮮人パルチザンたちは最終的な局面でもソ連軍の指揮下で行動し、中国共産党の指導から離れることができなかったことになる。

この「朝鮮工作団」での討議、ソ連軍の指示はその後の朝鮮進攻作戦と重要なかかわりを持つ討議であり決定であったであろう。そこで協議された内容について金宇鐘に質問した。

「朝鮮工作団では金日成が責任者だったのですか」

「その点について周保中の日記は述べていないのだ。私の調べたところでは責任者が誰であるか明確になっていなかった。軍は金日成が党は崔庸健がというような責任の分担がなされたようだが、なぜそのようになったのかは判明していない」という説明だった。

第88旅団の朝鮮人パルチザン幹部で「朝鮮工作団」に入らず「遼吉黒臨時党委員会」の委員になった人物に金光俠、姜信泰がいた。彼らがなぜ「朝鮮工作団」に入らなかったのか理解できなかったので、金宇鐘に質問すると、

「周保中が彼ら二人を自分の配下に置きたかったからだろう。二人とも第二路軍出身者で周保中の信頼が厚かったからね」

と言い、その理由として「遼吉黒臨時党委員」に選出された幹部は東北三省を一一地区に分割して、各々がその一つの地域の責任者になることを決定したが、この分担地域の中で、朝鮮人が最

も多く住んでいる牡丹江地区と延辺地区を二人の朝鮮人幹部に分担させるため、周保中は彼ら二人を自分の手元に置いたというのである。

旅団の開戦に向けての準備は着々と進められた。しかし彼らはいつ対日戦が開始されるかの情報を正確に知る者はいなかった。ただ満州からソ連に入った抗日連軍関係者で、開戦の日時をほぼ正確に知らされている一群の人々がいた。それはソ連軍の偵察要員としてソ連軍情報局に所属していた隊員たちである。対日開戦直前に偵察要員たちはその日時を知らされ、任務を帯びて満州の各地に散っていった。

呂英俊は七月下旬、無線機を携え、同僚とともにソ連軍幹部の激励を受けて牡丹江地域に向けて出発した。この時の任務はソ連軍進攻直前の日本軍の偵察、攻撃目標の偵察、ソ連軍砲兵隊の攻撃目標の確定。そして開戦時の日本軍の状況報告であった。激戦地帯になった牡丹江地域で呂英俊はその危険な任務を遂行し、開戦後敗走する日本軍の状況をソ連軍情報局に無線で送り続けた。そして帰還命令を受けてソ連領に帰り着いたのは九月に入ってからだった。

スターリンの策謀――戦場に派遣されなかった旅団

一九四五年八月。対日開戦が真近になると旅団の動きが、あわただしくなってきた。まず偵察要員としてソ連軍に同行することになった、少数の旅団隊員が旅団の兵営からソ連軍部隊に配置されるため、準備を整え出発していった。第88旅団に所属していたナナイ族の隊員たちも、かねてから立案されていた作戦計画に沿って、日本軍後方の黒竜江省に散在して生活している、ナナイ族居住地域に落下傘で降下し、日本軍の情報収集と後方攪乱の任務を帯び出発していった。

レーアノフ中将が旅団本部を訪れ協議したときの決定では、ソ連軍とともに旅団主力は東北三省と朝鮮に進攻する計画であったが、少数の偵察要員の出発命令は発動されたものの、旅団本体の移動命令は出なかった。旅団主力の隊員たちは出撃命令がいつ出るのか、じりじりしながらその時を待っていた。

八月八日未明、ソ連軍の日本軍に対する攻撃の火ぶたが切って落とされた。このことを第88旅団の隊員たちは誰ひとり知らされることはなかった。彭旋魯は午後になってソ連軍将校からこの事実を知らされたときの様子について、

「このニュースに接し隊員たちは口々に叫び声をあげ、興奮し、自分たちの出撃は今日か明日かと話し合っていた。しかし待ちに待った出撃命令は出なかった」と述べた。

八月九日早朝、ラジオ放送はソ連の対日宣戦布告と戦況についての報道を続けた。ソ連軍の東北三省への進攻が大々的に報じられるたびに、兵営からは大歓声が上がり、兵営は喜びと興奮の渦となっていった。朝食時も話題は旅団がいつ出撃するかでもちきりであった。朝食後、全隊員が集合して、旅団軍人大会が開催された。周保中は演説し、ソ連軍の対日宣戦布告を伝え、全隊員に戦闘態勢に入ることを呼び掛けた。この大会後、幹部会議が開かれ、その席で周保中が各大隊は出動命令が出るまで待機し、具体的な命令はその都度伝達すると通告した。その日隊員の誰もが、じりじりしながら命令を待っていた。しかし、ソ連軍司令部からは何の指示もなかった。

八月一〇日。ソ連軍司令部から指示がないまま、待機態勢を取っている旅団に、ラジオ放送を

通じて延安の中共中央が朱徳総司令の名で、中国共産党指揮下の各部隊は大反抗を開始するよう命令が出されたとのニュースが伝えられた。隊員たちは中共中央の指示に従い、自分たちも出撃すべきだとの意見が出されたが、ソ連軍司令部からの指示もないまま満州への出撃は事実上不可能であった。

その日の午後、一隻の運搬船が兵営から見渡せる黒竜江の沿岸に、着岸したのを発見した隊員たちはその運搬船で自分たちは搬送されるのだろうと自分たちの希望的観測を話し合っていたが、その輸送船は夕刻沿岸を離れて行った。離岸する輸送船を見る隊員たちの顔に強い落胆の色があった。この日、ソ連軍司令部からは旅団に出撃命令はおろか、何の指示も出なかった。それから毎日、毎日、今日こそは出撃命令が下されるだろう、という希望を抱いて、ベッドから飛び出し、準備を整えていたが、八月一四日まで遂に音沙汰もないまま時間は過ぎていった。

八月一四日、兵営に突然、日本軍降伏の情報が伝えられた。隊員たちは全員が喜びを爆発させ、お互いに抱き合い涙を流しながら喜び合った。しかしそれとともに、自分たちが対日戦に参加できなかった悔しさを噛みしめていた。そうして日本軍が降伏した以上、自分たちがこの地に留まっている意味はない。一刻も早く東北に帰り、東北の占領のための戦いを始めなければならないと考えていたが、ソ連軍司令部からは相も変わらず、何の指示も来なかった。

中国側で発表されている抗日連軍関連の文献、資料を読んでみたが、この時なぜ第88旅団は出撃しなかったのか、ソ連軍はなぜ出動命令を出さなかったのか、その理由が判然としない。七月下旬に旅団本部を訪れ、旅団幹部と協議したレーアノフ中将は当初、周保中たちにどのような作戦計画を示したのだろうか。満州に出撃するソ連軍とともに、旅団も行動する計画だったと第88旅団幹部は信じていた。もしそのような当初の計画が取り消されたとするなら、なぜそのような処置がとられたのか、という説明が文献や資料には見当たらない。

　この問題は旅団の存在意義にかかわる重要な問題である。なぜなら、それは中国東北三省と朝鮮の占領に、中国・朝鮮人の部隊がソ連軍と共同して戦ったかどうかという問題であるからだ。もし第88旅団の隊員がソ連軍とともに、対日戦に参加していたとするならば、彼らは満州国の崩壊、日本の朝鮮植民地支配の終焉を成し遂げた満州、朝鮮の「解放者」として、その栄光をソ連軍とともに担えるからである。しかし第88旅団はその栄光の戦いに参加できなかった。それは日本降伏後の政治情勢に大きな影響を与える重要な問題であった。

　北京で彭旋魯に話を聞いた時、なぜソ連軍は出撃命令を出さなかったのかと聞くと「それはスターリンの指示だった」と語っていた。

　ソ連軍の当初の作戦上の計画では第88旅団をソ連軍とともに出撃させる計画はあったが、それをスターリンが阻止する指示を出した、とするなら、そのことは重大な政治的意味を持っている。スターリンは中国や朝鮮占領後、第88旅団の隊員たちが、ソ連軍と共同で、その地に進攻したという実績を残すことが、その地のソ連軍占領後の政策遂行上得策でないと考えたのであろう。ソ連軍単独で作戦を遂行し、その地を占領した後、彼らをそこに連れて行き、ソ連軍の占領政策遂行に協力させるのが、ソ連にとって得策だと考えたとするなら、第88旅団の出撃阻止の指示を出したスターリンの意図は十分に理解できる。国内、国際政治で謀略の限りを駆使して、自分とソ連の権益を守ってきたスターリンなら、この程度の策謀は当然考えたであろう。

ソ連軍司令部の意図がどこにあるのかも判明しないまま、日本の降伏後も第88旅団はビヤッコイの兵営に放置されたままだった。ソ連軍司令部は日本軍降伏後の情勢の激変とその対応に忙殺され、この小さな旅団にかまっている余裕はなかったのであろう。旅団幹部が必死になって、上部機関、第二方面軍司令部と連絡を取ろうと努力を続け、ようやく二七日になって、第二方面軍司令官プルカーエフ大将に周保中が面会し、満州への移動を指示されたと周保中日記は伝えている。

翌二八日、旅団は中隊長以上の指揮官会議を開き、出発のための準備をしている時、ソ連軍司令部から新たな指示が届き、新任務が伝達された。それはソ連軍が占領した地域で、旅団はソ連軍占領地域の衛戍司令部の指揮下に配属され、部隊の各幹部は各地の憲兵隊司令部の副司令官として、ソ連軍憲兵隊の任務を助ける仕事であった。

すでに日本軍との戦闘は終了しており、ソ連軍の最大の任務は占領地区の治安を含む占領政策の遂行に移行していた。旅団では再び新任務についての討議が行われ、憲兵隊副司令として着任する都市に赴き、ソ連の占領政策を助けるとともに、その地で残存している中国共産党の党員たちを探し出し、共産党組織の再建作業を遂行する決定をした。

ビヤッコイの兵営からこれらの任務を携え、八月二九日から九月九日にかけてソ連軍が用意した飛行機や鉄道、自動車を利用して、隊員たちは任務地に向け、あわただしく出発していった。

ソ連軍の朝鮮上陸作戦に金日成の部隊参戦せず

第88旅団隊員でソ連軍の満州・朝鮮進攻作戦に参加したのは少数の偵察要員に選抜された隊員だけであった。この偵察要員以外に朝鮮人としてソ連軍の朝鮮進攻作戦に参加し、日本軍と銃火を交えた朝鮮人たちがいた。ソ連軍に志願して入隊した朝鮮系ソ連人たちである。

第一部で述べたように私は一九九一年、カザフ共和国の首都アルマトイで、かつてのソ連太平洋艦隊陸戦隊の英雄、鄭律に朝鮮進攻作戦当時の話を聞いた。鄭律は記憶をさぐりながら、進攻作戦に参加した遠い昔――四六年前の回想を淡々と語っていった。

「私たちの部隊に出撃命令が出たのは一九四五年八月一一日のことだった。ソ連は八月八日に対日参戦を宣告し、中ソ国境の三方面から満州に進撃したが、朝鮮での陸戦は私たちの部隊が最初だった。対日宣戦直後から、ソ連軍は朝鮮地域に爆撃機による空爆を加えていた。私たちが上陸作戦を敢行することになっていた雄基（現先峰）も爆撃機による猛爆が敢行されていた。八月一一日、空爆後、私たちは上陸作戦を敢行した」

「そのソ連軍部隊はどこから出撃したのですか」

「ソ連太平洋艦隊陸戦隊の基地はウラジオストックにあって、我々はそこから高速艇に乗って雄基に向け出撃した」

「その高速艇には何人ほどの兵員が乗っていたのですか」

「一隻に六〇人ほどの陸戦隊員が乗っており、十数隻の戦隊を組んで雄基に向かった」

「ウラジオストックから雄基まではどのぐらい時間がかかったのですか」
「その高速艇はスピードが売り物でね。二時間ほどだった。攻撃目標の雄基に接近してみると街のいたるところが爆撃を受け、炎上してもうもうと煙が上がっていた。ソ連海軍艦隊の艦砲射撃の援護を受け、我々が上陸したが、日本軍の激しい反撃はなく、砲火を交えることも少なく、我々は上陸を果たした。上陸して日本兵を敗退させてしばらくすると、どこからともなく現地の朝鮮人が姿を現し、我々を歓迎してくれた。ソ連軍に交じっている我々朝鮮人を見つけて、それは喜んでくれた。ソ連軍の中に朝鮮人がいるとすぐ噂は広まった」

このうわさが後刻「金日成将軍の部下が上陸作戦に参加した」という北朝鮮現代史の捏造に利用されたのであろう。

「住民たちにいろいろと話を聞き、情報を収集すると、日本軍はすでに雄基から撤退していることが判明したので、我々は部隊をいったんウラジオストックに撤収させた。そして翌日、雄基の南にある羅津に向け再度出撃した。羅津に上陸してみると、そこも日本軍は撤退した後で、我々の部隊は砲火を交えることなく、そこを占領した。

しばらくすると現地の住民たちが出てきて歓迎してくれた。中には酒の壺をもってきて、我々に飲めと勧める人もいたが、戦闘中だと断っても、お祝いだからと承知しない。指揮官の大尉が住民の歓迎だから、少しだけ飲むように許可を出した。住民は部隊の中に朝鮮人がいることを知って驚きながらも、大歓迎をしてくれた。私の前には現地住民が大勢集まって来て、皆話を聞きたがった。大変な歓迎を受けたが、その日も日本軍との交戦はなく、しばらくしてウラジオストックに引き返した。そして翌日朝鮮の北東部地域で最大の港湾都市清津の攻撃のため、再再度出撃した」

「地図で見るとウラジオストックから清津まではかなり距離があるように思えるのですが、どのくらい時間がかかったのですか」

「高速艇だと三時間ぐらいで到着できる。早朝にウラジオストックを出発して清津港外につき、上陸を開始したら、今回は猛烈な砲火を浴びてね。それはすごかった。銃弾の飛び交う中での上陸作戦で、最初に上陸した我々の六〇人の部隊はたちまち苦戦に陥った。清津の日本企業の製鉄所があった場所に陣地を構築し、私は九名の部下とともにそこに留まり交戦した。絶え間ない日本軍の攻撃にさらされ、そこで我々は全滅するのではないかと思ったほどだった」

「その時の上陸作戦には鄭律たち陸戦隊員以外の朝鮮人、例えば第88旅団のパルチザン出身者は参加していなかったのですか」

「そのような人たちは一人もいない。そもそも我々は海軍の陸戦隊で、陸軍部隊とは何の関係もない」と語っていた。この質問は、金日成指揮下の「朝鮮人民革命軍」のパルチザンが雄基、清津上陸作戦に参加したかのような記述をしている、北朝鮮現代史を念頭に置いて行ったものであるが、鄭律は明確にソ連海軍陸戦隊員以外の何者も上陸作戦に参戦していないと断言した。

「我々は清津上陸作戦で苦戦していたが、日本の無条件降伏が伝えられた一五日以降も、日本軍との交戦は止まず、一八日になってようやく日本軍は戦闘を停止し、そして北部朝鮮の日本軍全体が降伏した。我々の部隊は日本軍降伏後の後処理を行った。その『後処理』の一つに清津刑務所に収監されている政治犯の釈放処置があった。陸戦隊の上官たちが刑務所の解放と政治犯の釈放という栄誉を朝鮮人である私に花を持たせて実施させてくれた。多くの政治犯が感激で涙を流しながら我々に抱き着いてきた。私も彼らと抱き合い喜びを爆発させた。

その後、二二日に基地のあるウラジオストックに帰還した。その日、ウラジオストックでは『清津戦闘の英雄を歓迎する』という大横断幕や幟がいたるところに掲げられ、我々は市民、軍人の大歓迎を受けた。しかしこの歓迎を受けることのできた陸戦隊員たちは出撃時の約半数になっていた。我々の六〇人の部隊の内、ウラジオストックに帰れたものは三五名だった。市内を凱旋パレードしていても、戦死した戦友たちを思うと喜べなかった。……

ソ連太平洋艦隊司令官が直々に我々を迎え、そうして全員に勲章を授与した。その日から三日間、休養を取った後、我々は再び元山に向かった。元山に着いたのは八月二五日だった」と先峰、羅津、清津上陸作戦の顛末を回想した。そこには北朝鮮現代史でソ連軍上陸部隊と共同で作戦に従事し、朝鮮解放の功労者と記述されている、金日成指揮下の「朝鮮人民革命軍」の影すら垣間見ることはできなかった。それにもかかわらず、『金日成回顧録　第8巻』では、金日成の命令を受け、「朝鮮人民革命軍」がソ連軍とともに朝鮮の各地で戦い、朝鮮の解放をなしとげたという与太話を繰り広げている。金日成が朝鮮解放の英雄であるという「神話」は絶対にゆずれないからであろう。

第五章

密やかな「凱旋」

北満・牡丹江での歓迎集会

一九四五年八月。日本の無条件降伏後、ソ連軍占領地に向け、第88旅団の隊員たちは次々に出発していった。朝鮮占領の任務を帯びたソ連軍第25軍司令官チスチャコフの本隊が朝鮮北部の都市咸興に進駐したのは八月二四日のことである。「朝鮮工作団」の指導の下、朝鮮人隊員たちもソ連軍が占領した北朝鮮の衛戍司令部に着任する命令を受け、朝鮮に向け出発の準備を始めた。この時、兪成哲は金日成の第一大隊に所属していたこともあり、金日成たちと行動を共にするよう指示された。ロシア語―朝鮮語通訳が必要だという上層部の判断からであろう。その朝鮮に向かう部隊は朝鮮人ばかりで約五〇名程度の小部隊だった。

周保中の日記によれば、九月五日、李兆麟、金日成、王効明、姜信泰など一七〇名の旅団隊員が旅団本部を出発し、目的地であるハルビン、吉林、延吉、朝鮮に向け出発したとある。

兪成哲は九月五日、ハバロフスクからトラックに便乗して李兆麟、金日成たちと共に牡丹江に到着。牡丹江から各々の任務地に向かうことになっていた。

第88旅団の隊員たちを乗せたトラックが牡丹江市内に到着したとき、ソ連軍軍服姿の朝鮮人部隊に接した現地の朝鮮人住民は熱狂的に彼らを歓迎した。日本の降伏後、満州国の崩壊、旧支配体制の混乱の中で、満州の朝鮮人住民たちは苦境の中にあった。彼らの多くは朝鮮の独立を願い、日本に対して敵意を抱いていたが、中国の民衆たちは朝鮮民族を自分たちの味方だとは考えていなかった。日本政府の「満蒙開拓政策」の遂行で、中国人の土地などが多く奪われ、「開拓民」として送りこまれた日本人、朝鮮人にその土地が分け与えられていたため、朝鮮人は日本の手下のように見られ、日本の侵略政策に朝鮮人は協力していると白眼視する中国人が多かった。日本の降伏後、日本に対する報復として、日本人開拓村は中国人の襲撃の対象になったが、朝鮮人開拓村も襲われるところが続出していた。

朝鮮人社会と現地中国人との間に、険悪な空気が漂っているこの時期、日本軍を降伏させ、東北三省を解放したソ連軍に朝鮮人の部隊がいることに、現地の朝鮮人社会は救世主が出現したように感じたのであろう、現地の朝鮮人たちは酒や食料を持ち寄り、金日成一行の大歓迎集会を開いた。

この牡丹江市での金日成部隊歓迎集会の話を私は、その集会に参加したという人から直接聞いた。それも一九八六年九月中旬のことである。

その時訪れた北満の牡丹江はすでに晩秋の景観の中にあった。その時期、私は朝鮮人満州開拓民の調査や、満州の朝鮮人社会の現状調査のため、ハルビンに滞在していた。当時牡丹江市の朝鮮人人口は約一〇万、辺境の開拓民として、北満に送られた人々のうち、開拓村で生活できず、牡丹江に移って来た人々も多く生活していると聞き、ハルビンから足を延ばし、聞き取り調査を行うためこの地を訪問していた。ハルビンの朝鮮族有力者の紹介で、私の案内をしてくれたのは中国の少数民族を扱う役所である、牡丹江市民族事務局の責任者で李正愚《イジョンウ》という六十年配の朝鮮人だった。彼は牡丹江生まれ、牡丹江育ちで、その地の朝鮮人社会に精通していた。その李正愚が、

「日本が降伏した年の九月、金日成が自分の部下と一緒に牡丹江に来てね。その時、彼はソ連軍の軍服を着て大尉の肩章を付けて牡丹江に来たんだ。彼らの部隊を歓迎する群衆集会があって、私もその集会に参加した」と語っていた。

私はその時、李正愚の話を何かの間違いではないかと思った。というのも私が教わった北朝鮮現代史では一九四五年八月、金日成はソ連軍との共同作戦に参加し、朝鮮国内で日本軍と戦っていると説明されていたからである。そのような金日成一行が九月の初め、朝鮮から遠く離れた北満の田舎町で、うろうろしているはずがないという思い込みがあった。それになぜ金日成がソ連軍の軍服姿で現れるのだという「疑問」もあって、

「本当に現在の北朝鮮国家主席の金日成が、九月に牡丹江に来たのですか」と疑わしそうに聞き返した。私の疑問に李正愚は断固とした口調で「間違いないよ」と答えたが、私は当時、韓国などで流されていた、あやふやな金日成ソ連軍軍人説の亜流ではないかと思い、それ以上の質問を

やめてしまった。一九八六年当時、韓国と中国は国交を結んでおらず、韓国人が中国で取材することは不可能であったので、正確な情報もなく、なんとなく流れてきた噂話で金日成ソ連軍人説が韓国で流されていた。私はその類の話だと思ってしまったのである。

一九九一年、タシケントで兪成哲から話を聞き、一九八六年、牡丹江で李正愚が話した事柄が事実であることを知り愕然とした。そして虚構の歴史の先入観から事実が見えなかった自分を恥ずかしく思った。

一九九一年秋、再びハルビンを訪れたとき、抗日連軍について様々な事実を伝えてくれた金宇鐘は牡丹江生まれで、金日成が牡丹江に来た時の状況を当時、その場にいた現地の人から詳しく聞き、よく承知していた。

金日成は李兆麟の部隊と一緒に牡丹江にやってきた後、市民の大歓迎を受け歓迎集会が開かれた。群衆の前で抗日連軍の幹部が演説をしたが、中国側は王効明が、朝鮮側は金策が演壇に上がったという。なぜ金日成でなかったのかという私の質問に、

「敵——国民党関係の特務機関や日本軍の残党の暗殺やテロを用心して、李兆麟も金日成も姿を現さず、ナンバー2に演説させたのではなかったのかな。当時その場にいた人の話によると、李兆麟と金日成は終始ソ連製乗用車の中にいて、自動車からは降りてこなかったと語っていた」

と説明した。この時、金日成はすでに朝鮮帰還グループの代表になっていたのだろう。党を代表する書記に就任していたという崔庸健はなぜか朝鮮帰還グループに入っていない。

この日の歓迎集会を体験した兪成哲は当時を回想して、

「すごい歓迎ぶりだったな。貧しい人たちだったのに、牛を何頭もつぶしてご馳走してくれた。それが三日間も続いたからね」と語っている。

兪成哲は金日成一行の朝鮮までの帰還コースを牡丹江―ハルビン―瀋陽―新義州―ピョンヤンが予定されていたと語っていたが、牡丹江からだと牡丹江―図們―ピョンヤンの鉄道を利用した方が近い。

金日成たちが牡丹江に滞在している間に、東北三省の各地の状況が詳しく伝えられてきた。ハルビンまでの鉄道やトンネルが日本軍により爆破され不通になっていること。またソ連軍の満州進攻時、日本軍の激しい抵抗で牡丹江周辺は激戦になり牡丹江から朝鮮への入り口、図們までの鉄道網はズタズタになり、道路も寸断されていることが判明した。

一九八六年、牡丹江を訪れた私は、その路線が金日成たちの朝鮮帰還のコースに予定されていたとは知らず、牡丹江―図們間の鉄道を利用したことがある。図們行急行列車が牡丹江駅を出発して三〇分ほどしたとき、車窓の外に広がる荒野を眺めていると、中国朝鮮族の案内人が「この辺りは一九四五年八月のソ連軍と日本軍の激戦地で、現在でも荒野に日本軍の鉄兜や歩兵銃が土中から見つかる」と語っていたが、戦乱により鉄道網は無残に破壊されていたのだろう。

牡丹江で第88旅団幹部は協議の結果、金日成は満州の各地に赴任する李兆麟たち一行と別れ、ソ連領にとって返し、ウラジオストック経由でソ連軍輸送船を使い朝鮮に上陸することになった。

ウラジオストックからソ連軍輸送船で元山に

金日成の一行は牡丹江からウスリースク経由でウラジオストックに到着した。その日は一九四五年九月一八日であった。

金日成一行を運ぶため、ソ連軍はすでにソ連海軍輸送船をウラジオストックに配船していた。一八日ウラジオストックに到着するや、輸送船が停泊している埠頭に連れていかれ、直ちに乗船が開始された。その日のことを回想し兪成哲はこう語っていた。

「あの日のことは中秋の名月の前日だったから、よく覚えている。九月一八日の夜、私たちの部隊はソ連軍が用意しておいた海軍の輸送船に乗り込んだ」

「その輸送船の船名は何というのか覚えておられますか」

「確かプガチョーフ号とかいう輸送船だったな」

「大きな船でしたか」

「たいして大きくなかったが……二〇〇〇～三〇〇〇トン級の船だったと思う。その船の水夫から聞いたのだが、もともとはアメリカの船だったが、連合国軍からソ連への軍用品支援の一環に送られた船だといっていた」

「ウラジオストックに到着したその日、市内で一泊することなく、すぐに乗船したのですね」

「そうだ。到着したその日の夜、全員が乗船し、しばらくして輸送船はすぐ出港した。そして翌朝には元山に着いた」

「その乗船した隊員たちの中に、女性隊員はいましたか」

「いいや。彼女たちは同行せずビヤツコイに残っていたよ」

「プガチョーフ号に乗船したときの隊員たちの様子はどのようなものでしたか」

「パルチザンたちは皆興奮していた。その興奮は明日、祖国に凱旋だという興奮もあったが、彼ら全員が満州の荒野育ちで、海というものを見たことのない人たちだったから、海を見て、ものすごく興奮していたんだ。それに大きな船に乗って航海することも初体験で興奮しており、皆ずいぶん気分が高揚していた。出港の時など、船が動き出すと大騒ぎをしていたが、それも、ものの一時間と経たないうちに全員がゲー、ゲー、やりながら真っ青な顔になっていた。海が荒れていたのと、初めての航海ですぐに船酔いを起したんだ。私も船酔いですごく苦しくなり、船室で死んだように横たわっていたものだ。そんなこともあって乗船した後、隊員たち同士で、ほとんど会話もできなかった。」と語っていた。船が元山港に入港する時、隊員たちは全員が甲板に上がって朝鮮の風景をじっと眺めていたという。

「元山までの航海に、ソ連軍からは誰かが同行したのですか」

「一人だけ同行していた」

「一人だけですか」

「そう。ザイツェフ少佐が一緒だった。彼は元山からピョンヤンに到着するまでも、我々の部隊と行動を共にしていた」

「ザイツェフ少佐は第88旅団のソ連人将校ですか」

「いや、彼はソ連極東総軍情報局所属の参謀だったたと思う」

第88旅団の隊員たちはプガチョーフ号から、小型の上陸用の船舶に乗り換え上陸を開始した。

上陸してきた金日成一行を出迎えるため、元山港埠頭には少数の歓迎陣が待機していた。彼らは占領軍である、ソ連軍の指示で元山市に組織された元山市臨時人民委員会の幹部たちであった。その出迎え幹部の中に鄭律がいた。当時を回想して鄭律は次のように語った。

「私は清津から帰還し、三日間の休暇後、ソ連太平洋艦隊元山海軍基地に配属された。基地司令官のスゼイニチコフ大佐に着任申告をした直後、大佐からソ連軍に所属していた朝鮮系ソ連人たちと一緒に、元山市臨時人民委員会を組織し、委員会の仕事をするように命じられた。元山市臨時人民委員会にはソ連系朝鮮人の軍人カン・キドを委員長に活動が始まっていた。そのような臨時人民委員会の事務所にスゼイニチコフ基地司令官がやってきたのが九月の一八日のことだった。彼は私たちに『明日の朝、金日成が元山に着く。そこに行ってみるかね』という。私はパルチザンの金日成の話は聞いていたので、興味があって行きますと答えた。その時、私が想像していた金日成というのはかなり年配の人で、苦難な抗日戦を戦ってきた歴戦の闘士を思い浮かべていた。

翌日元山港に行ってみると、入港してきたソ連軍の輸送船から、小さな上陸用の船に乗り移り元山港に上陸してきた金日成は私が想像していた人物像とずいぶん違っていて、まだ若い人物だった。彼はソ連軍の軍服を着用し、肩にはソ連軍大尉の肩章が乗っかっていた。軍服の胸にはソ連赤旗勲章が光っていたのを覚えている」

「出迎えの人というか歓迎陣は大勢いて、盛大な出迎えだったのですか」

「いやそんなに多くはなかった。臨時人民委員会の幹部が小人数で出迎えた。大勢で歓迎しろというソ連側の指示もなかったからね」

「ソ連系朝鮮人以外にロシア人も出迎えに来ていましたか」

「そうだな。ソ連軍司令部からも一人か二人がいたな。指示や連絡のために出てきたと思うが、基地司令官はいなかったし、出迎えは私たち臨時人民委員会の少数の幹部だけだった」

「どうしてソ連軍からの出迎えは少なかったのでしょう」

「さあ、当時、そんなこと考えたこともなかったが……多分地位相応の出迎えということかな。それに彼がソ連の傀儡という印象を与えたくなかったのかもしれない」

「そうですか……その時、元山に上陸した金日成は出迎えに出ていた人々と挨拶しましたか」

「当然だろう。上陸しすぐそこにいた人々と握手しながら挨拶をしていた。一人一人の手を握り『나는《ナヌン》김《キム》성주《ソンジュ》입니다《イニダ》（私は金成柱です）』と名乗っていた」

「え？　金成柱と名乗ったのですか」

金成柱は金日成の本名で、パルチザン時代や第88旅団の時は仮名の金東明や金日成を名乗っていた。鄭律とも握手を交わし、やはり金成柱と自分を紹介した。鄭律はなぜ金日成が本名を名乗り金日成を名乗らなかったのかはわからないという。

元山に上陸したとき、金日成を指揮官に一緒に上陸してきたのは五〇人ほどで女性隊員は一人もいなかったという。

「その上陸して人々と挨拶を交わした後、金日成がその場で演説をするとか、そのようなことはなかったのですか」

「そのようなことは一切なかった。少数者の出迎えの人々に、演説するという雰囲気ではなかったからね」

鄭律の金日成元山上陸時の回想を聞きながら、なぜ金日成が本名で自分を紹介したのか、ソ連軍からの大々的な歓迎はなかったのか、いささか腑に落ちなかった。しかし、それも兪成哲から聞いた元山上陸後の金日成の言動でおおよそ理解できた。金日成は元山上陸時、自分の正体をさらけ出すのを避けようとしていたのである。

兪成哲は金日成が隊員を引き連れて、元山に上陸すると隊員たちを集め、「今日は秋夕の日だから、街には酒もあるだろうが、そこで酔っぱらって醜態をさらすことがないように」と厳重に注意していた。そして「もし誰かが金日成を知っているかという質問をしたら、我々は先発隊で金日成は後から大部隊で来るというように話すように」と指示した。

兪成哲はその指示を聞いて、また妙なことを指示するな、なぜなのだと奇妙に思ったという。その後、金日成は隊員に演説を続け、「人々が金日成の年齢や人相を聞くかもしれないが、我々も会ったことがないから知らないと答えるように」と指示した。この言葉にますます不思議なことを言うなと思った。その指示にどのような意味があるのか、と考えていると、近くにいた崔用珍（朝鮮人民軍上将）が「もう天下を取ったつもりでいる」と吐き出すように言ったので驚いた。なぜそんな言葉を吐いたのかも理解できなかったという。

崔用珍は第二路軍出身で金日成とは縁が薄く、第88旅団でも第二大隊に属し、金日成の指揮下で働いたことがない。「朝鮮工作団」の成立で、朝鮮帰還部隊に編入されたが、金日成に対する忠誠心が薄かったので、このような発言になったのであろう。

金日成が自分は金成柱と名乗ったのも、金日成の本体は大部隊で、後からやってくる、と隊員たちに言わせたのも、自分がわずか五〇人ほどの小部隊を引率している小さな集団のリーダーだという事実を隠す意図が見え隠れしている。それは金日成一人の思惑から出たことではなく、ソ連当局の指示だったのだろう。ソ連当局が北朝鮮占領政策遂行上、朝鮮解放の英雄として金日成を祭り上げ、その虚像を利用しようとしていたのなら、彼の虚像をできるだけ大きく見せる必要があった。

長い間、北朝鮮では金日成が、五〇名ほどの小部隊でウラジオストックから元山に、日本の降伏から一カ月以上過ぎた後、隠れるように上陸したという事実は隠蔽されていた。しかしやがて全てが明らかになる日がやってきた。

一九八〇年代末から、韓国の活発な「北方政策」の展開で、一九九一年九月、韓国とソ連の国交が正式に樹立され、多くの人々の交流が始まった。韓国のマスコミは兪成哲や鄭律を取材し、金日成の元山上陸の事実を知るや大々的に報道した。以降韓国ではそれが常識になった。それでも北朝鮮ではその事実について口をつぐんで語られることはなかったが、一九九八年六月『金日成回顧録　第8巻』が刊行され、そこで初めて、ウラジオストック経由で元山に上陸した「事実」を金日成は「回顧」している。

『回顧録』で　金日成は「国内各地（朝鮮）に落下傘で出撃するため、『訓練基地』（第88旅団野営地のこと）で待機していた部隊（「朝鮮人民革命軍」を指している）はハバロフスク、牡丹江、汪清、図們を経て陸路、祖国にいくことになっていました。しかし事情により途中でその計画を放棄し、旅程を変更し船に乗って帰国しました」と「回顧」しているが「朝鮮工作団」については一言も「回顧」していない。

元山上陸時を「我々が元山港に上陸したのは一九四五年九月一九日でした。その時、埠頭で我々を出迎えてくれたのは元山に駐屯していた、ソ連軍司令部の人々でした。……ソ連軍側で我々の行動を秘密にしたため、埠頭には歓迎群衆が出ていませんでした」と書いている。

朝鮮に向かった部隊名、牡丹江まで旅団の上官である、副旅団長李兆麟一行と一緒だった事実、元山での鄭律たちの歓迎集会などは伏せられているが、行軍コース、日時についてはほぼ事実に沿って述べている。

行軍コース、日時は中国の資料や兪成哲、鄭律の手記や韓国のマスコミの取材ですでに公然と語られているため、隠蔽や捏造が不可能であると考え、その行軍コースと日時の事実は「回顧」したが、元山上陸部隊人数が約五〇人と極めて少ないことは伏せ、自分たちがソ連軍第88旅団所属の部隊でソ連軍軍服着用とソ連軍の階級章と勲章を付帯していた事実もひた隠しにし、何とか「朝鮮解放の英雄」の虚像を保とうとしたのであろう。

「朝鮮工作団」とリーダーの選出――金日成はなぜリーダーになれたのか

第88旅団内で「朝鮮工作団」が組織されたときの詳しい状況は資料が公開されていないため、正確なことは判明していない。周保中の公開されていない日記、中国に残っている未公開資料には、かなり詳しくその経緯が記されているとのことであるが、誰がどのような発言をしたのか、どのような決定を見たのか判明していない。多分、「朝鮮工作団」の主導権を巡って様々な動きがあったのだろう。そして軍部は金日成を責任者に、党は崔庸健がその責任者となる決定がなされたようだ。

北京で彭旋魯から話を聞いた時、「朝鮮工作団」の成立と人事、討議内容などいろいろ質問したが、彼は「自分はその会議に参加していないのでよく知らない」という返事に終始したことは前述した。彭旋魯の返事に満足できず、見方を変えた質問を浴びせかけ、明らかになった事情もある。例えば、

「金日成がリーダーになったが、それは誰の推薦ですか。周保中が推薦したのですか」

「第88旅団の朝鮮人隊員たちの朝鮮帰還はスターリンが決定したことだが、その部隊のリーダーをどのように選任したのか、私は知らない」

「私の第88旅団についての知識で考えると、旅団内では金日成より崔庸健が上席にあり、朝鮮帰還グループのリーダーを選ぶとするなら、崔庸健が選ばれるのが筋だと思うのですが、間違っていますか」

「うーん。それはちょっと違う。崔庸健は確かに旅団党の書記であったが、当時の旅団党書記は必ずしも、大隊長よりも上席と言えるほどの、はっきりした差はない。同等か少し上位と言えるほどのものだった。

確かに軍や党の経歴からいえば、崔庸健は金日成より上席だが、延辺や東満での遊撃活動、それに抗日連軍時代遊撃戦や在満韓人祖国光復会の地下組織工作で朝鮮国内へ進出しての活躍から

いえば、金日成に実績があり、その点では金日成のほうが優れている。それに旅団結成後、大隊長を務めた金日成は隊務や部下の訓練を直接担当していたので、部下の掌握などでは崔庸健よりも金日成のほうが才能があったと思う。それになんといっても彼の指揮する大隊はほとんどが朝鮮人で、朝鮮人部隊を創設するとなれば、その指揮官が金日成になってもおかしくない」

と金日成がリーダーに選ばれても、何の不思議はないという説明であった。これはタシケントで兪成哲から聞いた金日成、崔庸健の人物評価とも一致していた。タシケントで兪成哲に、

「金日成たちが朝鮮に帰ってきたとき、部隊の引率責任者として金日成が選出されていましたが、革命活動歴や党の経歴から見て、崔庸健がリーダーに選ばれても不思議ではないと思います。なぜ金日成が選ばれたのですか」と質問した。

「うーん。難しい質問だが、第88旅団の朝鮮人幹部の会議で決定されたのだろう。確かに金日成より崔庸健や金策のほうが、革命活動歴は長く党員としても古く、それだけの力量もあったと思う。しかし、旅団時代、金日成は金策や崔庸健などより、ソ連人幹部の受けが格段に良かった。それは金日成がロシア語である程度ソ連軍幹部と会話ができたことが大きな要因だったと思う。ロシア語でソ連軍幹部と会話ができるというのは金日成の強みだった。それだけでソ連人は金日成に親近感を覚え、安心するからね」

兪成哲の話を聞き、金貞順が語っていた、金日成が旅団でロシア語習得に涙ぐましい努力をしていたという話を思い出し、なるほどと思った。ロシア語は旅団を事実上支配しているソ連軍幹部団と親しくなる、有力な武器になるからである。第二次世界大戦後、日本を占領したアメリカ

軍幹部と親密な関係を結び、幅を利かせた日本人の「英語使い」と同様なのであろう。他の旅団朝鮮人幹部はロシア語ができなかったのだろうか。ロシア留学経験があるとうわさされた金策について兪成哲に「金策はロシア語ができたのですか」と聞くと、

「聞き取る程度で、会話ができるというほど上手ではなかった」という。その上、金策は一九四二年から三年にかけて、ソ連領内に撤収しろと指示した王新林極東ソ連軍情報局長の指示に逆らい、北満で独自の抗日遊撃戦を展開していた経歴もあってソ連軍上層部から不信感を持たれており、ソ連軍が金策をリーダーに指名する条件はなかった。

兪成哲は金日成、金策、崔庸健の人物論についても述べていた。

「崔庸健は見かけが立派だったが、見かけだけでね。堂々たる体格だったたし、顔つきもよかった。しかし頭脳は明敏とは言えなかったと思う。むしろ鈍重なところがあった。その上、演説下手で、言葉遣いが駄目だった。きちんと話せなくて、意味不明な話し方をし、彼が朝鮮語でしゃべっていると、朝鮮人隊員の中には書記同志は中国語でしゃべっているのかと聞く隊員がいるほどで、中国人隊員は彼が中国語で話していると、やはり書記同志は朝鮮語で話しているのかと聞くほどわかりにくい話し方だった。それに見かけによらず小心なところがあって、領袖の器だと思わない。

金策は沈着で勇敢な性格の人物で、重厚な雰囲気のある人だったが、極端に寡黙な人で重い感じだった。ソ連軍と困難な交渉をしなければならない第88旅団の隊務や、ソ連占領時代の北朝鮮で、ソ連当局との交渉を行わなければならない指導者としては適任ではなかった。

旅団出身の幹部では金一（北朝鮮副首相）がなかなかの人物で、人間の温かみと幅を感じさせる人柄で、ものの理解力も早く正確だった。ただ惜しむらくは権力欲が少なく、権力闘争を経て、権力を自分のものにしていくような策謀をしなかった人物だった」

結論として、彭旋魯も兪成哲も旅団の朝鮮人幹部の中からリーダーを選ぶとするなら金日成が、リーダーとして選ばれる条件と実績があった、という評価は一致していた。

兪成哲はソ連占領下の北朝鮮で、金日成と指導権争いをした許哥誼についてはその評価は厳しく、

「許哥誼は私と同じ沿海州育ちで、中央アジアに強制移住された後、タシケント地区でソ連共産党の党務を担当しており、才能はあった。朝鮮労働党を近代的なソ連共産党のような組織に作り上げるための努力は並大抵のことではなかったし、その基礎を作り上げた。ただ実務はできたが、人格的に見ても、日常生活でも、とても一国の指導者になれる器量は持ち合わせていなかった。ひどい酒飲みで、その酒も飲めば飲むほど、酒癖が極端に悪くなるという人間で、大酒を飲んで何度も醜態を演じていた。許哥誼はそんな人格的欠陥があったため、ソ連占領当局とは必ずしも全面的な信頼関係を築けずにいた。それに比べ、金日成はソ連占領当局の強い信頼を獲得していた」と語って、兪成哲はその実例を、

「金日成は第88旅団時代もそうであったが、朝鮮でもソ連占領軍の将軍たちの受けがよかったね。ロシア語で直接会話ができたからね。そのことが結果として、北朝鮮のナンバーワンになれた最大の要因ではなかったのかな。金日成はビヤツコイの旅団本部から朝鮮に帰還した後、ピョンヤ

ン市内に屋敷を構えたが、その屋敷の警備は一九四八年ごろまで、ソ連軍からソ連兵が派遣されて要所の歩哨に立っていた。それは朝鮮人としては金日成だけに取られた処置で、それを見ても、ソ連占領当局――ソ連軍の将軍たちが、金日成に寄せた期待は大きかったと思うよ」

と語っていた。

兪成哲は北朝鮮を追われた後、タシケントで隠棲するような生活を送っており、かつての同僚とは直接、利害関係がないだけに、かなり正確に人物評価ができるのだろうと話を聞きながら思っていた。

金日成は九月一九日、元山に上陸した直後、ピョンヤンに赴き、ソ連当局と緊密な協議を経て、一〇月一四日、朝鮮解放を祝賀する、ピョンヤンでの群衆集会でその姿を現し、熱烈な歓迎を受けた。それは実に日本の降伏から、二カ月以上も経過していた。ソ連の対日参戦で日本軍と一発の銃弾も交えることのなかった金日成が、いつの間にか、朝鮮解放の英雄にすり替わった瞬間だった。

金正日が朝鮮に帰った日

一九四五年九月、ビヤツコイの第88旅団から隊員たちが次々に中国や朝鮮に向け出発して行った時、旅団の兵営には出発を差し止められ、残留している人々がいた。旅団の女性隊員の多くと、その子供たちである。

兪成哲も鄭律も元山に上陸した旅団の隊員たちの中に、女性隊員は一人もいなかったと語っている。彼女たちは第88旅団の兵舎に残っていた。

前述したように『金日成回顧録　第8巻』で、金日成は金正日が朝鮮の白頭山山麓のパルチザンの「密営」で生まれ、そこで育ったと「回顧」している。

その白頭山「密営」にいるはずの金正日母子はこの時期ビヤツコイの旅団本部に、他の女性隊員やその子供たちと一緒に残留していた。

李在徳や金貞順に、旅団の隊員たちは日本の降伏後、中国や朝鮮に出発して行ったが、女性隊員はどうしたのかと聞いた時、李在徳は、

「私たち女性隊員は旅団本部に残っていました」と語った。

夫たちと一緒に出発したと思っていた私は意外な答えに驚き、

「どうして一緒に発たなかったのですか」と聞くと、

「女性隊員のほとんどは結婚し、子供がいたからです。女性隊員が子供を連れて戦場になるかもしれない地域に赴くことはできません。そこで夫たちの赴任地の状況が判明するまで、兵営で待つよう指導部から指示されたのです」

「いつまで待つようにという指示はあったのですか」

「いいえ。それは夫たちの赴任地の状況次第なので、日時の指定はなく、とりあえず当分の間待つようにという指示でした」

金正淑、金正日母子もその時、上部司令部の指示で旅団の兵営に残った。

「兵営に残っていた女性隊員たちはいつごろ、そこから出て行ったのですか」

「それは人によってまちまちです。最初の兵営を出て行った女性隊員の中には子供を留守番の私たちに一時預けて、夫の赴任地に出発した隊員もいます」

金貞順も同じような回想をしている。

「男性や子供のいない女性隊員は夫と一緒に兵営を出て行き、兵営には子供連れの女性隊員だけが残りました。残ったのは全員で一〇名ほどだったと思います。子供のいない李敏は夫の陳雷と同行し東北の戦場に出発していきました。周保中夫人の王一知は子供を私たちに預け、夫と一緒に赴任地に向け出発しました。その後しばらくして、王一知は飛行機で戻ってきて、私たちに預けていた子供を連れて、東北の地に飛び立っていきました。彼女が東北に帰って行ったころ、私たちも夫の赴任地に向かう日が近いと思っていました」

ＫＢＳのインタビューの中で李敏は、満州に出撃する日、お別れの挨拶をしに留守番をしていた女性隊員たちに会いに行き、彼女らの励ましを受け兵舎から戦場に向かったと語っていた。その時、金正淑に手を引かれ、見送りに出てきた金正日が、金正淑の手を振りほどいて「ナドカンダ！　ナドカンダ！」（「ボクも行く！　ボクも行く！」）と兵営を離れる李敏をよちよちと追いかけてきたと回想している。

「兵営には私たち女性隊員約一〇名と子供たちだけでしたので、怖い思いをすることがありました。それは満州から引き揚げてくるソ連兵が兵営の前を通過していくので、乱暴者がいて、兵営に押し入ってくるのではないかと恐れたのです。兵営の門を閉め、戸締りを厳重にして留守番をしていました」

そして彼女たちが連れ合いのもとに帰る日がやってきた。李在徳は、

「一一月の中ごろだったと思います。上部から指示が届き、夫の赴任先に向けて出発せよとの指示を受け、兵営を出ました。金正淑は金正日の手を引き、金平日を抱いて兵営を出ました」

金貞順も同様の回想をしている。

「一一月一六日。ソ連軍の上層部から出発するようにという指示があり、私たちはビヤツコイから軍のトラックで、ハバロフスクに運ばれました。ハバロフスクで私たちは朝鮮に帰る金正淑や崔用珍夫人と別れました。私と李在徳と朴永順《パクヨンスン》は牡丹江まで行き、そこから中国人の夫のもとに帰りました」

李在徳や金貞順から話を聞いた一九九一年当時、中国には八名の第88旅団在籍女性隊員が生存中とのことだったが、北朝鮮には何名生存しているか不明とのことだった。

金貞順はハバロフスクで金正淑・金正日母子と別れたと回想している。金正淑一行が牡丹江まで同行しなかったということは図們から朝鮮への旅程を取るのではなく、夫の金日成同様ハバロフスク―ウラジオストック―元山の旅程で朝鮮に帰ったのだろう。一緒に朝鮮に帰った第88旅団の女性隊員が、黙して語らない以上、その正確な旅程は判明しない。金日成の『回顧録』にもこの事実は一切触れていない。

金正日はウスリースクの病院で生まれ、約五カ月間を「南野営」のある「ハマタン」で過ごし、その後は第88旅団があったビヤツコイで育った。そして一九四五年一一月一六日、母親の手にひかれ、旅団の兵営を出て行った。その数日後、彼は生まれて初めて朝鮮の土を踏んだ。

金正日母子がシベリアの寒村、ビヤツコイを離れた日、シベリアの大地はすでに白一色の景観の中にあった。

おわりに

思えば私が北朝鮮現代史の虚構「金日成神話」を突き崩すための取材、調査に入ってすでに二〇年の歳月が流れている。長い年月であるが、感覚的にはあっという間の歳月であったかのような気がする。それは現在も虚構の歴史を突き崩す作業が続いているからである。

今年（二〇一二年）四月。朝鮮民主主義人民共和国（以下、北朝鮮）の建国以来、この国の独裁者として君臨してきた故金日成生誕一〇〇周年を迎えた。北朝鮮は金日成の権力の世襲者金正日の号令のもと、この金日成生誕一〇〇周年記念日を盛大に祝い、記念するため、その日までに北朝鮮を「強盛大国」にすると宣言し、北朝鮮の人々を駆り立ててきた。しかし独裁政治の失政と国内のすべての産業の不振で、経済的には破綻状態に陥り、「強盛大国」はおろか、また一九九〇年代の大飢饉による餓死者の大量発生の惨事の再現すら考えられる事態になっていたが、二〇一一年一二月、金正日は自ら宣言した幻の「強盛大国」の実現を見ることなく死去した。自らの虚言の結果を見ることなくこの世を去ったのは「幸い」であったかもしれない。

北朝鮮を支配してきた金日成一族は朝鮮の日本植民地支配からの解放、北朝鮮建国の栄光を金日成一人の偉業にすり替え、その権力を世襲するため、北朝鮮現代史を捏造し、都合の悪い事実については隠蔽してきた。この金日成一族の北朝鮮現代史の捏造と隠蔽は第二次世界大戦後の東西陣営の対立、社会主義諸国の閉鎖的で密室的な政治制度に助けられ、ある程度成功したかに見えた。金日成の満州での抗日闘争時代の記録、ソ連での軍隊勤務の記録、ソ連軍の朝鮮進攻作戦と金日成の関係など、北朝鮮が金日成を「朝鮮解放の英雄」に仕立て上げた舞台裏は歴史的資料によって明らかにされないまま、虚構の北朝鮮現代史は垂れ流されてきた。特に中国、ソ連は「兄弟国家」のよしみで、この虚構の北朝鮮現代史の捏造を見て見ぬふりをして、自分たちが所有する関係資料は未公開にしてきた。またこれらの国で生存していた歴史の証言者たちも共産党、国家の秘密保持の名目で長きにわたり口を閉ざされてきた。

しかし、社会主義陣営が崩壊し、中国の「改革開放」政策が進展する中、中国が保持していた未公開資料の公開、歴史的な事件の現場にいた人々の証言が、一九八〇年代後半から一九九〇年代初めにかけて続々と明らかにされるようになり、北朝鮮現代史の虚構が暴かれていった。

すなわち、北朝鮮が国を挙げて宣伝に努めてきた「金日成朝鮮解放の英雄」、「金正日白頭山密営誕生」、「満州での朝鮮人民革命軍の創軍」など北朝鮮現代史の重要な構成事案が、すべて捏造であることが徐々に明らかになったのである。

その北朝鮮現代史の虚構を明らかにする作業で、私は一九九〇年代、中国、中央アジア、極東ソ連領を駆け回り、歴史の証言者たちから、生々しい証言の聞き取り作業を行い、北朝鮮現代史の虚構を炙り出すことに貢献できたことをノンフィクションの物書きとして大変光栄に、そして誇りに思っている。

一九九一年から九二年にかけ中国やソ連で取材してきた事実を日本の新聞や雑誌で発表し、それをまとめた『パルチザン挽歌――金日成神話の崩壊』を一九九三年、日本と韓国で刊行した。反響は大きく、特に韓国での反応が強かった。それゆえ二〇一〇年、KBSがこの書をもとに北朝鮮現代史の虚構を描く映像の取材に入ったのであろう。二〇一一年春、ハバロフスクとビヤツコイをKBSの取材班と同行し再取材した時、通訳・案内人のハン・ボクスンさんはKBSのディレクターから渡された、この著作を読んで「一九九一年によく、これだけの取材ができたものですね」と驚嘆していた。秘密警察の監視と統制に怯えていた、当時のソ連の実情を体験している者の偽らざる心情であろう。それはしかし、歴史を隠蔽し捏造した者やそれに手を貸した人々にとって、この書の刊行は腹立たしい限りであっただろう。当時、北朝鮮の日本出先機関の役割を果たしている朝鮮総連は私を、「偉大なる首領金日成主席様の革命功績を卑しめようとする売国奴」と罵倒し、様々な嫌がらせを行った。しかしそのような行為によって歴史の真実が隠せるものではない。

北朝鮮当局は中国、ソ連から様々な未公開資料が発表される流れの中で、それまでの虚構の北朝鮮現代史の修正作業に着手した。その最大の作業が一九九二年から一九九八年にかけて刊行された『金日成回顧録――世紀とともに』全八巻である。

この『回顧録』はそれまで発表されていた虚構の北朝鮮現代史を中国やソ連で明らかにされた資料と整合性を持たせつつ、何とか辻褄を合わせようとして書かれた「物語」である。

本書の主要な構成部分である、極東ソ連軍第88特別狙撃旅団は『金日成回顧録』が刊行されるまで、北朝鮮現代史には一行も書かれなかった金日成所属のソ連軍部隊であるが、『回顧録』では事実を歪曲して触れられ、金日成は「朝・中・露三国」で構成する「連合軍」の「朝鮮人民革命軍」の司令官として、ソ連領の「三国連合軍」の「基地」で朝鮮進攻に備え訓練していたと、歴史的真実から程遠い、荒唐無稽な自慢話のようになって「回顧」されている。

本書は、一九九〇年代初頭の取材、その後中国やソ連で判明した事実、さらに二〇一一年の極東ソ連領での取材、そして『金日成回顧録』刊行後、中国で公開され『回顧録』の記述を一蹴する公的な刊行物である『延辺朝鮮族革命闘争史』などを参照して『回顧録』の隠蔽、捏造を突き崩し、再度、北朝鮮現代史の虚構を明らかにするため刊行した。

虚構に満ちた北朝鮮現代史を恥ずかしげもなく大々的に宣伝するのは、北朝鮮が金日成一族により支配されている独裁国家であり、彼らの権力の掌握と支配を正当化する拠り所をその虚構の歴史に求めているからである。金正日死亡後もこの北朝鮮の主張にはいささかの変化はないであろう。金日成、金正日の「遺訓」を統治の柱に据えることを後継者の金正恩《キムジョンウン》が宣言しているからである。そのことは虚構の北朝鮮現代史を「死守」する覚悟と見るべきであろう。私は、虚構の北朝鮮現代史を突き崩す作業はとりもなおさず、北朝鮮の独裁政治を追い込む作業であり、ひいては北朝鮮に民主主義をもたらす道でもあると確信して、この仕事を長年にわたり続けてきた。朝鮮民族の一員として、この作業が北朝鮮の民主化の一助になればと心から願っている。

二〇一二年五月

金　賛汀

金賛汀 キム・チャンジョン

一九三七年京都生まれ。ノンフィクション作家。朝鮮大学校卒業後、雑誌記者を経て独立、主に在日朝鮮人問題、教育問題について執筆を続ける。著書に『拉致』（ちくま新書）、『パルチザン挽歌』（御茶の水書房）、『朝鮮総連』『将軍様の錬金術』（新潮新書）、『韓国併合百年と「在日」』（新潮選書）、『在日義勇兵帰還せず』『非常事態宣言1948』（岩波書店）など多数。

筑摩選書 0045

北朝鮮建国神話《きたちょうせんけんこくしんわ》の崩壊《ほうかい》 金日成《キムイルソン》と「特別狙撃旅団《とくべつそげきりょだん》」

二〇一二年六月一五日 初版第一刷発行

著者 金賛汀《キムチャンジョン》

発行者 熊沢敏之

発行所 株式会社筑摩書房
東京都台東区蔵前二-五-三 郵便番号 一一一-八七五五
振替 〇〇一六〇-八-四一二三

装幀者 神田昇和

印刷 製本 中央精版印刷株式会社

乱丁・落丁本の場合は左記宛にご送付ください。

送料小社負担でお取り替えいたします。

ご注文、お問い合わせも左記へお願いいたします。

筑摩書房サービスセンター
さいたま市北区櫛引町二-六〇四 〒三三一-八五〇七 電話 〇四八-六五一-〇〇五三

 ISBN978-4-480-01542-6 C0322

筑摩選書 0001

武道的思考

内田 樹

武道は学ぶ人を深い困惑のうちに叩きこむ。あらゆる術は「謎」をはらむがゆえに生産的なのである。今こそわれわれが武道に参照すべき「よく生きる」ためのヒント。

筑摩選書 0004

現代文学論争

小谷野 敦

かつて「論争」がジャーナリズムの華だった時代があった。本書は、臼井吉見『近代文学論争』の後を受け、主として七〇年以降の論争を取り上げ、どう戦われたか詳説する。

筑摩選書 0006

我的日本語
The World in Japanese

リービ英雄

日本語を一行でも書けば、誰もがその歴史を体現する。異言語との往還からみえる日本語の本質とは。日本語を母語とせずに日本語で創作を続ける著者の自伝的日本語論。

筑摩選書 0007

日本人の信仰心

前田英樹

日本人は無宗教だと言われる。だが、列島の文化・民俗には古来、純粋で普遍的な信仰の命が見てとれる。大和心の古層を掘りおこし、「日本」を根底からとらえなおす。

筑摩選書 0009

日本人の暦
今週の歳時記

長谷川 櫂

日本人は三つの暦時間を生きている。本書では、季節感豊かな日本文化固有の時間を歳時記をもとに再構成。四季の移ろいを慈しみ、古来のしきたりを見直す一冊。

筑摩選書 0014

瞬間を生きる哲学
〈今ここ〉に佇む技法

古東哲明

私たちは、いつも先のことばかり考えて生きている。だが、本当に大切なのは、今この瞬間の充溢なのではないだろうか。刹那に存在のかがやきを見出す哲学。

筑摩選書 0016

最後の吉本隆明

勢古浩爾

「戦後最大の思想家」「思想界の巨人」と冠される吉本隆明。その吉本がこだわった「最後の親鸞」の思考に倣い、「最後の吉本隆明」の思想の本質を追究する。

筑摩選書 0017

思想は裁けるか

弁護士・海野《うんの》普吉《しんきち》伝

入江曜子

治安維持法下、河合栄治郎、尾崎行雄、津田左右吉など思想弾圧が学者やリベラリストにまで及んだ時代、その弁護に孤軍奮闘した海野普吉。冤罪を憎んだその生涯とは?

筑摩選書 0022

日本語の深層

〈話者のイマ・ココ〉を生きることば

熊倉千之

日本語の助動詞「た」は客観的過去を示さない。文中に遍在する「あり」の分析を通して日本語の発話の「イマ・ココ」性を究明し、西洋語との違いを明らかにする。

筑摩選書 0023

天皇陵古墳への招待

森 浩一

いまだ発掘が許されない天皇陵古墳。本書では、天皇陵古墳をめぐる考古学の歩みを振り返りつつ、古墳の地理的位置・形状、文献資料を駆使し総合的に考察する。

筑摩選書 0028

日米「核密約」の全貌

太田昌克

日米核密約……。長らくその真相は闇に包まれてきた。それはなぜ、いかにして取り結ばれたのか。日米双方の関係者百人以上に取材し、その全貌を明らかにする。

筑摩選書 0029

農村青年社事件

昭和アナキストの見た幻

保阪正康

不況にあえぐ昭和12年、突如全国で撒かれた号外新聞。そこには暴動・テロなどの見出しがあった。昭和最大規模のアナキスト弾圧事件の真相と人々の素顔に迫る。